深圳市哲学社会科学规划项目（SZ2021B011）

U0732700

"双链交互"价值链治理研究

——以深圳企业为例

胡春林　著

中国金融出版社

责任编辑：曹亚豪

责任校对：刘　明

责任印制：丁淮宾

图书在版编目（CIP）数据

"双链交互"价值链治理研究：以深圳企业为例/胡春林著．—北京：中国金融出版社，2023.7

ISBN 978-7-5220-2010-5

Ⅰ.①双…　Ⅱ.①胡…　Ⅲ.①企业管理—供应链管理—研究—深圳　Ⅳ.①F279.23

中国国家版本馆 CIP 数据核字（2023）第 088893 号

"双链交互"价值链治理研究——以深圳企业为例

"SHUANGLIAN JIAOHU" JIAZHILIAN ZHILI YANJIU——YI SHENZHEN QIYE WEILI

出版
发行　中国金融出版社

社址　北京市丰台区益泽路 2 号

市场开发部　（010）66024766，63805472，63439533（传真）

网 上 书 店　www.cfph.cn

　　　　　　　（010）66024766，63372837（传真）

读者服务部　（010）66070833，62568380

邮编　100071

经销　新华书店

印刷　北京九州迅驰传媒文化有限公司

尺寸　169 毫米×239 毫米

印张　15.75

字数　318 千

版次　2023 年 7 月第 1 版

印次　2023 年 7 月第 1 次印刷

定价　58.00 元

ISBN 978-7-5220-2010-5

如出现印装错误本社负责调换　联系电话（010）63263947

目录 CONTENTS

第1章 导 论

1.1 研究背景与意义

1. 研究背景

2017 年特朗普政府上台后，美国将中国视为"竞争对手"与"修正主义力量"，以"贸易战"吹响对华战略竞争的号角，在贸易与供应链、科技与产业链、金融与资本市场、文化教育及政治军事交流等领域，高举"美国优先"的旗帜，大力推动对华"全面脱钩"。2021 年上台的拜登政府延续了对华战略竞争，联合盟友竭力推行对华"针对性脱钩"与"全方位围堵"，以期实现在关键领域恢复本土制造、在战略领域保持技术优势，以及产业链供应链逐步"去中国化"等目标。

无论是特朗普政府推动的对华"全面脱钩"，还是拜登政府推行的"去中国化"与"针对性脱钩"，其本质都是全球价值链"位势之争"，这是美国政府争夺全球产业链价值链高端位势的抓手，反映了美国政府利用现有科技优势、超强实力与盟友体系，阻断或抑制中国产业链价值链升级，遏制或迟滞中国科技进步与经济发展的步伐，以维护其在世界经济与全球价值链中的主导地位与高端位势的真实意图。

价值链低端位势向高端位势攀升（升级）机制，是全球价值链作为一种市场经济制度的生命力所在。当美国动用国家力量与行政手段，联合盟友全力推动对华"脱钩"与"围堵"之时，全球价值链升级机制以及市场经济制度的公平与效率均遭破坏，企业价值链治理面临位势锁定、地缘萎缩、供应链断裂等风险。作为应对之策，习近平总书记提出了双循环理念。党的二十大报告也强调"增强国内大循环内生动力和可靠性"，"着力提升产业链供应链韧性和安全水平"。企业作为价值链治理的行为主体，因应新格局、融通双循环，谋划价值链治理新策略、努力实现高质量发展，正是题中应有之义。

2. 研究意义

（1）应用价值

通过发挥本国劳动力资源优势嵌入全球价值链（GVC），蕴含着"高端俘获""低端锁定"等隐患。在"脱钩""去中国化"可能成为美西方对华长期战略的国际变局下，这种隐患已经转变为实实在在的风险并可能逐渐强化。本书以党的二十大报告精神为指导，以全球价值链与国内价值链"双链交互"治理为内容，本着"促进我国产业迈向全球价值链中高端"的目标宗旨，通过理论研究、计量分析与实证考察等方法，探究中国企业融通双循环、优化价值链治理、逐步实现全球价值链升级的策略与政策建议，可为"大变局""新格局"下企业价值链治理提供决策参考，也可为政府及行业管理部门的相关政策与制度设计提供参考。

（2）理论价值

价值链范式聚焦全球化背景下企业活动的价值增值过程，描绘了无约束条件下全球价值链生产与交换的整体图景。在美西方违背自由竞争原则，对华"脱钩""围堵"，推行"逆全球化"的国际环境下，这一研究范式需要引入"外部约束""大国竞争"等新命题。本书秉承党的二十大报告"加快构建新发展格局、着力推动高质量发展"的思想，按照发力国内大循环、融通国内国际双循环的原则，从本土维度的 GVC 参与企业视角，演绎外部约束条件下"双链交互"治理实现全球价值链升级的机制机理，并以此展开计量分析与实证考察，可以在一定程度上丰富价值链范式文献成果，在一定意义上延展价值链治理问题的研究视角。

1.2　相关研究文献综述

1. 价值链与价值链治理

价值链与价值链治理是本书的理论基础。迈克尔·波特（Michael Porter, 1985）最早提出价值链的概念，以反映企业一系列价值活动的链状关联，他认为"价值链并不是一些独立活动的集合，而是相互依存的活动构成的一个系统"。科格特（Kogut, 1985）以价值链为工具，阐释了产品内国际分工的微观机理，使之成为理解国际分工与贸易的一个逻辑起点。加里·杰里菲（Gary Gereffi, 1994、1999）使用全球"商品链"框架，分析了经济全球化与产品内分工的驱动机制（"生产者驱动"和"购买者驱动"）。由于其内涵与价值链无异且后者更为科学，加里·杰里菲（Gary

Gereffi, 2001) 采用全球价值链的概念予以替代。全球价值链是全球化背景下企业价值活动跨国扩张的产物，是企业价值活动国际分散化与全球一体化的统一，也是价值链范式的首要研究对象，而"治理"则是其中的核心内容。加里·杰里菲（Gary Gereffi, 2001、2005）将"治理"定义为"经济行为的非市场协调"，并区分了全球价值链的五种治理结构（市场型、模块型、关系型、俘获型和层级型）。卡普林斯基（Kaplinsky, 2000）则界定了"治理"的三项内容（"三规治理"：规则治理、合规治理与行政治理）。价值链治理的主体可以是 GVC 主导企业或参与企业，分别对应全球维度与本土维度两种视角。全球维度价值链治理的核心是"非市场协调"或"三规治理"，而本土维度价值链治理的核心则是全球价值链升级（Gary Gereffi, 2005）。汉弗瑞和施密茨（Humphrey and Schmitz, 2002）将 GVC 升级分为工序升级、产品升级、功能升级和跨产业升级四种类型。

2. 国内价值链和全球价值链

为防范全球价值链位势"低端锁定"风险，刘志彪（2007、2008、2009）提出了基于中国本土市场构建国内价值链（National Value Chain, NVC）的思想。国内价值链是全球价值链（GVC）的派生概念，其"本质特征是以本土企业为主和立足国内市场"（刘志彪，2007）。刘志彪（2008、2009）预见了 GVC"统治者""将中国排斥出 GVC"的场景（这与当前的国际环境极其相似），并认为在融入 GVC 的同时构建 NVC 体系，是实现价值链攀升及产业升级的必要举措。高煜（2011）认为，NVC 构建可以在东中西部之间形成新的产品内分工格局。当 GVC 遭到破坏时，NVC 将对 GVC 产生替代作用（刘景卿、车维汉，2019）。盛斌等（2020）的研究表明，GVC 和 NVC 存在互补关系及时空异质性，NVC 下游参与是衔接 GVC 的主要方式。邵朝对等（2017）认为，NVC 能够提高 GVC 链条的国内开放性，增强 GVC 对地区生产率的空间溢出。陈健等（2019）认为，NVC 是企业拓展 GVC 最重要的依托，NVC 分工体系带来的自增强效应是决定 NVC 能否在更高层次上拓展 GVC 的关键。赵蓉等（2020）发现，以构建国内价值链为主要方式，结合全球价值链嵌入与国内区域流入型融合发展，会对中国区域制造业升级产生明显的溢出效应。苏庆义（2016）则在 GVC 基础上考虑 NVC，首次对中国省级出口增加值进行了分解，可作为 NVC 与 GVC 交互关系的测度参考。

3. 价值链治理与升级典型案例

丁卓君（2010）研究了服装企业价值链治理与升级的典型案例，包括通过产能转移实现纵向一体化、从工序升级走向功能升级的申洲集团，通过技术创新、自主设计及品牌建设从 ODM 走向 OBM 的耶莉娅集团，以及深耕国内、开拓海外，以品质强化生产链，以设计、营销与品牌提升价值链的雅戈尔集团等。陆华（2014）以格兰仕和海尔为例，研究了我国家电企业的全球价值链升级问题。其中，格兰仕通过技术引进和消化吸收推动技术进步、扩大国内市场份额，通过自主研发和技术创新实现由 OEM 到 ODM 的转化，再通过创立自主品牌与国际营销推广，成为国际化的 OBM 企业，实现了基于技术能力的前向升级。而海尔则在做大国内市场的基础上，通过海外建厂和跨国并购，实现基于市场能力的 GVC 后向升级。毛蕴诗（2017）则总结提炼了价值链升级的 10 条路径，并对德豪润达、大族激光、勤上光电、尚品宅配等 13 家企业进行了典型案例分析。

4. 价值链治理与双循环

将价值链治理与双循环联系在一起的研究文献并不多。樊纲等（2021）、王昌林（2021）认为，双循环就是要创新补链、产业强链，消除产业链梗阻、优化价值链治理。贺灿飞等（2021）认为，新发展格局下应着力构建"全球—地区—国家—城市群内部"多层嵌套的价值链体系。刘勇等（2021）认为，新发展格局下企业需要克服创新动力不足、发展路径依赖，出口转内销"水土不服"等困难，以内需牵引和创新驱动加快转型发展，不断向"微笑曲线"两端延伸。张小溪（2020）认为，通过主导国内价值链和区域价值链循环，促进要素转变与区域协同、构建创新价值链体系，可以突破现有国际分工格局下的"低端锁定"，达到全球价值链位势攀升、最终实现高质量消费和高质量生产的目标。许晖（2021）认为，中国跨国企业由于兼顾国内国际两个市场，在双循环新发展格局下具有资源整合、网络拓展等优势，可扮演价值链治理体系优化的引领者角色。付庆伟（2021）研究了中国制造业参与全球价值链的程度与位置，认为利用国内市场规模优势着力提升技术创新能力，打造以内促外、内外联动的"双链"体系，是双循环新发展格局下价值链治理的重要内容。

以上国内外文献构成了本书的理论基础与实证基础。本书以"加快构建新发展格局、着力推动高质量发展"为宗旨，围绕"价值链治理""双链交互""双循环"等关键词，从本土维度、深圳企业视角，对中国企业融通双循环、优化价值链治理、努力迈向全球价值链中高端的基本策略与推进政策展开进一步研究。

1.3 研究思路及逻辑框架

1. 研究思路

本书紧扣"价值链治理""升级""双循环"等关键词,按照"为何→何以→如何→策略与政策"的逻辑主线展开研究。先进行双循环新发展格局下"双链交互"价值链治理的理论研究,回答"为何"并从理论上解析"如何"的问题,为全书埋下思想主线、奠定理论基础,接着按照"企业线"与"政策线"分别推进。企业线方面,先进行"双链交互"治理的典型案例分析,然后以深圳企业为例,提出以"双链交互"治理融通双循环的策略建议。政策线方面,先进行"双链交互"价值链治理的综合测度分析,从宏观角度回答"何以"的问题;然后结合全书内容,提出助力深圳企业融通双循环、优化价值链治理的政策建议。

2. 逻辑框架

本书的逻辑框架如图 1-1 所示。

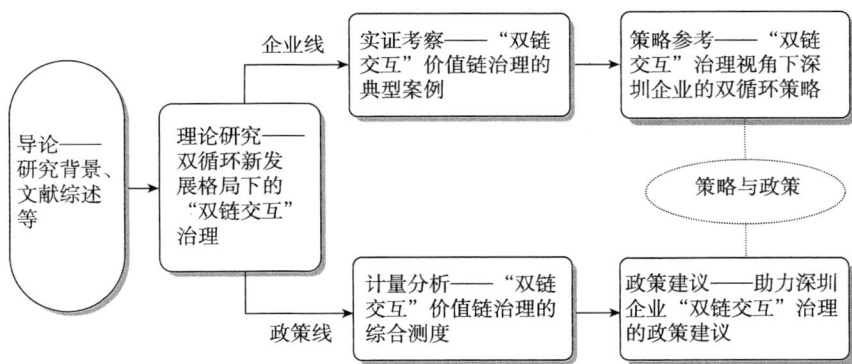

图 1-1 本书的逻辑框架

第 2 章　理论研究

——双循环新发展格局下的"双链交互"治理

2.1　价值链与全球价值链

2.1.1　价值链

迈克尔·波特（Michael Porter，1985）在研究企业竞争优势时提出了价值链（Value Chain）的概念与分析方法。他认为，"一定水平的价值链是企业在一个特定产业内的各种活动的组合"[1]。"每一个企业都是用来进行设计、生产、营销、交货以及对产品起辅助作用的各种活动的集合。所有这些活动都可以用价值链表示出来"。"一个企业的价值链和它从事单个活动的方式，反映了其历史、战略、推行战略的途径以及这些活动本身的根本经济利益"。"一个产业中企业的价值链可能会因为产品线的不同特征、买方、地理区域或分销渠道的不同而有所区别"。即便同一产业内的企业有相似的价值链，但竞争对手之间的价值链常常有所不同。"竞争者价值链之间的差异，是竞争优势的一个关键来源"。"价值链将一个企业分解为战略性相关的许多活动。企业正是通过比其竞争对手更廉价或更出色地开展这些重要的战略活动而赢得竞争优势的"[1]。

归纳起来，价值链就是企业所从事的各种价值创造活动的组合，反映了企业一系列价值活动的内在关联与链状关系，也决定着企业在一个特定产业中的竞争地位与优势利益。根据产品在价值链各环节的流转过程，企业价值活动可以分为"上游"和"下游"两大环节。前者也称"前端"，其中心是"生产"，所以又称"生产端"，涉及研发设计、原材料供应、生产运行等。后者也称"后端"，其中心是"消费"，所以又称"消费端"，涉及产品储运、售后服务和市场营销等。波特将企业价值活动划分为

基本活动与辅助活动两大类别。基本活动涉及企业产品的物质创造、销售转移以及售后服务等生产经营活动，可细分为内部后勤、生产加工、外部后勤、市场销售、售后服务五种类型。其中，内部后勤主要是指与原材料输入相关的活动，如原材料运输、仓储、向供应商退货等；外部后勤主要是指与产品输出相关的活动，如产品库存、产品运输等。辅助活动为基本活动提供资源配置、技术研发与管理支持，包括技术开发、采购、人力资源管理和企业基础设施建设等。这些互不相同而又相互关联的经济活动，构成了价值创造的动态过程与企业价值链的主要内容。

"价值链并不是一些独立活动的集合，而是相互依存的活动构成的一个系统。"[1] 价值活动由价值链的内部联系联结起来，这些联系构成了各项价值活动的行动方式与成本，通过优化与协调可实现"低成本"或"差异性"，因此其对形成与强化企业竞争优势至关重要。波特进一步指出，联系不仅存在于企业价值链内部，而且存在于企业价值链与供应商和渠道商的价值链之间，从而形成了更为广泛、上下衔接的价值系统。这种纵向联系的价值系统，使得企业价值链与上下游价值链之间存在多维接触点，既受其影响，又为增强竞争优势提供了更多的切入点。例如，供应商的运输频次增加可降低企业库存要求，销售渠道促销活动可替代或补充企业相关活动，等等。"获取和保持竞争优势不仅取决于对企业价值链的理解，而且取决于对企业如何适应于某个价值系统的理解。"[1]

波特认为，将企业作为一个整体来看无法认识竞争优势。只有利用价值链工具将价值创造分解成一系列活动，才能抓住竞争优势的源头与本质。"因为这些活动中的每一种都对企业的相对成本地位有所贡献"，并且奠定了经营差异性的基础。波特以此分析了"成本领先"和"差异化"等基本竞争战略，认为企业获取成本优势有两种方法：其一是控制成本驱动因素，如规模经济或不经济、生产能力利用模式、地理位置等；其二是重构价值链，即采用效率更高的方式来设计、生产、销售和配送产品。重构价值链可以从根本上改变企业的成本结构，优化成本驱动因素，从而发挥企业竞争优势[1]。"差异化"即打造经营的独特性以构建竞争优势。这同样需要借助价值链分析工具，一般通过两条途径加以增进：其一是充分利用现有价值链，实际上任何一种价值活动都是独特性的潜在来源；其二是重组价值链，如采用新分销渠道和方法、采用全新程序或利用新技术构建独特的价值链等[1]。

2.1.2 全球价值链

1. 价值活动的国际分散化

价值活动的国际分散化即国际化（Internationalization），是指企业价值活动跨越国界实现地理意义上的扩展。科格特（Kogut，1985）将竞争优势与比较优势结合，运用价值链工具分析了企业国际化的战略设计问题。他认为企业价值活动的国际扩张首先会面临体制与文化障碍，使得企业原本的竞争优势难以实现跨国转移，价值链后端环节的价值创造活动尤其如此。企业营销计划因此需要重新设计，分销渠道与售后服务等也都需要重新构建。另外，各国要素禀赋各异、要素成本不同，也会给企业价值活动的国际扩张带来巨大风险。因此，企业由本土经营走向国际化拓展时，应综合考虑比较优势与竞争优势及其交互作用。企业价值链应该在何处向国际化延伸（布局）、企业资源应该集中于什么价值活动，都必须从国家比较优势与企业竞争优势中寻找答案。[2]

竞争优势具有企业特质，影响着企业的价值活动决策，指导企业将投资与管理资源集于价值链的特定环节，从而实现与产业内其他企业相区别的差异性目标。而比较优势则具有地理特质，影响着企业采购与营销的区位决策。如果一个国家或地区的某一生产要素成本相对较低，那么在这个国家或地区发展这种要素密集型产业就具有比较优势。这种基于要素成本差异的比较优势，对企业价值活动的国际化区位决策具有非常重要的影响。对此，一个基本原则是选择因相应要素密集而具有比较优势的国家或地区。劳动密集型活动选择劳动力价格低廉的地区，资本密集型活动选择资本相对便宜的地区。例如，研发活动应选择人力资本密集的国家或地区；生产活动尤其是加工装配作业，应选择劳动力资源丰富的国家或地区。[2]

比较优势与竞争优势的组合催生了三种国际竞争模式（见图2-1）。第一种是基于产业间贸易的竞争，即依赖于国家比较优势的国际竞争，主要发生在要素禀赋相近国家的出口商品之间。第二种是基于产业内贸易的竞争，即依赖于企业竞争优势的国际竞争，主要发生在双向流动的同类产品之间。第三种可以定义为基于产品内贸易的竞争，它是比较优势和竞争优势相互作用的产物。竞争优势的差异促进了产业内贸易和国际水平投资的发展；竞争优势与比较优势相结合，使得企业活动的国际分散化方式变得复杂。有些活动可以在本土办公室内完成，有些活动则依比较优势选择合适的区位从而分散到世界各地。企业竞争力愈发依赖自身的技术领先优势、独特的生产工艺、品牌影响力或质量管理方式等，这些都需长期积累且无法通过市场购买轻易获得。[2] 成本最低的采购、生产和市场布局，以及国际垂直或水平专业化（分散化）是其主要特征。

国家比较优势

	无	有
企业竞争优势　无	国内细分市场	产业间贸易 ♀企业的国际垂直一体化 Ⅰ
企业竞争优势　有	产业内贸易 ♀企业的国际水平一体化 Ⅱ	产品内贸易 ♀国际垂直或水平专业化 ♀成本最低的采购、生产与市场布局 Ⅲ

图 2-1　国际竞争模式①

2. 产品内国际分工

价值链是理解国际分工与贸易的一个逻辑起点。科格特实际上以价值链为工具，阐释了产品内国际分工的微观机理。20 世纪 90 年代以来，产品内分工在全球范围内蓬勃发展。保罗·克鲁格曼（Paul Krugman，1995）将其形象地描述为"价值链切片"（Slicing up the Value Chain）[3]，并认为这种切片式的国际分工大大增加了贸易量，导致一些出口额超过 GDP 50% 的超级贸易经济体的出现，如新加坡、我国香港、马来西亚、比利时、爱尔兰、荷兰②。其中，比利时和荷兰属于区域经济一体化（欧盟）的一部分，生产过程在该地区的分散化，与美国汽车产业价值链向广大中西部地区扩散类似。而新加坡、我国香港、马来西亚则不同，它们由于工资水平低，承担着全球劳动密集型生产加工基地的角色。工资水平相对较低的爱尔兰，则在欧盟地区扮演此角色[3]。

"产品内分工是一种特殊的经济国际化演进过程或展开结构，其核心内涵是特定产品生产过程中的不同工序或区段，通过空间分散化展开成跨区域或跨国界的生产链条或体系，从而使越来越多国家或地区企业参与特定

---

① Bruce Kogut. Designing Global Strategies：Comparative and Competitive Value-added Chains [J]. *Sloan Management Review*，1985（26）：26；Ⅲ处略有修改。

② 此处依据的是 1994 年的世界银行数据。

产品生产过程不同工序或区段的生产或供应活动"[4]（卢锋，2004）。生产工序或区段的地理分散化是产品内分工的核心特征。根据地理分散化范围的不同，产品内分工至少存在两种类型。一是产品内国内分工，即生产工序的地理分散化局限于国内范围内的不同地区或区域。例如，20 世纪 80 年代前期，日本汽车制造工序分工主要集中在国内几大工业区，此为产品内国内分工。二是产品内国际分工，即特定产品的不同生产工序或区段在不同国家进行分散。[4] 例如，汽车研发设计、零部件生产供应、整车组装以及销售，通过全球不同国家组成的网络来实现，就属于产品内国际分工。

产品内分工本质上是价值链的跨地域分工，可通过价值链纵向延伸方式来建构，或通过价值链横向扩展方式来实现，因而包含了垂直专业化（Vertical Specialization，VS）与水平专业化两种分工形态。如果把以研发设计为起点以最终消费者为终点的整个价值链视作生产过程，那么在价值链不同"切片"环节或不同生产阶段之间进行的纵向分工就是垂直专业化，在相同"切片"环节或相近生产层面进行的横向分工就是水平专业化。产品内分工通过企业内分工或企业间分工实现。企业内分工发生在同一企业（母公司）内部不同地域的附属企业（子公司）之间。而企业间分工则依托地域比较优势与市场经济机制，在国际或国内层面整合协调不同工序或"切片"的生产过程，主要包括"代工"（Original Equipment Manufacturer，OEM，原始设备制造）与"贴牌"（Original Design Manufacturer，ODM，原始设计制造）等方式。[4] 20 世纪末以来，得益于经济全球化发展，这种以价值链为基础的垂直专业化分工与产品内贸易，逐渐成为国际分工与世界贸易的主要形式。

3. 全球价值链

全球价值链（Global Value Chain，GVC）是企业价值活动国际分散化与全球一体化的有机统一。国际化从 17 世纪殖民主义时代开始就已经存在了，而全球化（Globalization）却是 20 世纪 80 年代以来的事情。它同时包含着专业化分工与一体化整合两层含义，意味着离散性的经济国际化行为实现了专业化分散与一体化整合的统一。简单地说，全球价值链就是将生产过程分割并分布在全球不同的国家或地区，企业基于产品内分工专注于生产的特定环节，不单独生产整个产品。产品内国际分工将跨国生产系统通过直接投资与国际分包建立起来，在全球范围内整合成一体化的生产协作网络，国家与国家之间的经济关系也因此变得紧密。加里·杰里菲（Gary Gereffi，1994、1999）使用"全球商品链"（Global Commodity Chains）框架,分析了经济全球化与产品内分工的两种驱动机制,即"生产者驱动"(Producer-driven)和"购买者驱动"(Buyer-driven)。

生产者驱动型全球商品链是资本密集型或技术密集型产业的典型特征,如汽车、飞机、计算机、半导体、重型机械等。为了获得稳定的原材料供应或进入新的海外市场,这些产业中的大型跨国企业通过海外投资建立垂直专业化的全球商品链生产体系,从而在全球性供应链网络与产业链体系中发挥着支配性作用,扮演着"链主"性角色。以汽车制造业为例,其全球生产与供应链系统非常复杂,一般涉及母公司、子公司、分包商等不同层次、不同国家或地区的上千家企业。日本汽车制造商供应链就平均包含 170 家一级生产企业、4700 家二级生产企业,以及 31600 家三级分包商企业[5]。这些企业除位于日本本土外,还广泛地散布于北美、东亚和东南亚等地区,而本土"链主"企业在其中发挥着支配性、主导性作用。

购买者驱动型全球商品链一般存在于劳动密集型的消费品行业,如服装、鞋帽、玩具、家居用品、消费电子等。大型零售商、品牌营销商、品牌生产商等作为"链主",凭借设计、品牌或渠道、营销优势,将位于发展中国家的众多生产企业整合起来,按照市场需求或品牌标准组织生产与销售,从而建立起水平专业化的全球商品链贸易体系。这种购买者驱动型全球商品链的出现与发展,一方面得益于发展中国家尤其是东亚地区出口导向型发展战略的实施,催生了大量劳动密集型加工制造企业;另一方面也是西方发达国家零售业市场集中度不断提高的结果。这些国家的大型零售商依托市场规模与渠道优势,借助信息科技发展带来的市场实时感知能力,在全球范围内重组商品供应系统,从而形成连接零售商、生产商与零部件供应商的市场快速反应网络,并造就了诸如丽诗卡邦(Liz Claiborne)、耐克(Nike)、锐步(Reebok)等品牌制造商,成为"没有工厂的全球制造商",这是购买者驱动型全球商品链的突出特征。[6]

加里·杰里菲所说的商品链,是指"从设计、生产到产品销售的所有活动"[5],这与迈克尔·波特的价值链概念是一致的。随着学界越来越多地以价值链视角分析全球化进程,加里·杰里菲(Gary Gereffi,2001)抛弃"全球商品链"而采用了"全球价值链"的概念。他认为,"价值链"突破了"商品"的词义限制,把关注点从企业的生产活动转移到企业的价值系统,不仅使得研究范围覆盖了有形的货物商品和无形的服务产品,而且使得研究对象涵盖了具备全部商业功能的全能型企业,以及专注于价值链某一环节、从事特定价值活动(如设计、营销等)的专业型企业,因而更具普遍性与一般性。如果全球化意味着企业活动国际离散化的一体化整合，那么价值链就是概念化解析这种整合过程的必要基础与有效工具[7]。通过聚焦价值链的全球化组织方式与产业结构，研究视野将进一步拓展到全球化策略、价值链治理、产业升级等更为广泛而深入的领域，并衍生出"全球价值链与国际发展""全球价值链与增加值贸易"等一系列全球热点问题。

2.2 价值链治理与升级

2.2.1 价值链治理

1. 价值链范式及其关键点

自20世纪90年代以来，全球化引领了世界经济发展的趋势与潮流。许多国家和地区通过融入全球价值链生产与贸易网络，逐渐实现了经济发展和国民收入增长。但与此同时，全球化也加剧了南北差距与发展失衡，甚至给特定国家、地区带来了贫困化增长（Immiserizing Growth）①。这种近似于越增长越贫困的现象并不局限于宏观经济，而且可见于产业经济、企业经济领域。全球化背景下的国际发展失衡与贫困化增长是如何发生的？其生产交换与利益分配机制是怎样的？这些问题不仅涉及对全球化的全面深入认识，还可能关系到一国产业政策、发展路径与国际化战略等，因此有必要建立一个综合性分析框架加以研究与解释。

价值链范式聚焦全球化背景下企业活动的价值增值过程，从研发设计、生产加工到最终使用，描绘了全球价值链生产与贸易网络的整体图景，是洞察全球化利益分配机制、确定政策杠杆以改善发展失衡的有效工具。价值链范式不仅可阐释企业在全球经济中如何相互关联，而且有助于认识这些关联背后更为广泛的制度环境，如产业组织、贸易政策、规则和标准等。随着价值链范式被学术界越来越多地应用，它已成为国际经济学与发展经济学领域的一种常用的研究范式，并为许多经济组织与国际机构所采用，如世界银行、世界贸易组织、国际劳工组织（International Labour Or-

---

① 贫困化增长（Immiserizing Growth）是指国际贸易规模持续增长但贸易条件与收益恶化、国民福利水平不断下降的现象。一般发生于特定发展中国家的特定情形，如该国经济增长路径的出口依赖、该国出口商品缺乏需求弹性且在世界市场占有较大份额等。

ganization)、美国国际开发署（USAID）等。经济租、治理和系统效率是其中的三个关键点。

（1）经济租（Economic Rent）

价值链是经济租的载体。经济租是基于经济权利的超额利润，数值上等于寻租收入与寻租成本（机会成本）之差。这种经济权利可能源于资源性稀缺，也可能来自技术创新、管理创新、风险承担、企业家才能等。经济租和寻租行为在社会经济中是普遍存在的。只要存在要素生产率差异以及寻租壁垒就会产生经济租，资源性稀缺只是其中一个最原始的诱因（如地租）。事实上，稀缺性并非天然地依附于自然资源，而是可以有意识、有目的地建构。例如，研发先进的技术工艺、开发独特的产品功能等，可以创造技术工艺性、产品功能性稀缺，这是更广泛意义上的稀缺性。寻租壁垒是保持稀缺性和维持经济租的必要条件。如果不存在进入壁垒或壁垒作用削弱，寻租行为引发的生产者（寻租者）涌入将造成稀缺性下降或消失，经济租也就不复存在。[8]

随着 19 世纪中期以后技术密集型行业企业兴起，以及 20 世纪 70 年代以来产品差异化不断发展，被称为生产者剩余（Producer Surplus）的经济租变得越来越普遍（Kaplinsky，2000）。生产者剩余可视为通过稀缺建构获取的收益减去成本的差额。生产者基于市场竞争压力与利润最大化追求，不断进行技术创新与稀缺建构，使得原有的寻租壁垒不断削弱、消失与新建，经济租也随之衰减并发生相应的动态变化。稀缺建构过程就是价值链重构与竞争优势重塑的过程。需要生产者对经济租的价值链分布以及寻租壁垒进行评估。一般而言，价值链中间的生产加工环节寻租壁垒低、经济权利小，价值链两端的研发、设计或品牌、营销与服务等寻租壁垒高，经济租含量大、附加值高，这是微笑曲线（Smiling Curve）理论所反映的内容（见图 2-2）。寻租壁垒低则寻租动力大，生产者涌入导致经济租衰减就会发生。因此，在产品内国际分工体系中，处于全球价值链上游环节越靠近生产位置，其经济租壁垒与附加值利益越欠缺，国际分工地位也就越低；相反，处于全球价值链下游环节越靠近消费位置，其经济租壁垒与附加值利益越优越，国际分工地位也就越高。这可以解释部分发展中国家贸易条件恶化的内在原因。

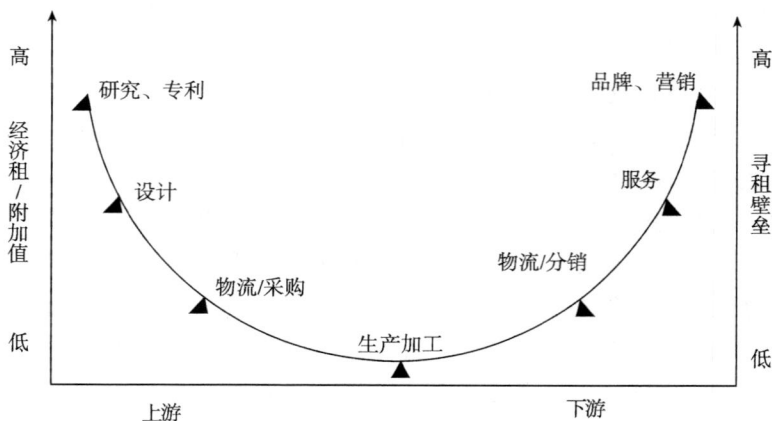

图 2-2　微笑曲线

（2）治理（Governance）

治理是全球价值链分析的核心内容。由于事实存在的发展非均衡和可能导致的贫困化增长，全球化背景下的贸易收益与企业回报，不是取决于是否融入全球化经济，而是取决于参与全球化的方式与基础。如果把国际化比作点状链接的松散型"邻里关系"（Arm's-length Relationship），那么全球化就好比网络联结紧密的"合作社"。前者的国际贸易犹如邻里间的互通有无，一家把最终产品做好卖给另一家，简单直接、一目了然。后者则完全不同，各家各户做的都是零部件，然后要组装成最终产品并组织销售。这里面涉及生产分工、规格标准、质量把控、一体化整合等一系列问题，盘根错节、错综复杂，需要科学的统筹安排、精细的协调协作，这就凸显了治理的重要性与必要性。治理为解析全球价值链分工的组织方式、参与形式及贸易收益提供了线索。

所谓"治理"，《牛津高阶英汉双解词典（第 7 版）》中的释义为"统治国家或支配公司（或组织）的行为与方法"[①]。在全球价值链的语境下，加里·杰里菲（Gary Gereffi，2001）将治理定义为"经济行为的非市场协调"[7]，其足以影响生产网络、物流与营销体系的组织与安排。卡普林斯基（Kaplinsky，2000）从主导企业的视角，界定了治理的三项内容（"三规治理"），即规则治理（设定价值链活动的参与条件与运作规则）、合规

---

①　"the activity of governing a country or controlling a company or an organization; the way in which a country is governed or a company or institution is controlled"，详见《牛津高阶英汉双解词典（第 7 版）》第 884 页。

治理（监控或审查经济行为或结果以确保合规）与行政治理（为价值链参与者提供技术支持以帮助其适应规则）[8]。汉弗瑞（Humphrey，2001）则将治理形象地描述为"设定或强化一定参数"[9]，以便使得价值链系统以及企业参与活动得以正常运转。汉弗瑞认为，价值链任何环节的生产过程（包含设计、生产、物流以及营销等在内的广义概念）都可以定义为一系列的参数，包括生产什么、如何生产（确定生产过程，确定技术与质量标准，明确劳动与环境标准等）、何地生产（生产体系的嵌入，生产链条组织与地域布局等）、何时生产、生产多少等。[9]这些参数的设定与强化，对主导企业而言，是价值链生产分工与贸易的必要条件；对参与企业而言，则是借助价值链分工快速获取生产能力、技术支持与贸易收益的必要手段。由此可见，作为一种统治或支配行为的治理，在价值链范式中对应着两种主体（主导企业与参与企业），理论上也自然存在两种行为视角。

（3）系统效率（Systemic Efficiency）

价值链的效率来源于整个链状系统，而非某一个节点。这就要求聚焦系统效率（价值链的整体效率），而不是只关注价值链的某一环节或特定节点。随着科技的发展和技术的进步，社会分工越来越精细、专业化生产越来越深入，价值链的参与企业链条也会越来越长。通过提高个别节点或特定环节的效率来增强系统综合竞争力的愿望也就变得越来越难以实现。全球化背景下生产要素的国际流动使得世界经济成为一个整体，价值链环节跨地域、跨国界布局也成为一种常态，这就涉及不同要素禀赋、不同发展水平的国家和地区，因此，以点带面、系统性思维，聚焦系统效率、重视系统化整合显得至关重要。这里面不仅包括强化领导（主导）企业的主导责任，还包括增强价值链各个环节的相互信任，加强各个节点的协调与合作，等等。

价值链范式的这三个分析要素（经济租、治理和系统效率）是紧密联系的，市场竞争在其中起着纽带性作用。随着全球化的推进和生产者的不断涌入，市场竞争越来越激烈，寻租壁垒降低、经济租利益下降是必然结果，并且会发生在价值链的各个环节，只是程度不一而已。这会刺激价值链的所有参与者寻找新的经济租形式，或追求更高的经济租位置。价值链中具有强市场力的领导企业为达到这一目的，通常会引导或帮助其供应链企业和消费者进行流程再造或消费转型，同时也会持续不断地寻找新的供应商和消费市场，力求突破或降低进入价值链其他环节的寻租壁垒。这实际上就是程度不一的价值链治理行为与领导企业角色。由此导致的劳动分工不断深化，就需要领导企业在更广阔的地理层面和组织领域追求更高的系统效率。[8]

2. 价值链治理及其维度

所谓"价值链治理"或"企业价值链治理"，是处于特定价值链关系中的企业，为实现价值链系统效率或企业价值链目标，对经济活动、企业关系与生产组织等进行非市场协调的行为、方法与制度安排。价值链治理的行为主体为主导企业或参与企业，因此存在全球维度与本地（国内、地区）维度两种视角。

全球维度下的价值链治理，侧重点在于国际产业的组织形式与全球价值链的系统效率。即如何协调全球范围的分支机构和供应商网络，从而实现系统效率最优的有效治理，也即"三规治理"。这涉及价值链的生产组织（投入产出结构）、价值链的地理布局与安排，以及价值链治理机制与结构设计等方面内容。其中，价值链的生产组织一般包括研发、设计、采购、生产加工、渠道分销、销售等环节（投入产出结构是从原材料到最终产品的角度对生产过程进行描述）。价值链的地理布局与安排，是对价值链活动跨越不同层次的地理范围在不同地区或国家布局与运作作出安排。价值链治理机制与结构设计，是基于一定机制对人财物资源在价值链内部的分配关系、流动方式进行设计，以控制与协调全球价值链活动。

本地维度下的价值链治理，侧重点在于为维持和改善全球经济地位而采取的发展策略，包括企业价值链决策与价值链升级政策。即本地企业或产业如何进行价值链决策，如何实现价值链升级，如何通过嵌入全球价值链促进本地经济与贸易发展，等等。具体内容包括价值链嵌入决策、价值链升级策略，以及本地制度体系建设、产业利益攸关方协调等方面。其中，价值链嵌入决策是关于企业嵌入特定全球价值链的总体安排，涉及路径偏好、路径（嵌入）方向、嵌入（参与）程度等内容。价值链升级策略是企业以技术积累与能力变迁为基础，对其在全球价值链中分工地位的动态提升作出的寻租安排。本地制度体系建设涉及嵌入全球价值链的本地（国内）制度环境，如劳动标准、环境标准、产业政策等。产业利益攸关方协调是指为实现价值链治理目标对价值链涉及的相关利益主体的行为进行组织与协调。价值链中参见的利益攸关方包括公司、行业协会、培训组织、政府机构等。[10]

对全球价值链的主导企业来说，其行为视角主要是由上而下（从全球到地方）的全球视角，其价值链治理的核心是非市场协调或"三规治理"。

而对全球价值链的参与企业来说，其行为视角则较为复杂，是一种上下交互的行为视角，即基于全球视野、立足本地治理、追求全球发展的综合视角，是以升级为核心的价值链治理视角。价值链治理两个维度的主要区别如表 2-1 所示。

表 2-1　价值链治理的两个维度

内容	本地维度	全球维度
行为主体	参与企业	主导企业
行为视角	上下交互（基于全球视野、立足本地治理、追求全球发展）	由上而下（从全球到地方）
主要内容	1. 价值链嵌入决策（路径偏好、嵌入方向、参与程度） 2. 价值链升级策略 3. 本地制度体系建设 4. 产业利益攸关方协调	1. 价值链的生产组织（投入产出结构） 2. 价值链的地理布局与安排 3. 价值链治理机制与结构设计
核心点	价值链升级	"三规治理"

2.2.2　价值链治理机制

1. 交易成本机制

价值链治理是对价值链活动及其企业关系进行协调的行为与方法。全球化背景下企业价值链活动跨越地理空间，联结了众多不同地域的上下游企业，需要根据一定原理设定相应参数，从而对企业关系作出科学设计与合理安排，这就是价值链治理机制，包括动力机制与治理结构两方面内容。前者决定着价值链治理的内在动因，后者描绘了价值链上的企业关系。企业价值链活动在地域空间上的拓展主要通过直接投资和外包实现，对应内部一体化和外部专业化两种组织形式，由此产生企业跨区域的内部交易与外部交易两种交易成本。价值链治理不仅要考虑生产成本因素，还要考虑协调价值链跨区域活动带来的交易费用增加。无论是以直接投资实现的企业跨区域内部生产，还是以外包方式实现的企业跨区域外部化生产，都是企业对生产成本与交易费用进行综合权衡的结果。斯科特（Scott，1986）通过两地生产决策模型，解析了交易成本机制驱动企业价值链治理的内在机理。[11]

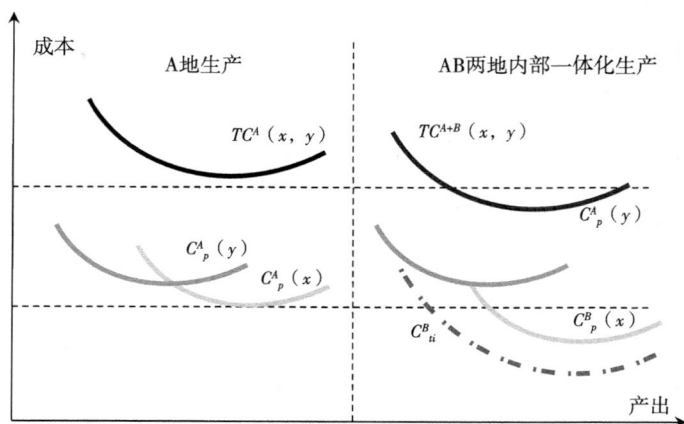

图 2-3　交易成本与内部一体化

假设企业生产分为 X 和 Y 两道工序（见图 2-3），对应的生产成本函数分别为 $C_p(x)$、$C_p(y)$。由于存在要素丰裕度的地域差异，$C_p(x)$ 和 $C_p(y)$ 会因企业区位选择的不同而不同。C_{ti} 表示企业跨区域内部一体化生产时的交易成本，C_{te} 代表企业跨区域外部专业化生产时的交易费用。当企业在同一地区（A 地）组织生产时，企业不存在跨区域的交易成本，即 C_{ti} 和 C_{te} 都等于零。企业在 A 地生产的总成本 $TC^A(x, y)$ 就等于 $C_p^A(x)$ 与 $C_p^A(y)$ 之和。假设生产工序 Y 在 A 地具有比较优势，生产工序 X 在 B 地具有比较优势。企业将生产工序 X 转移到 A 地进行跨区域内部一体化生产时，生产成本 $C_p(x)$ 会因 B 地要素价格的降低而下降，但同时也产生了跨区域生产的交易费用 C_{ti}^B，如交通运输费、关税费用等。如果生产工序 X 转移带来的成本节约足以弥补交易成本，即 $C_p^A(x) > C_p^B(x) + C_{ti}^B$，企业在 AB 两地生产的总成本 $TC^{A+B}(x, y)$ 将低于 A 地一地生产的总成本 $TC^A(x, y)$，此时，企业生产的区域转移对企业是有利的，企业将倾向于通过直接投资将生产工序 X 转移到 B 地，从而形成跨区域的分散化内部生产。

如果 B 地的生产商能够提供满足企业生产工序 X 要求的中间产品，且该产品的价格 $P^B(x)$ 小于企业内部一体化生产时的成本 $C_p^B(x)$，企业会倾向于采取外包方式将生产工序 X 分离出去，从而专注于具有比较优势的生产工序 Y。但这种跨区域的外部专业化生产方式也会催生企业间的交易费用 C_{te}^{A-B}。企业的最终决策取决于总成本的比较。当生产工序 X 中间产品的外购总成本小于跨区域内部一体化生产成本 $C_p^B(x)$，即 $P^B(x) + C_{te}^{A-B} < C_p^B(x)$ 时，企业总成本 $TC^{A-B}(x, y)$ 将小于内部一体化总成本 $TC^{A+B}(x, y)$，因

而会作出外部专业化的生产组织决策。尤为重要的是，交易成本 C_{te}^{A-B} 在初期可能不低，但其在曲线形态上要比 C_{ti}^{B} 平缓得多。也就是说，这种以区域比较优势为基础的专业化生产分工方式，可以通过专业化经济降低价值链各环节的生产成本，因为在发展到一定阶段之后，随着生产规模的扩大和规模经济效益的产生，其能够比内部一体化生产更有效地实现交易成本的节约，从而使企业总成本进一步下降，这反过来又可能强化企业价值链治理的外部专业化决策。

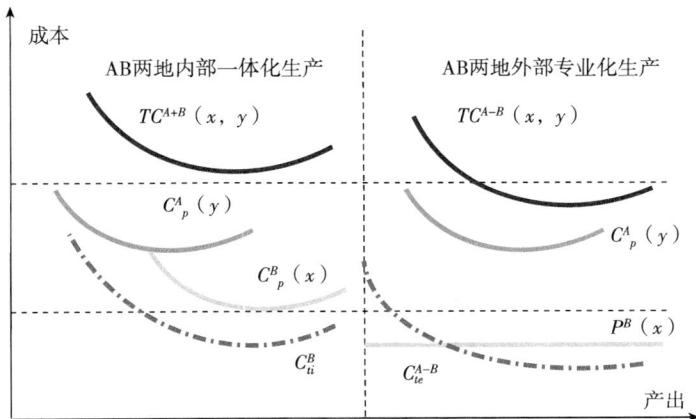

图 2-4　交易成本与外部专业化

2. 价值链治理结构

治理结构是对价值链嵌入企业关系与权利的制度安排，是一种形态化的价值链治理机制。加里·杰里菲等学者（Gary Gereffi、John Humphrey、Timothy Sturgeon，2005）根据企业间交易的复杂性、交易信息的可编码程度以及供应商的能力三方面因素，对全球价值链治理结构进行了分类与解析。

所谓交易的复杂性，是指"维持特定交易所需的信息与知识传递的复杂性，尤其是有关产品与工艺规格的知识与信息"[12]。产品结构越繁杂，产品生产涉及的工艺流程与技术标准越独特，相关知识与信息在价值链上的传递也就越复杂，企业间相应的产品交易越难以简化。编码是指将信息资料转换为代码，使其成为可用计算机处理与分析的数据。交易信息的可编码程度代表交易标准化能力，决定了其在价值链上的可获得性及效率。在信息技术广泛渗透、数字经济飞速发展的背景下，交易信息的可编码程度越高，交易标准化能力越强，其在价值链上传递的保真度与传输效率也就越高，交易双方不需要额外投资来搭建信息桥梁，这有助于降低价值链环节的交易成本。供应商的能力是指实际或潜在供应商达到需求方生产要求的能力。供应商只有具备按照价值链主导企业要求组织生产的能力，才能保证价值链的完整联结与正常运转。

（1）市场型（Markets）

当产品制造相对简单，交易信息易于编码，供应商有足够生产能力而无须额外的专用性资产投入时，就可以建立市场型治理结构。在这种治理结构下，企业间交易与信息交换比较简单，就是买家根据卖家设定的产品规格和价格条件，按照市场规则与价格机制作出反应。企业间的权力关系也比较平衡，任何买家都没有直接指挥或控制任一卖家的绝对权力。因此，市场型治理结构几乎无须非市场协调，外部协调与市场权力不对称程度都非常低。

（2）模块型（Modular）

当产品制造与企业间交易比较复杂，交易信息易于标准化编码，同时供应商的能力比较高时，模块化生产将会实现，模块型治理结构也将建立起来。这种治理结构产生的条件，包括产品结构的模块化、技术交互标准的简单化（如统一的产品规格、统一的部件标准、统一的生产流程）等；同时供应商也需具备配套生产能力，无论是成套产品供应商还是产品零部件生产商。由于实行了产品与交易标准化编码，企业间联系与隐性知识都可以内化于标准化传输而无须协调，或者在价值链的局部采用市场型或从属型治理结构（见图2-5）。

（3）关系型（Relational）

当产品规格及其他交易信息无法标准化编码，企业间交易比较复杂，且供应商的能力很强时，关系型治理结构就显得十分必要了。因为难以标准化的隐性知识必须在企业间（买卖双方）交换，如果供应商配套能力非常强，就会促使主导企业选择外包以达到能力互补，随之出现的相互依赖可以通过信用和声誉、地理邻近性，以及家庭与族群关系来调节和规范。复杂的隐性信息交换往往需要频繁的面对面交流，因此需要付出相应的协调成本，更换合作伙伴的成本也就不低。在关系型治理结构下企业间权力相对平衡，主导企业的非市场协调可通过与伙伴企业之间的平等对话得以实现。而关联供应商和其组件与原材料供应商之间，可以是市场型或其他治理结构（见图2-5）。

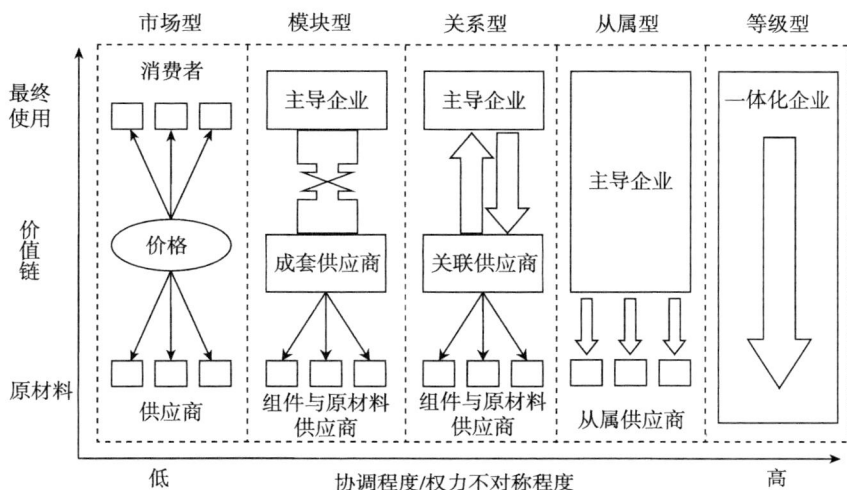

图 2-5　价值链治理结构①

（4）从属型（Captive）

当产品规格与企业间交易比较复杂，交易信息易于标准化编码，但是供应商配套能力比较弱时，主导企业不得不深度介入并控制生产，价值链治理就会产生从属型结构。由于为此付出了较大的非市场协调成本，为保障产品质量的一致性与价值链运转的稳定性，主导企业一方面为供应商提供足够的资源和市场机会，另一方面会想方设法"锁定"供应商并与其建立"从属关系"。从属供应商往往会被限制在较为狭窄的业务范围内，比如从事简单的加工、组装等，而研发设计、采购物流与营销服务等依赖于主导企业，再加上主导企业深度介入可能带来的资产专用性，从属供应商更换合作伙伴的难度与代价会大幅提高。因此从从属供应商的角度讲，俘获型（Captive）的表达更为形象。

（5）等级型（Hierarchy）

当产品规格和企业间交易比较复杂，交易信息难以标准化处理，且找不到具备高配套能力的供应商时，主导企业不得不自行制造与加工产品，从而形成垂直一体化的等级型治理结构。这种治理结构通过非市场协调进行控制与规范的程度最高，价值链环节的权力不对称程度也最高。企业内部权力较大的采购商通常直接给权力较小的供应商下达指令，等级特

---

① Gary Gereffi, John Humphrey, Timothy Sturgeon. The Governance of Global Value Chains [J]. *Review of International Political Economy*, 2005（1）：89；略有修改。

征非常明显。这主要是由于价值链各环节交流的是隐性知识，需要有效地管理复杂的投入产出网络，以及有效地控制生产资源尤其是知识产权等。[12]

表 2-2　价值链治理结构

治理结构	交易复杂程度	交易标准化能力	供应商的能力	协调程度和权力不对称程度
市场型	低	高	高	低
模块型	高	高	高	↑
关系型	高	低	高	
从属型	高	高	低	
等级型	高	低	低	高

资料来源：Gary Gereffi, John Humphrey, Timothy Sturgeon. The Governance of Global Value Chains [J]. *Review of International Political Economy*, 2005（1）：87；略有修改。

2.2.3　全球价值链升级

1. 价值链升级

所谓"升级"或"价值链升级"，是指"企业、国家和地区向价值链中的更高价值环节移动，以提高其参与全球生产收益（如安全、利润、增加值、能力等）的过程"（Gereffi，2005）。这里面涉及产业组织、规则制度、企业发展、技术进步等方面的战略规划与策略设计，即价值链治理。全球维度的价值链治理，揭示了主导企业如何决定产业内的利益与风险分配，进而如何影响发达经济体和发展中经济体中各产业供应链内部和外部企业的升级前景（Gereffi and Lee，2012）。本地维度价值链治理的核心，则是价值链升级。治理和升级构成了价值链研究范式的完整框架，为不同国家、地区和企业的价值链利益追求提供了全维视野。对于全球价值链的参与企业而言，如果把上下交互视角的价值链治理视作手段，那么价值链升级就是目的与最终目标。

加里·杰里菲（Gary Gereffi，1999）基于对亚洲纺织服装产业的研究，从全球价值链资源配置的空间范畴角度，将价值链升级（Industrial Upgrading）分为四个层级[5]：一是企业内（Within Factories）升级，即从生产低廉商品升级到生产高价商品，从生产简单产品升级到生产复杂产品，从小量订单升级到大批量订单，等等。二是企业间（Within Inter-firm Enterprise Networks）升级，即从批量生产标准化产品升级为柔性生产个性化产品。三是本地或本土内（Within Local or National Economies）升级，即从简单的来料组装升级到更为复杂的代工（OEM）和贴牌（ODM）生产，且其前向、后向联结的大部分是本地或本土企业。四是（国际）区域内（Within Regions）升级，从双边的、非对称的区域内或区域间贸易流转向发展更为充分的区域内分工，这种分工涉及价值链各个环节（从原材料供应到生产、分销和消费等）。

在此基础上，汉弗瑞和施密茨（Humphrey and Schmitz，2002）研究了发展中国家嵌入全球价值链的集群企业升级问题，将升级进一步划分为四种类型[13]：一是工序升级（Process Upgrading），即通过重组生产体系或引进更先进的技术工艺提高产出效率。二是产品升级（Product Upgrading），即转换产品矩阵，生产工艺更复杂、单位附加值更高的系列产品。三是功能升级（Functional Upgrading），即放弃（或拓展）企业现有功能，转向技术含量与经济租水平更高的新功能。比如企业功能从原来处于价值链低端环节的生产加工，转向经济租水平更高的研发设计或品牌营销，从 OEM 到 ODM 再到 OBM，等等。相较于其他类型的升级而言，功能升级会给企业带来更加稳定和更加持久的竞争优势。四是跨产业升级（Inter-sectoral Upgrading），即基于知识技术与生产活动的相关性或相似性，实现跨产业转换（从传统产业到新兴产业）的升级。例如，原来生产电视机的家用电器制造企业，转换升级为生产摄像头和显示器的信息设备制造企业。

汉弗瑞和施密茨（Humphrey and Schmitz，2002）认为，全球价值链治理结构的嵌入类型不同，发展中国家企业集群升级的内在含义与环境也不相同[13]：市场型治理结构通常意味着较慢的工序和产品升级，但功能升级之路更加开放；从属型治理结构有利于工序与产品的快速升级，却在功能升级上存在障碍，从而容易造成企业功能"锁定"，难以进入经济租水平更高的价值链环节；关系型治理结构为企业升级提供了比较理想的条件，但由于其对企业能力及其互补水平要求较高，故不大可能适合于发展中国家的生产企业。当然这些都是基于静态分析得出的相对结论。从动态角度讲，随着"学习效应"和知识积累产生的企业能力提升或者进入新市场，原有的企业间权力对比和各方关系都会发生变化，价值链治理结构也会自然而然地发生相应改变。尤其对于从属型治理结构中的主导企业而言，维持从属型治理结构不仅涉及大量投资成本，还可能造成机制僵化、效率降低等问题，所以大多会审时度势、顺势而为，使得功能"锁定"的升级障碍慢慢得以消除。因此，从总体上说，企业升级一般从工序升级开始，过渡到产品升级和一定程度的功能升级，最终完全实现价值链升级（中间也可能会有跨越或者倒退的情况）。这种大体呈阶梯式发展的企业升级规律，可以在众多东亚国家的工业化发展进程中得到佐证（Kaplinsky and Morris，2001）。

2. 企业升级与微笑曲线的拟合

国内学者毛蕴诗（2017）在前期系列研究的基础上，总结了企业产业升级的四种方式与相应的 10 条路径，并与基于价值链理论的微笑曲线进行了形象化拟合，从而清晰而全面地描绘了企业全球价值链升级的框架图景。[14] 本书将其合并为四种类型六条路径。

（1）微笑曲线的节点攀升

微笑曲线的节点攀升即企业功能升级。由于两端环节的增加值或经济租含量明显高于中段节点，价值链曲线由此两端上翘"露出微笑"。微笑曲线反映了价值链不同节点的经济租状况，也很自然地指明了发展中国家和地区企业升级的一般逻辑。那就是从处于微笑曲线中段生产加工节点，向微笑曲线左端节点的研发与设计攀升，或者向右端节点的品牌与营销攀升，实现价值链左端升级或右端升级。具体包括以下三条路径。

第一，基于技术积累的左侧升级（见图 2-6）。即依靠技术积累与企业能力演进，突破技术壁垒与关键零部件的供给限制，企业从纯粹的产品制造商（OEM）升级为产品研发设计与制造商（ODM）。这条路径的关键点在于研发驱动与技术创新，要求企业在技术积累、研发设计、工艺突破以及产品创新上都具有相当的竞争实力。由于技术进步需要经历技术选择、技术获取、消化吸收、技术改进与技术创新等阶段，企业能力演进与技术积累是一个长期的过程，因此需要企业在技术投入与发展战略上做长远规划。但技术研发是企业价值链活动的源头，技术创新决定企业的核心竞争力，因此左侧升级对制造型企业发展具有无可替代的战略意义。

第二，基于服务延伸的右侧升级（见图 2-7）。即从产品制造环节向售后服务延伸，通过售后服务获取更多利润。右侧升级常见于一些产品使用寿命较长、后续维护要求较高的行业，如汽车业、电梯业等。据统计（毛蕴诗，2017），汽车行业中新车利润仅占 20%，汽车零部件利润大约占 20%，而售后服务领域的行业利润占比则高达 60%[14]。

第三，微笑曲线双侧升级（见图 2-8）。企业从生产加工向售后服务延伸可以更好地把握市场需求，从而改进设计，推出适销对路的产品，推动企业向品牌和营销迈进，最终实现微笑曲线右侧升级的目标。如果此时企业已完成左侧升级，具备了产品研发与设计能力，那么企业就会根据市场需求研发、设计并生产相应产品，发展出自有品牌并进行产品营销，此时企业已演变为自有品牌设计与制造商（Original Brand Manufacturer，OBM），从而实现微笑曲线的双侧升级。通过市场并购获取战略性技术资源或品牌资产，是快速实现双侧升级的有效方法。

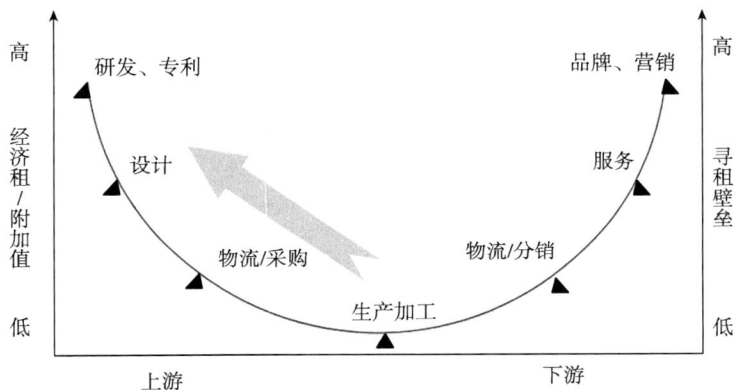

图 2-6　微笑曲线左侧升级

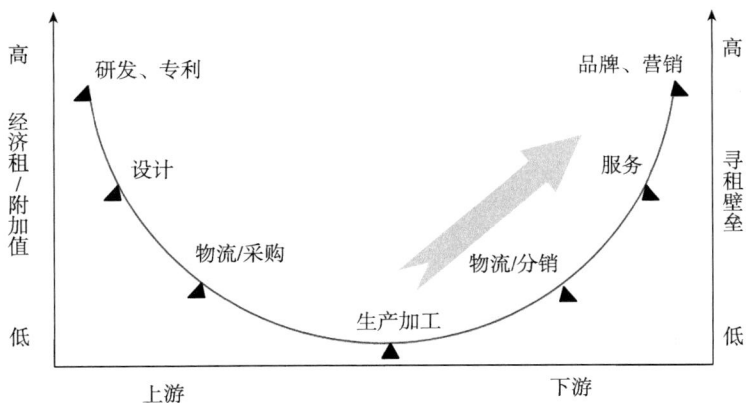

图 2-7　微笑曲线右侧升级

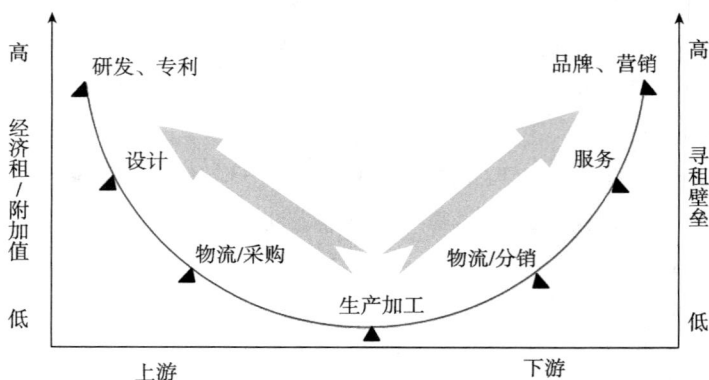

图 2-8　微笑曲线双侧升级

（2）微笑曲线的局部上移

从 OEM 到 ODM 再到 OBM，是企业升级的一般路径，这背后暗含着价值链攀升带来的经济租变化，以及由此而来的企业收益增长。企业收益增长还可以通过工序升级的方式实现，即汉弗瑞和施密茨（2002）描述的第一种升级方式——通过重组生产体系或改进技术工艺提高产出效率。工序升级并没有改变企业的价值链节点位置，但达到了企业收益增长的效果。毛蕴诗、熊炼（2011）使用成本与附加值对偶曲线，描绘了这种升级路径在微笑曲线上的效果[15]。即由于工序升级、效率提升，生产成本大幅下降，微笑曲线在生产制造环节上移，形成一条底部抬升的升级路径（见图 2-9）。

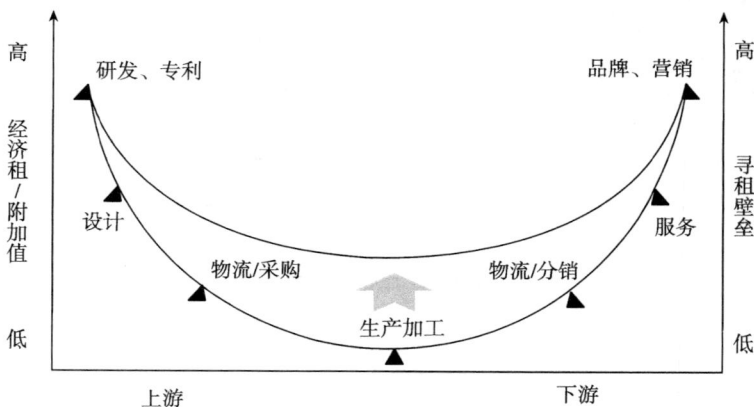

图 2-9　微笑曲线局部上移升级

（3）微笑曲线的整体上移

微笑曲线的局部上移升级，是由于价值链生产制造环节的附加值提升而其他环节的附加值相对不变而产生的。如果价值链其他环节的附加值也得到相应提升，那么微笑曲线将从原有位置整体上移，形成一种新的企业升级类型。汉弗瑞和施密茨（2002）所定义的产品升级，就是这种企业升级类型。随着技术进步带来制造技术变革，以及消费升级带来市场需求变化，一些企业会重新进行市场定位并对产品进行更新换代。新产品在研发设计、品牌营销、生产制造等环节的附加值都大幅提高，微笑曲线于是从低位整体上移到高位，具体如图 2-10 所示。

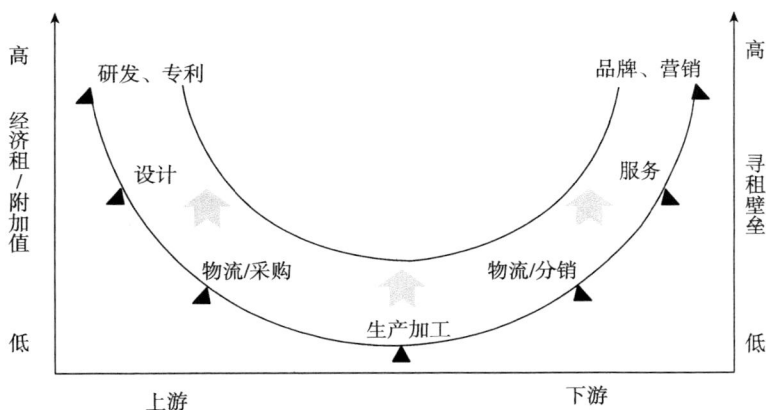

图 2-10　微笑曲线整体上移升级

（4）微笑曲线的叠加上移

在信息技术与人工智能飞速发展的背景下，行业边界由于技术联结与跨界融合有逐渐模糊化的趋向，这为企业产品的跨行业拓展与融合创新创造了条件。由于科技进步打通了产品创新的跨界障碍，企业可以在技术联结或产品关联性的基础上进行跨行业的产品多样化发展或新产品开发，引入新的高附加值行业的产品价值系统，从而打破原有行业的价值链限制，通过叠加效应推动微笑曲线上移，改善企业价值链总体地位，实现跨产业升级。这一升级路径在图 2-11 表现为：企业在原行业拥有的是附加值较低、处于较低位置的微笑曲线 A。微笑曲线 B 代表附加值较高的新行业。实现跨产业升级后，微笑曲线由于 A 和 B 的叠加效应上移至 C 的位置。

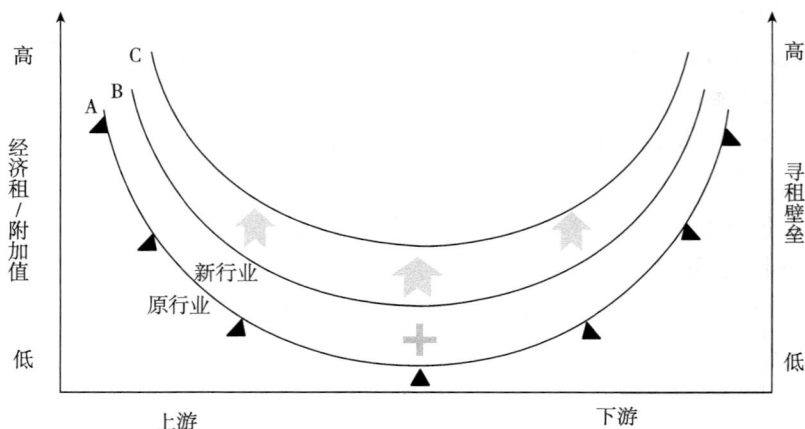

图 2-11　微笑曲线叠加上移升级

2.3　双循环新发展格局与"双链交互"价值链治理

2.3.1　美国对华"脱钩"及其价值链治理影响

1. 美国对华政策大辩论

冷战结束之后，美国对华一直奉行"接触"（Engagement）与"遏制"（Containment）两手策略。一方面，寻求在广泛领域与中国建立密切关系，如贸易与投资、科技合作、教育与文化交流、军事对话等，以现实可见的发展利益鼓励中国融入美国主导的国际体系，成为维护与强化而不是挑战与颠覆现有体系的支持性力量。另一方面，从 20 世纪 90 年代中期开始，美国采取了一系列措施来维护其与盟友在东亚地区的"硬实力"（Hard Power），包括大力强化美军的地区军事部署，加强与地区盟友的战略合作（如日本、韩国、澳大利亚等），并与一些地区国家发展准盟友关系（包括新加坡、印度），以盟友体系和军力威慑保障地区的和平与稳定。[16]这种双管齐下策略的政治目标是在保障美国战略利益与经济收益的同时，试图通过将中国拉入西方体系来塑造和影响中国，使中国朝着美国的价值观及其所期望的方向发展。[17]

自奥巴马政府时期，中国崛起越来越成为一种世界现象。2013 年中国提出"一带一路"倡议，之后设立亚洲基础设施投资银行。2015 年中国发布《中国制造 2025》，全面实施制造强国战略，大力推动科技创新与高端制造业发展，加快实现经济转型升级与跨越式发展。这无疑挑动了美国战略界脆弱的神经。于是自 2015 年起，美国兴起了一场关于对华战略的大辩论。许多在美中国问题专家、国际政治学者、美国政府前官员以及美国外交家等都参与其中。这次辩论参与人数之多、质疑美国对华“接触”政策程度之深多年未见。辩论主题包括三个方面：自尼克松访华以来的美国对华“接触”政策是否失败？中美之间的竞合态势是否可持续？美国下届政府对华政策是否需要改变？（陶文钊，2016）。辩论主要产生了三种不同派别的观点，即对华顺应派、维持现状派和对华强硬派[18]。

对华顺应派认同“接触”政策的有效性，认为美国应该对中国实行一种更加深入的“顺应”（Accommodation）政策。美国海军战争学院戈德斯坦（Lyle J. Goldstein）指出，中国崛起从总体上说是一个和平的过程，中国没有对其他国家实质性地使用武力。[19]“中国的国际行为更多是反应式的，而不是主动的强硬。中国是在对邻国的挑衅行为作出反应，对现行国际秩序中的缺失作出反应，对国际金融体系的种种局限作出回应”（陶文钊，2016）。戈德斯坦（Goldstein，2015）为此提出了中美“螺旋式合作”（Cooperation Spiral）提升双边关系的政策建议①。约翰·霍普金斯大学兰普顿（Lampton，2015）呼吁两国进行相互顺应和妥协（Compromise），认为“无论中美，顺应和妥协都不应视为贬义词”。“美国应该在国际体系中给中国腾出更大空间，而中国则应当多一些耐心”②。卡内基国际和平研究院史文（Swaine，2017）也提出中美两国应相互顺应（Mutual Accommodation），在西太平洋地区超越美国主导地位建立中美稳定均势[20]。美国前总统国家安全事务助理哈德利（Stephen Hardley）也提倡中美两国进行相互妥协，朝着构建新型大国关系而努力。

维持现状派将维持现行对华政策作为最佳战略选择，美国政府的经济官员很多都持这种观点。如前财长保尔森和卢宾（Henry Paulson and Robert Rubin，2015）就撰文指出，“如果两国都把自己的事情办好并取得经济上的成功，就会消除导致摩擦的经济上的不安全，增强对未来的信心，并促

---

① Lyle J. Goldstein. Meeting China Halfway：How to Defuse the Emerging US - China Rivalry [M]. Washington，DC：Georgetown University Press，2015.

② 详见兰普顿在 2017 年 11 月 17 日中国社会科学院美国研究所主办的中国社会科学论坛“习近平主席访美后的中美关系”上的发言。转引自陶文钊. 美国对华政策大辩论 [J]. 现代国际关系，2016（1）：23.

进建设性的关系"。当时正在实施的"再平衡"战略有助于解决两大经济体的很多经济问题。另一位前财长萨默斯（Larry Summers，2015）也主张，"我们的目标仍然必须是共同的发展和繁荣"[18]。美国前助理国务卿帮办、普林斯顿大学柯庆生（Thomas Christensen，2015）指出，美国及其盟友的目标"不应该是遏制中国，而应该是影响中国的选择"，美国对华政策的核心是鼓励中国成为"负责任的利益攸关方"[21]。美国进步中心对华政策主任梅莱尼（Melanie Hart，2015）认为，如果因为"出现了新的挑战而认为美中关系难以驾驭，从而废弃对华'接触'政策，把中国当作战略竞争者，这是误导性主张"。"美国应当继续保持（与中国）在合作方面的现行势头，同时丰富处理两国分歧方面的抓手"。[18]

对华强硬派则认为对华接触没有达到预期效果，应当减少合作，采取更多实质性的牵制与对抗措施。美国芝加哥大学米尔斯海默（John Mearsheimer）、普林斯顿大学弗里德伯格（Aaron L. Friedberg）、美国海军战争学院霍尔姆斯（James Holmes）、宾夕法尼亚大学林蔚（Arthur Waldron）等都是对华强硬派的代表人物。其中，米尔斯海默被认为是"中国威胁论"的理论代言人，其宣扬对华实施进攻性的全面遏制政策。而对美国战略界以及华盛顿影响最大的，当属美国外交关系协会（CFR）于2015年3月发布的研究报告——《修正对华大战略》①。该报告认为，"美国对华的融入政策忽略了一个战略事实，那就是过去三十多年中国从中获益远大于美国，中国由此增强了综合实力并对美国国家利益构成了长期的潜在威胁"[22]。"中国是美国最主要的竞争对手，未来几十年都是如此"，"中国没按美国期望演变为利益攸关方"[22]。"美国将中国拉入自由国际秩序的努力，导致美国在亚洲的卓越地位受到威胁，并最终可能会对美国的全球利益产生严重挑战。华盛顿需要一个新的对华大战略，用于平衡中国国力增长的风险，而不是继续帮助中国崛起"[22]。该报告给出的具体建议包括：促进美国经济强劲增长的政策设计，将中国排除在外的新的亚洲贸易安排，更严格的对华技术出口管制制度，更有力、更活跃的美国海空军亚太地区存在，与地区盟友和东盟国家之间更亲密的战略联系，在网络空间对中国采取更强硬的对抗措施，以及把"再平衡"战略拓展到印太地区、对中国进口商品加征关税，等等。[22]

---

① Robert D. Blackwill and Ashley J. Tellis. Revising US Grand Strategy Toward China ［R/OL］. Council on Foreign Relations Special Report, No 72, March 2015. https：//www. researchgate. net/publication/321596616_Revising_US_Grand_Strategy_Toward_China.

冷战结束后美国对华政策的战略假定与逻辑起点是通过接触与融入可以改变中国，并且这一过程与结果都将有利于美国的利益。然而，2015 年美国对华政策大辩论的结果却十分消极，认为接触与融入非但未能改变中国，反而让中国走出了"四个自信"，对美国国家利益与全球领导地位构成了长期挑战。于是，"修正对华大战略"逐渐成为美国战略届主流，"围堵""遏制"也成为民主、共和两党对华政策共识，加上美国国内保护主义思潮泛滥、民粹主义势力崛起，中美经济竞争被视为对美国的经济侵略[23]，美国社会弥漫着浓重的右倾反华情绪，对华强硬甚至成为美国政界的"政治正确"。

2. 特朗普政府的对华"全面脱钩"

2017 年特朗普政府上台后，于 12 月及次年 1 月先后发布《美国国家安全战略》与《美国国防战略报告概要》，将中国定义为"竞争对手"与"修正主义力量"[24]，吹响了美国对华战略竞争的号角（吴心伯，2020）。"脱钩"（Decoupling）迅速成为特朗普政府对华政策的基调，从最初的对华贸易战升级到科技战，再进一步蔓延到金融投资、人文交流等领域（张薇薇，2021）。其基本逻辑是坚持"美国优先"原则及"遏制中国"思想，通过贸易战收取关税利益并让制造业回流，通过科技战遏制中国创新活力，通过金融战获得更多打击中国经济的手段，通过地缘战搞乱中国发展环境，通过舆论战混淆是非欺骗世界，通过减少或切断两国的接触与交流，逐步降低美国对华产业链供应链的依赖程度。"脱钩"的本质与最终目标是遏制中国崛起、阻止中华民族复兴，维护美国的全球霸权。具体内容包括中美贸易及供应链脱钩、科技及产业链脱钩、金融及资本市场脱钩、文化教育及政治军事交流脱钩等。

在贸易及供应链脱钩方面，自 2018 年 4 月开始美国对华发动"贸易战"，先后对价值总计约 5500 亿美元的中国输美产品强征 10%～25%不等的关税，使得中国出口美国商品的平均关税达到 20.9%①，使得许多企业因成本上升而考虑重构供应链，导致原本互利互补的两国产业链合作发生断裂，经贸关系作为中美关系"压舱石"的地位发生动摇。不仅如此，特朗普政府还积极推动对华经贸脱钩，鼓励制造业回流美国与供应链"去中国化"，降低关键产品与行业对中国的依赖程度。2017 年 12 月特朗普签署

---

① China Center, U. S. Chamber of Commerce. Understanding U. S. – China Decoupling: Macro Trends and Industry Impacts [R]. 2021, Appendix 1. 转引自张薇薇. 美国对华"脱钩"：进程、影响与趋势 [J]. 当代美国评论，2021（2）：45.

《减税与就业法案》，期望通过税制改革吸引海外资本回流，重振美国制造业雄风并撬动美国经济增长。2019年底暴发的新冠肺炎疫情成为加速美国对华供应链脱钩的催化剂。2020年1月美国商务部部长罗斯（Ross）抛出"疫情有助于加速制造业回流美国"的言论，真实地反映了特朗普政府的深层意图。2020年5月美国政府推出"经济繁荣网络"（Economic Prosperity Network）计划，试图通过加强与日本、澳大利亚、印度、韩国和越南等网络成员的合作，重构以美国为中心、以"去中国化"为目的的全球产业链供应链价值链。中美"共生经济关系"处于瓦解之中[25]。

通过科技战推动"技术脱钩"，打压中国高新技术产业，遏制头部科技企业的崛起势头，是美国政府试图维护其技术优势、遏制中国技术进步的主要手段。2018年美国出台《出口管制改革法案》、修订《出口管制条例》、丰富技术管制项目，不断将涉及关键领域的中国企业、科研院所等列入出口管制"实体清单"或"军事最终用户"清单，禁止美国科技公司与它们在敏感技术领域开展贸易合作。管制对象包括中兴、华为、中芯国际以及国防科技大学、中国航空发动机集团等数百家中国企业或科技实体。鉴于信息通信在数字经济发展中的关键作用与中国企业的强劲实力，美国政府动用国家力量打压中兴、华为等重点企业，并在《2019财年国防授权法案》中明确禁止联邦政府机构采购中国企业产品与服务。2019年5月特朗普签署《确保信息通信技术与服务供应链安全》等行政令，禁止中国企业参与美国5G网络的建设，同时逼迫苹果、富士康等高科技企业从中国撤离。2020年8月美国发布"清洁网络"计划，从运营商、应用商店、应用程序、云端、海底电缆、5G设备六个方面对中国互联网企业进行全面围堵。同时对华为公司实施"芯片断供令"，禁止基于美国软件和技术的产品用于制造或开发任何华为公司的产品与设备，从而彻底封杀了华为公司外购芯片的渠道，意图置这家全球领先的中国高科技企业于死地。2020年10月美国发布《关键和新兴技术国家战略》以及技术清单，以保护知识产权、应对所谓的技术安全威胁，维护美国国家安全及全球技术领导力为由，阻碍正常的国际科技交流与合作，强化对华科技围堵与技术管制。

在金融及资本市场脱钩方面，美国一方面限制中国企业在美投资以及与美国企业的合作，另一方面以国家安全为借口禁止美国企业投资中国特定企业[26]。2018年《外国投资风险审查现代化法案》生效，美国政府加强了对中国企业在美投资的审查力度，许多涉及中国企业的市场并购与资本运作项目被叫停。2020年11月特朗普签署行政令，禁止美国任何实体投资或持有中国涉军企业及其子公司公开发行的金融产品，涉及中微半导体、筹篌技术、小米科技、中芯国际、中国商飞等 44 家企业。2020 年 12 月美国将部分中概股从道琼斯指数和相关固定收益指数中移除，涉及中国中车、中国交建、中国化学、海康威视、中芯国际等 20 多家企业。2021 年 1 月，纽约证券交易所宣布启动对中国三大电信运营商（中国移动、中国电信和中国联通）的摘牌退市程序，后经复议于 5 月 6 日宣布维持原决定，中国三大电信运营商最终从纽约证券交易所退市。美国政府对中国企业实施的一系列脱钩打压行为，大大增加了中美两国间的投资风险，迫使许多中国企业不得不重新考虑融资地点，甚至主动退出美国资本市场（张薇薇，2021）。

在文化教育及政治军事交流脱钩方面，特朗普政府以"保护美国知识产权和高科技成果不外流"为由，采取了一系列的脱离、限制与屏蔽措施。2018 年 6 月开始，美国对部分 STEM（科学、技术、工程和数学）专业中国留学生实施签证限制，意图打击《中国制造 2025》的核心领域，包括机器人制造应用、航天航空、高科技制造业等。2020 年 5 月，暂停部分持有 F、J 签证以及与中国军民融合战略有关的研究生及研究人员入境。2020 年 8 月，美国将孔子学院美国中心登记为"外国使团"，要求关闭所有在美孔子学院。2020 年 12 月，美国终止 5 项中美文化与教育交流项目，含"政策制定者教育中国行项目""美中友好项目""美中领导者交流项目"等，将其污蔑为"中国政府全额资助、用来进行软实力宣传的工具"[26]。另外，"中美外交安全对话""中美战略与经济对话""中美社会和人文对话"等对话机制在 2017 年后相继陷于停顿。2018—2020 年，美国先后将新华社、中国环球电视网、《人民日报》、中央电视台等 15 家中国媒体列为"外国代理人"或"外国使团"。2020 年 7 月美国关闭中国驻休斯敦总领事馆，12 月宣布对中共党员及其家属进行入境限制。特朗普政府还批准了南海"自由航行"行动方案，取消了对中国海军参加环太平洋军事演习的邀请，伙同盟友加大了在中国周边巡航和演习的力度及指向性。在对华"遏制"与"围堵"的政治环境中，中美政治与军事交流的氛围与机制均遭破坏。

3. 拜登政府的对华"针对性脱钩"

2021 年 1 月拜登政府上台后，继承并延续了特朗普政府的对华竞争与"脱钩"战略。但与后者鼓吹的"全面脱钩"不同，拜登政府推行的是"针对性脱钩""选择性脱钩"政策。2021 年 2 月美国右翼反华政客汤姆·科顿

（Tom Cotton）发布的《击败中国——针对性脱钩和经济持久战》①报告，被美国媒体称为"美中长期竞争最详细的战略报告"，在相当程度上反映了拜登政府的对华政策与政治图谋。该报告分析了美中经济交织的现状与彼此依赖的领域，承认中国的生产能力与市场环境对美国最为重要，但相对而言中国更加严重地依赖美国，包括美国的高端研究和前沿技术，美国的证券市场、美元交易体系、美国市场准入等，认为美国对华"针对性脱钩"要实现四大目标：在涉及美国国家安全的关键领域恢复本土制造体系；在战略领域保持相对于中国的技术优势；保持美元的主导地位；减缓中国的经济增长。行动策略主要包括：加强对华出口与技术管制，收紧对华投资规则，在高等教育领域加强"研究封锁"，在半导体领域实施全面限制，进一步打压华为、中兴等中国企业以主导5G联盟，推动稀土和关键矿物来源多元化，以及医药和医疗设备制造本土化，等等。

在中美战略竞争的背景下，围绕全球价值链主导权的产业链供应链"去中国化"，以及"小院高墙"式的"针对性脱钩"，很快就成为拜登政府的主流认知与基本路线。"（美国）多数自由派智库认为，以当前的美中互动模式，真正问题不在于会不会'脱钩'，而是'脱钩'将达到何种程度，对美国的影响是否可控。"（安雨康，2021）"保守派和自由派对于如何实现'针对性脱钩'，是有赖于引导海外产业回流美国本土的'供应链独立'，还是就美国盟友伙伴国家网络构建'供应链联盟'，存在明显差异，其背后反映的却是美国深切的产业链主导权焦虑。"[27] 拜登早在总统竞选中就承诺保护美国供应链。上台后的2021年2月，拜登签署了《美国供应链行政令》，对供应链四大关键领域（半导体芯片、电动汽车大容量电池、稀土金属和药品）进行对外（对华）依赖程度审查。同年3月，美日印澳"四方安全对话"机制外长会议同意成立"关键及新兴技术工作组"；9月，"四方安全对话"机制外长会议又宣布建立"安全半导体供应链"。"拜登政府正在努力提高美国的科技创新能力，限制技术向中国的传播，试图通过科技脱钩打造一个不包括中国在内的新的供应链"②。

从总体上看，拜登政府的"针对性脱钩"具有以下特点：第一，加强技术研发与完善技术封锁并重。一方面，加大在重要技术领域的研发投

---

① Beat China: Targeted Decoupling and the Economic Long War，详见 https://www.163.com/dy/article/G4OC587L0514R8DE.html。

② 详见《全球技术"脱钩"势不可逆？中国该如何突围？》，https://mil.news.sina.com.cn/2021-07-05/doc-ikqcfnca5057418.shtml。

入，如量子计算、人工智能、半导体、机器人、新能源等，确保美国在科技创新方面的领先地位；另一方面，缩小技术封锁范围，加强对关键技术、新兴技术及其他核心技术的保护，同时重视同盟纽带，采用多边手段，强化对华技术封锁与科技管制，构建不依赖中国的半导体供应链体系。2021年通过的《无尽前沿法案》对这两方面做了明确规定。2022 年 8 月生效的《2022 年芯片和科学法案》又明令限制有关芯片企业在中国开展半导体投资与经贸活动。同年 10 月，美国商务部再次颁布禁令，禁止美国公民和永久居民在中国的半导体企业任职。第二，以保障供应链安全为名行保护主义与"去中国化"之实[28]，以重塑全球关键供应链体系、维护其在全球价值链中的主导地位。经济全球化背景下的国际自由分工已不是拜登政府的政策优先选项，而是热衷于以"共同安全观"为借口，推行以美国为中心的"逆全球化"政策，推动关键产业回归美国本土、重要产业迁向美国盟友、一般产业迁往非竞争对手国家，竭力打造将中国排除在外的产业链供应链格局。第三，将价值观认同与国际规则制定作为政策工具。拜登政府在对华关系中突出意识形态差异，强调捍卫西方民主价值观，以此制造议题甚至捏造事实——"新疆棉事件"就是典型，鼓动盟友对华实施产业链供应链脱钩。为防止中国主导相应技术和产业标准，美国聚焦国有企业、劳工标准、知识产权保护等问题，与中国进行规则博弈，以确保国际经济规则对美国有利。[29]

4. "脱钩"政策的企业价值链治理影响

无论是特朗普政府鼓吹的对华"全面脱钩"，还是拜登政府推行的对华"针对性脱钩"，其本质都是"价值链位势之争"[30]，是美国政府争夺全球产业链价值链"高端位势"的抓手，反映了美国政府利用其科技优势与综合实力，阻断或制约中国产业链与全球价值链升级，遏制或延缓中国科技进步与经济发展的步伐，从而维护其在世界经济与全球价值链中的主导地位与高端位势的真实意图。两者本质相同、政治图谋一致，方式略有差异，但包含"技术脱钩""供应链脱钩"等内容，都把科技封锁与"去中国化"作为手段，都会对中国企业价值链治理产生深刻影响。这主要体现在位势锁定、供应链断链以及地缘萎缩等方面。

（1）全球价值链位势锁定风险

"脱钩"政策可能迟滞中国企业的技术进步，阻碍企业价值链升级进程，造成企业的全球价值链位势锁定，这主要与全球化背景下的技术传递有关。经济全球化降低了企业技术进步的门槛，使得企业在掌握充分的技术研发能力前，就能够通过全球价值链的技术联结与传递获得相应的技术能力。改革开放后中国企业凭借劳动力资源优势嵌入全球价值链，深耕加工制造等价值链中低端环节，逐渐确立了"制造业大国"的地位，并由此获得了进入高技术制造领域的机会，以及实现技术攀升与价值链升级的路径。由于美国是经济全球化的主导者、全球科技创新的引领者，在全球价值链的高位势环节占有核心地位，中国企业因此与美国建立了间接的"技术挂钩"[30]，并成为中国企业全球价值链升级的重要技术来源。

随着"学习效应"的累积以及由此带来的自主创新发展，中国企业向全球价值链高端攀升的步伐不断加快，未来对美国企业价值链位势带来的冲击与挑战不可避免。这也是美国对华"技术脱钩"的主要逻辑之一。2021年9月底，美欧"跨大西洋贸易和技术理事会"（TTC）首次会议召开，会前美国商务部部长吉娜·雷蒙多（Gina Raimondo）就毫不掩饰地指出，"美国需要与欧洲合作，制定科技领域的规则，延缓中国的创新速度"①。这次会议特别强调协调解决全球关键技术、经济与贸易问题，以共同民主价值观制定政策，并在投资审查、出口管制、半导体供应链再平衡以及合作应对非市场贸易政策上取得了共识。其本质就是以规范、标准和规则为工具的对华技术封锁联盟。与此同时，在华盛顿举行的美日印澳四国领导人峰会也包含建立四国技术联盟的议题。这两个技术联盟，一个跨大西洋，另一个跨太平洋，几乎囊括了世界上所有掌握高科技和高端制造业的国家，其目的就是要织起一张严密的技术封锁网，锁死中国获得任何高科技的所有路径，让中国永远处于全球产业链价值链的最底层、最低端。由此可见，无论未来美国政府对华政策有多大程度的缓和，"科技封锁""技术脱钩"都是美国政府对华政策的核心内容，而且还会进一步扩展到合作伙伴、国际规则与新兴技术等广泛的领域[30]。基于全球价值链联结的外源性技术进步将被阻断，由此而来的价值链攀升路径也将不复存在，中国企业可能面临全球价值链位势锁定（低端锁定）的风险。

（2）产业链供应链断链风险

"脱钩"政策导致供应链非市场性重组、全球价值链破坏性重构，可能会造成中国产业链供应链断链风险。这主要是因为在对华战略竞争（实为战略对抗）与新冠肺炎疫情冲击的背景下，美国政府针对中国的挑衅、围

---

① 详见《美欧"贸易和技术理事会"首次会议将召开，外媒：为应对中国挑战》，https://www.163.com/dy/article/GL3MN8HC05504DPG.html。

堵与遏制行动，已经达到无所不为的程度。一方面，美国与英国、澳大利亚组建"奥库斯"（AUKUS）新联盟，与日本、印度、澳大利亚组建"四方联盟"，筹办"民主峰会"等，加强对华军事威慑与政治孤立。另一方面，美国政府违背市场经济准则与比较优势原则，以意识形态为纽带、以芯片产业为重点，采取"逆全球化"的政府强力干预方式，对全球产业链供应链进行破坏性重组，强化对华技术封锁与经济围堵。

2020 年 6 月美国提出"美国芯片法案"[①]，意图利用其半导体上层生态的技术霸权将亚洲芯片制造能力引回美国。2021 年 5 月美国成立"美国半导体联盟"（SIAC），成员包括欧盟、日本、韩国和中国台湾地区等地 64 家科技企业，几乎覆盖了整个半导体产业链，唯独把中国内地企业排除在外，而中国内地仅 12 英寸晶圆的产能就占到了全球总产能的 14%，超过了北美地区所占的 11%[②]，其对华供应链围堵的性质与图谋一目了然。半导体产业被称为现代工业的"引擎"，中国在半导体材料、设备与高端制造方面，对国外供应链存在高度依赖，暗藏断链风险。华为公司因美国政府对其实施"芯片断供令"，被迫出售"荣耀"品牌，手机业务一落千丈，至今仍未走出危机，这就是典型的例证。鉴于美国政府对华"脱钩"的长期意图，中国在其他关键领域的产业链供应链断链风险也不容忽视。

（3）全球价值链地缘萎缩风险

全球价值链是企业价值活动跨越国界在全球维度实现资源优化配置的产物。无论是得益于"生产者驱动"还是得益于"购买者驱动"，其自由竞争条件下的全球价值链治理（如生产什么、如何生产、何地生产等）遵循的都是市场经济条件下的成本与效率原则，都要考虑要素禀赋、交易成本与收益最优等问题，也都可从国家比较优势与企业竞争优势中找到答案。从本地维度来看，"升级"是全球价值链治理的核心，其内在逻辑是市场经济原则与交易成本机制，是国家比较优势与企业竞争优势差异。而从全球价值链低位势向高位势攀升（升级）的机制，是全球价值链作为一种市场经济制度的生命力所在。它一方面以国家比较优势与企业竞争优势的动态演进为前提（也是必然结果），另一方面也有助于实现全球化条件下公平与

---

① 2020 年 6 月美国参议院提出两项法案，分别为《为半导体生产创造有效激励措施法案》（CHIPS for America Act）和《美国晶圆代工业法案》（American Foundries Act），前者旨在增强半导体产业基础，后者旨在强化美国半导体产业领导地位，本书将其统称为"美国芯片法案"。

② 资料来源：IC Insights，转引自《全球芯片短缺暴露美国半导体供应链的安全隐患》，https：//www.essra.org.cn/view-1000-2200.aspx。

效率的"理想王国"——帕累托最优（Pareto Optimality）。

当美国动用国家力量与行政手段对华实施"技术封锁""供应链脱钩"与经济围堵时，自由经济制度与市场均衡遭到严重破坏。美式科技与经济霸凌带来的"寒蝉效应"，加上地缘政治紧张与新冠肺炎疫情冲击的影响，正在改变各国对经济全球化与国际贸易的理解，迫使人们重新思考产业链价值链的组织原则与治理法则。成本和效率固然仍为根本，但安全与韧性则成了前提。以半导体产业为例，美国不仅拥有上层生态的技术霸权，还设法将半导体制造企业引入本土，试图打造自给自足的半导体供应链体系，而不管这是否具有成本优势、是否符合效率原则。这不可能不让其他国家"脊背发凉""寒意顿生"。于是 2020 年 12 月，欧盟 17 个国家签署了《欧洲处理器和半导体科技计划联合声明》（*Declaration：A European Initiative on Processors and Semiconductor Technologies*）①，计划投入 1450 亿欧元用于半导体产业，希望在 2030 年以前全球至少 20% 的先进半导体能够在欧洲生产。另外，持续不断的新冠肺炎疫情也暴露了全球价值链在重大突发事件下的脆弱性，从国家安全、产业安全等视角重新审视价值链治理显得尤为必要。对华"脱钩"、地缘政治叠加新冠肺炎疫情背景下，预计全球价值链将加速萎缩，朝着本土化、区域化和半封闭性方向发展[31]。

2.3.2 双循环新发展格局及其现实逻辑

1. 双循环新发展格局的提出

对华竞争已成为美国政界的一种主题话语。美国政府正在有计划地实施"脱钩"与"去中国化"政策，最大限度地从美国产业链供应链中剥离中国元素，并在所谓的"志同道合国家"中重建产业链供应链。中美经济"你中有我、我中有你"的相互依赖格局恐怕最终会被打破。同时，由于西方国家在政治、安全和意识形态领域"同种同源"，其对美国政策具有很大的追随性，2019 年《欧盟—中国战略展望》报告将中国视作"谈判和治理领域的合作伙伴、经济竞争者和制度性对手"。拜登政府上台后积极修复一度受损的美欧关系，欧盟对华政策与美合流也愈发明显。欧盟在政治上积极插手我国香港、新疆、台湾事务，以"人权""民主"为借口干涉中国内政；军事上配合美国派遣舰队巡航南海，积极推进欧盟版亚太战略；经济上

---

① 资料来源：《欧盟大反击！17 国签署万亿半导体发展计划，减少对美依赖，全球半导体格局或将大变》，https：//www. 163. com/dy/article/FUO07G7C05118HA4. html。

提升对华技术与投资壁垒，推动高科技与关键原材料领域对华"脱钩"。①

随着中国经济崛起，中美（西）产业分工从互补走向竞争，中美（西）在价值观念、意识形态、国家治理上的差异也愈发凸显，美西方对华科技与产业链供应链"脱钩"将加速推进，"逆全球化"与"去中国化"很可能会成为一种建制化安排，从而改变世界经济的发展范式[32]。面对百年未有之国际政治变局与世界经济新局，中国一方面要采取应对策略，调整发展战略；另一方面也不得不承担起负责任大国的重任，捍卫经济全球化并继续为世界经济提供强劲动力。中国已成为全球最大的消费市场之一，如果以扩大内需为战略基点，不断加强国内市场建设，内循环必将成为中国经济的主体。而不断扩大的中国市场，通过制度性开放为世界共享，必将带动国际外循环推动世界经济发展，从而重塑中国与世界的经济关系，践行构建人类命运共同体的全球治理理念（曹远征，2021）。[32]

2020 年 5 月，习近平总书记提出了双循环理念，强调"构建以国内大循环为主体、国内国际双循环相互促进的新发展格局"。"国内大循环"主要是指国内经济大循环，重点包括三个层面协调发展的内涵。即国民经济活动（社会再生产全过程）协调发展的大循环，实体经济与金融服务协调发展的大循环，国内地域空间（城乡间、区域间）协调发展的大循环[33]。"以国内大循环为主体"意味着坚持扩大内需这个战略基点，坚持供给侧结构性改革主线，使得生产、分配、流通和消费更多依托国内市场，提升国内产业链供应链的完整性与流畅度，使得国内市场成为最终需求的主要来源（樊纲等，2021）。[34]它不是简单的数量或角色上的主辅关系，更主要的"是指一个国家对社会生产过程具有较强的主导权和控制力，包括在一些重要的产业发展、资源供应等方面做到安全可控"（王昌林，2021）。[33]"国内国际双循环相互促进"是指在坚持扩大内需、强化内需牵引，着力提升国内大循环经济能效、强化国民经济基本盘的同时，积极参与国际分工、深度融入全球经济，使国内市场与国际市场更好地融通，充分利用两个市场与两种资源，通过国内大循环推动国际外循环、国际外循环促进国内大循环，国内国际双循环相辅相成、相得益彰，不断创造发展新动力，不断拓展发展新空间，努力重塑中国与世界的发展关系，实现更加强劲、可持续的国民经济发展。

---

① 详见《欧洲对华政策报告（2020）》，http：//www.iis.fudan.edu.cn/4e/ed/c6840a282349/page.htm。

2. 双循环新发展格局的现实逻辑

双循环新发展格局的提出，是应对百年变局、开拓发展新局的客观要求，也是推动我国经济高质量发展的必然选择。其背后蕴含着大国经济的内需驱动、人口发展的禀赋变迁两大现实逻辑。

（1）大国经济的内需驱动

大国是指"世界范围内同时具有幅员广阔、人口众多、国内市场巨大、资源总量丰富的条件，并能够成为国际市场上某些产品价格制定者的享有主权利益的国家"[35]。欧阳峣（2011）按照国土面积、人口规模、资源总量和市场规模四项指标，将美国、中国、印度、俄罗斯和巴西认定为大国。由于人口数量与市场规模巨大，内需自然成为大国经济之本。在开放经济条件下，大国经济都是内外互促的"双循环"经济。其中，内循环是大国经济的核心，内需驱动仍然是大国经济的典型特征。以美国为例，2001年至2019年，美国最终消费支出对GDP增长的年均贡献率达到84%[①]，其中居民消费的贡献率为71%，政府消费的贡献率为13%；净出口的年均贡献率则为–11.15%。2019年，美国最终消费支出对GDP增长的贡献率为80%，其中居民消费和政府消费的贡献率分别为67%和13%；净出口的贡献率为–0.12%。

中国经济是典型的大国经济，拥有超过14亿人口。改革开放之前，我国实行的是计划经济体制，以"内循环"奠定了现代化基础；改革开放以后，我国实行的是市场经济体制，以"外循环"融入世界分工，推动全球性经济循环进入新阶段。[32]如果将2001年12月中国加入WTO作为开放型经济成形的标志，那么以2008年国际金融危机为转折点，作为开放型大国经济的中国经济已经处在内外循环主体性转换的过程中。数据显示，2002年至2008年，国内最终消费支出对GDP增长的年均贡献率为43%[②]，净出口的年均贡献率高达10%。国际金融危机发生后，国际外源需求急速萎缩，国内内生消费需求迅速增长，客观上促进了经济增长主动力的内外转换。2010年至2019年，国内最终消费支出对GDP增长的年均贡献率上升到59%，净出口的年均贡献率下降到1%。与美国相比，中国经济增长的内需潜力巨大，国内最终消费驱动GDP增长的空间广阔，这是实施双循环新发展格局的开放型大国经济逻辑。

---

① 根据联合国国民账户统计数据库中美国2000—2019年按支出法统计的GDP数据整理计算得出。

② 根据《中国统计年鉴（2020）》表3-10"支出法国内生产总值"中的数据计算得出。

（2）人口发展的禀赋变迁

改革开放以来，我国经济高速发展，依靠的是基于规模与结构的资源型人口红利。1982 年第三次全国人口普查时，我国总人口为 10.08 亿人。其中少儿人口占比为 33.59%；15～59 岁劳动人口占比为 58.78%，年均增长率达 2.72%；60 岁以上人口占比为 7.63%，老年人口抚养比为 12.98%。由于老少比偏低（14.6%），属于偏年轻化的成年型人口结构。到 2020 年第七次全国人口普查时，我国人口总规模增长到 14.12 亿人，但人口结构却发生了重大变化。首先是少儿人口占比下降到 17.95%，下降了 15.64 个百分点；其次是劳动人口占比上升到 63.35%，但年均增长率变为负增长（-0.49%）；最后是 60 岁以上人口占比达到 18.7%，老年人口抚养比上升到 29.52%；老少比达到 75.24%，增长了 60.64 个百分点；人口结构转变为老年型。[36] 从第三次全国人口普查到第七次全国人口普查，我国人口规模总体呈低速惯性增长，人口结构呈现高龄化趋势与老年化趋向；少儿人口占比逐渐减少，老年人口占比慢慢增加，劳动人口负增长的趋势似乎不可避免；资源型人口红利处于快速衰减过程中。

人口规模、结构、分布与质量等，是新发展格局形成与发展的基本要素与核心变量。人口规模是决定市场规模、支撑国内循环的基础条件，人口结构是关乎社会经济可持续发展的关键动力，而人口质量则影响国际循环下的国家竞争力，决定着全球价值链中的竞争位势与产业位置。为应对人口规模与结构变化带来的深刻影响、改善人口发展格局、维持人力资源禀赋优势，我国已陆续采取包括"放开三孩"等优化生育政策，但由于育龄妇女规模缩减、生育意愿下降，超低生育率或成常态，资源型人口红利加速下行的趋势短期内难以扭转。但第七次全国人口普查数据也表明，我国人口受教育程度显著改善，大学文化程度人口占比达到 15.47%。与 1982年相比，每 10 万人中具有大学文化程度的由 599 人上升为 15467 人，15 岁及以上人口的平均受教育年限由 5.7 年提高至 9.91 年，文盲率由 23.5% 下降为 2.67%。教育是人力资本形成的关键；我国资源型人口红利快速成长且主导前景明朗[37]，将有助于实现创新引领发展、建设创新型国家的目标，这是实施双循环新发展格局的禀赋变迁逻辑。

2.3.3　双循环新发展格局下的"双链交互"治理框架

1. 国内价值链与全球价值链的"双链交互"作用

为防范全球价值链位势"低端锁定"风险，刘志彪（2007、2008、

2009）提出了基于本土市场构建国内价值链（NVC）的思想。刘志彪（2008）认为，"GVC 的治理者在全球整合资源，但是其国籍和国家利益并没有因此而模糊。……一旦中国的本土企业开始从事技术密集型、高附加值的产业升级活动，就与其展开了直接的面对面的激烈竞争。GVC 的治理者必然会加强对中国的纵向压榨和低端锁定，甚至直接将中国排斥出GVC"[38]。这几乎是当今世界经济变局与双循环新发展格局国际背景的真实写照。中国企业凭借低廉的要素成本与制度成本融入全球价值链（GVC），在实现经济增长的同时可能陷入 GVC 位势锁定，最终会面临"增长与升级"的两难局面。

主导 GVC 的西方发达国家，一方面，通过规则制定强化市场壁垒，维持竞争优势；另一方面，在无力应对自由竞争的情况下，违背市场规则动用国家力量打压特定企业。在这种双重标准与霸权逻辑下，后进经济体很难借助全球价值链体系实现产业升级目标。但是，一些起步于全球价值链低端环节，而后根植于国内价值链体系的国家或企业，却能逐步实现价值链攀升与产业升级目标，并且具备较强的国际竞争实力。这个事实表明，"构建与 GVC 并行的、相对独立的 NVC，可能是后进国家破解'增长与升级'两难选择问题的突破口，也可能是在 GVC 和 NVC 的交互关系中实现产业升级并最终取得国际竞争优势的必要路径"[39]。"国家价值链基于国内本土市场需求发育而成，由本土企业掌握产品价值链的核心环节，在本土市场获得品牌和销售终端渠道以及自主研发创新能力的产品链高端竞争力，然后进入区域或全球市场的价值链分工生产体系"[39]。"在融入 GVC 的基础上重新构建与其并行的 NVC 战略，不是要放弃已有的国际市场需求和份额，而是要由依赖国外市场转化为国内外市场并重"[39]。这与双循环理念基本一致。

刘志彪等（2007）进一步描绘了借助 GVC、NVC"双链交互"作用，本土代工企业实现价值链位势突破的具体路径与渐进过程。即本土企业在以国际代工方式融入全球价值链的同时，专注于本土需求响应与国内市场的开拓与竞争，在研发设计、品牌与渠道等方面精耕细作，逐步取得国内价值链高端环节的竞争优势，然后设法进入周边国家或其他发展中国家市场，构建以自己为主导的区域价值链分工体系（Area Value Chain，AVC），最后与发达国家的购买商或跨国公司对接，或者建立起完全由自己主导的全球价值链分工体系[40]。刘志彪等（2007）认为，"NVC 的本质特征是以本土企业为主和立足国内市场"[40]。能否依托本土市场培育高级要素发展能力，是构建具有国际竞争力的国内价值链的关键所在。其最终目的是发展出全球化背景下具有"全球技术势力和市场势力的关键价值链环节或生产体系"[40]。

国内不少学者对"双链交互"作用及其效应进行了实证研究。例如，盛斌等（2020）[41] 的研究表明，GVC 和 NVC 均能显著促进中国经济增长，两者存在互补关系及时空上的异质性，GVC 和 NVC 交动效应对沿海地区经济增长的影响大于内陆地区，NVC 下游参与是衔接 GVC 实现"双链"有效互动的主要方式。邵朝对等（2017）[42] 的空间计量检验表明，GVC 对地区生产率具有空间溢出效应，而 NVC 作为国内各地区之间的联结纽带，能够提高 GVC 服务链条在国内的开放性，进而在与 GVC 的交互过程中增强 GVC 对地区生产率的空间外溢。陈健等（2019）[43] 通过计量分析认为，国内价值链分工体系是企业拓展国际高水平价值链分工最重要的依托，同时，其带来的自增强效应情况是决定 NVC 能否在更高层次上匹配并拓展全球价值链分工的关键。袁凯华等（2019）[44] 的测度分析表明，当前 NVC 整合处在过度依靠内陆供给沿海的单向模式，加快沿海与内陆之间的区际互动、加强高端要素的参与力度，能够增强 NVC 助推价值链攀升的动力。而赵蓉等（2020）[45] 通过空间计量方法发现，以建构国内价值链为主要方式，全球价值链嵌入与国内区域流入型融合发展相结合，对中国区域制造业升级会产生明显的溢出效应；"东部参与全球化分工能够享受产业升级红利，中西部则更多通过国内流入型融合获得升级红利。且区域竞争优势与主导分工环节越契合越有益于产业升级"[45]。因此要把握双循环的核心脉络，结合区域比较优势，通过嵌入 GVC 积累高级生产要素，借助 NVC 体系向 GVC 高端延伸，在"双链交互"作用下逐步实现产业升级目标。

2. 双循环新发展格局下"双链交互"的逻辑框架

全球价值链（GVC）与国内价值链（NVC）代表企业价值链治理的两条现实路径。开放经济条件下，两者相互关联、相互促进、耦合交互。在美国政府对华实施产业链供应链脱钩、科技封锁、市场打压与经济遏制，外循环的 GVC 升级机制被人为阻断的背景下，为避免 GVC 位势"低端锁定"以及产业链供应链断链风险，应充分发挥大国综合优势，借助嵌入 GVC 催生的学习效应累积与本土价值链延伸，以满足国内需求为出发点和落脚点，着力建构以大国内需为支撑的 NVC 体系，通过国内大循环提升价值链攀升及国际竞争能力，从而主导国际性区域价值链分工并拓展或重构全球价值链体系，在开放的国内国际双循环以及"双链交互"体系下，最终实现全球价值链攀升与产业升级的目标。其基本原理与逻辑框架如图 2-12 所示。

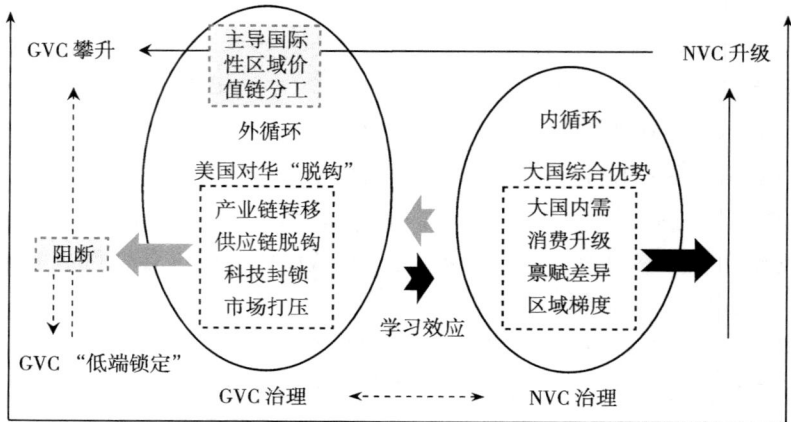

图 2-12　双循环新发展格局下"双链交互"治理的逻辑框架

如果在传统的 GVC "低端嵌入"模式中加入 NVC 体系，将价值链治理模式简单地假定为这么一种理论状态，即发达国家掌握研发、设计与品牌、营销等价值链高端环节，我国东部地区掌握关键零部件的制造并拥有一定的分销渠道等价值链中端环节，而中西部地区掌握一般零部件的制造与生产加工等价值链等低端环节①（见图 2-13）。那么，双循环新发展格局下的"双链交互"价值链治理，首先要以大国经济的内需驱动为基础，根据不同产业的禀赋要求与生产要素的地区差异，优化国内区域产业分工与经济联系，形成东部地区企业（或中西部地区企业）着重于研发、设计或品牌、营销，中西部地区企业（或东部地区企业）着重于生产加工与物流、分销的国内价值链分工体系，通过大国经济内循环巩固比较优势、提升竞争优势，逐步实现区域性行业企业价值链升级（见图 2-14）。在此基础上，借助相应的国际性区域经济一体化安排（如 RCEP 等），推动国际产业转移与生产分工合作，主导国际性区域价值链建构或重构全球价值链体系，最终实现我国企业价值链位势的整体升级（见图 2-15）。

---

①　我国企业价值链分工有一定地域性特征，但实际情况要复杂得多，不一定就是东部地区企业负责研发而中西部地区企业负责生产加工，有些行业企业可能恰恰相反。此处为表述方便做简单化假定。

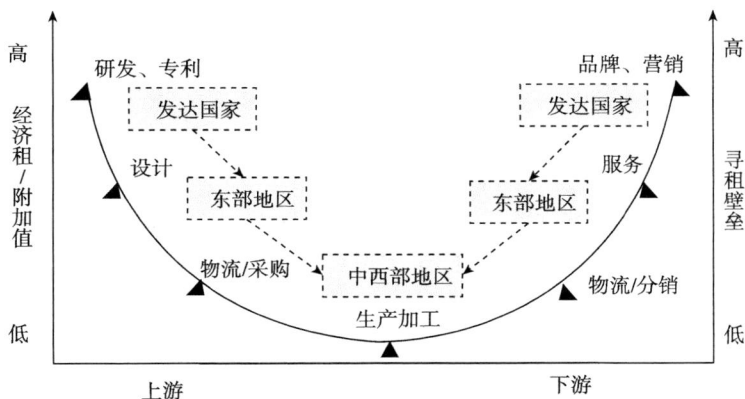

图 2-13 全球价值链低端嵌入

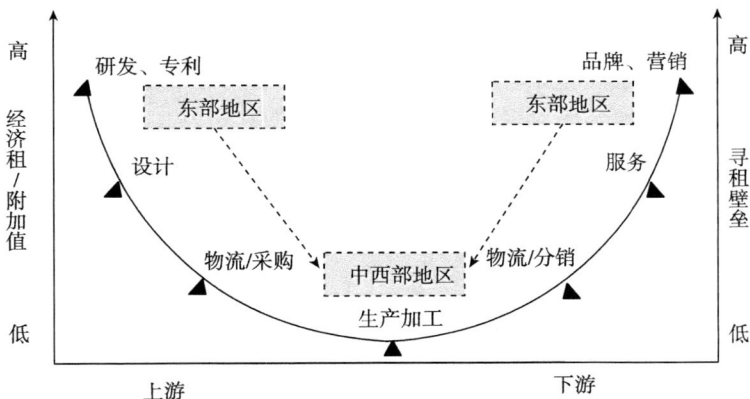

图 2-14 国内价值链区域分工体系

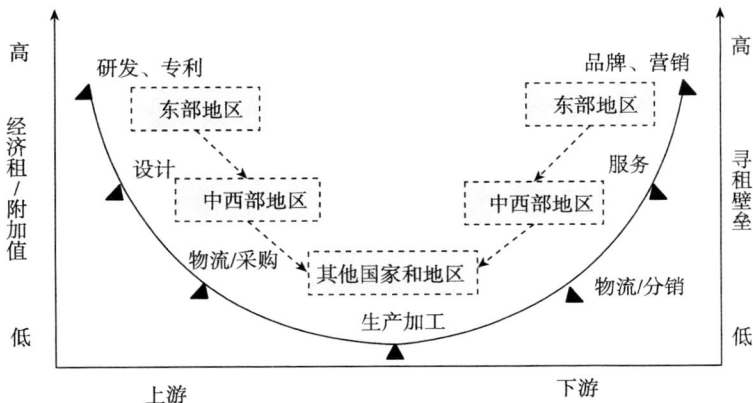

图 2-15 以国内大循环为主导的国际性区域价值链体系

3. "双链交互" 治理视角下的双循环融通策略

以在国内生产加工制造为支点，以研发、专利与品牌、营销为两端，根据企业所处的价值链位势以及目标市场情况，可以有两种类型的经济单循环模式，每种模式又包含两个不同层级（见表2-3）。第一种经济单循环模式为外循环，即以国际市场为目标、以外需驱动为基础的国际外循环。其中，一级外循环的特点是 GVC 低端嵌入、两头在外，且存在关键原材料或中间品的进口依赖。即企业从生产加工这一低端环节嵌入全球价值链，而研发、专利与品牌、营销等全球价值链高端环节掌握在国外企业手中；生产加工所需原材料或中间品（或者关键原材料或中间品）必须从国外进口，生产出来的产品也在国外市场销售。二级外循环与一级外循环的特征基本相同，只是关键原材料或中间品可以在国内找到供应商，不需要从国外进口。第二种经济单循环模式为内循环，即以内需驱动为基础、以国内市场为目标的国内大循环。其中，一级内循环的特点是掌握 NVC 高端、两头在内，且存在关键原材料或中间品的进口依赖。即国内企业掌握研发、专利与品牌、营销等国内价值链高端环节，产品也在国内市场销售，但生产加工所需的关键原材料或中间品需要从国外进口。二级内循环与一级内循环的特征也基本相同，不同之处仅在于前者不存在关键原材料或中间品的进口依赖。

表 2-3　企业融通双循环的基本策略

模式	层级	研发	关键原材料或中间品	品牌	市场	主要特征	"双链交互" 治理视角下的双循环融通策略
外循环	一级	外	外	外	外	GVC 低端嵌入、两头在外，关键原材料或中间品依赖进口	以外循环拓展内循环，参与一级双循环
	二级	外	内	外	外	GVC 低端嵌入、两头在外，不存在关键原材料或中间品的进口依赖	
内循环	一级	内	外	内	内	掌握 NVC 高端、两头在内，关键原材料或中间品依赖进口	以内循环拓展外循环，参与二级双循环
	二级	内	内	内	内	掌握 NVC 高端、两头在内，不存在关键原材料或中间品的进口依赖	

续表

模式	层级	研发	关键原材料或中间品	品牌	市场	主要特征	"双链交互"治理视角下的双循环融通策略
双循环	一级	外	外	外	外、内	GVC 低端嵌入，外销为主、内销为辅，关键原材料或中间品依赖进口	Ⅰ. 基于 GVC 拓展 NVC，依托国内市场实现 NVC 攀升 Ⅱ. 突破进口依赖，发展自主品牌，参与二级双循环
	二级	内	内	内	内、外	掌握 NVC 高端，内销为主、外销为辅，不存在关键原材料或中间品的进口依赖	Ⅰ. 基于 NVC 拓展或重构 GVC，实现 GVC 攀升 Ⅱ. 兼顾两个市场、统筹两种循环，做到相机而动、内外协调

在经济单循环模式下，无论是国际外循环还是国内大循环，"双链"（全球价值链与国内价值链）均不发生交互关系。国内国际双循环则与此不同，需要统筹国内国外两个市场、两种资源，融通 GVC、NVC 两种价值链，实现"双链交互"价值链治理。双循环也包含两个层级，其中一级双循环的主要特征是 GVC 低端嵌入，产品外销为主、内销为辅，且存在关键原材料或中间品的进口依赖，即从价值链低端位势嵌入全球价值链，关键原材料或中间品依赖进口，但需求驱动与产品销售以国际市场为主体，兼顾国内市场需求。二级双循环的主要特征为掌握 NVC 高端，产品内销为主、外销为辅，不存在关键原材料或中间品的进口依赖。即企业掌握国内价值链高端环节，关键原材料或中间品不依赖进口，企业生产经营以国内市场需求为主体，兼顾国际市场需求。

价值链治理视角下企业参与双循环的具体策略，取决于企业参与经济循环的现实模式及其所处价值链位势情况，大体包括以下情形（见图 2-16）：第一，如果企业是以低端嵌入 GVC 方式融入国际外循环（含一级、二级外循环），则企业参与双循环的基本策略应是积极拓展国内市场，以外循环拓展内循环，参与一级双循环。第二，如果企业是以内需驱动深度参与国内大循环（含一级、二级内循环），则企业参与双循环的基本策略应是积极拓展国际市场，以内循环拓展外循环，参与二级双循环。第三，如果企业已经参与了一级双循环，则企业应基于 GVC 拓展 NVC，借助现有技术与资源积累，加强技术创新、自主研发与自有品牌建设，依托国内市场需求逐步实现国内价值链攀升，并在此基础上努力突破关键原材料或中间品的进口依赖，从而参与二级双循环。第四，如果企业已经参与了二级双循环，那么价值链治理视角下企业参与双循环的基本策略，就是基于 NVC 拓展或重构 GVC，实现全球价值链攀升，在此基础上兼顾两个市场、统筹两种循环，根据全球市场变化相机而动、灵活机动，做到内外协调、内外互促、动态平衡。

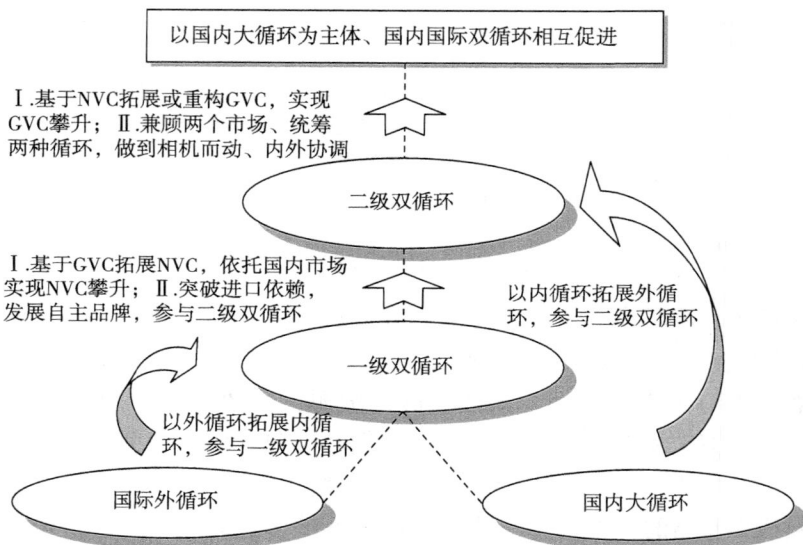

图 2-16　"双链交互"治理视角下企业融通双循环的基本策略

企业无论以何种方式参与国内国际双循环，最终都可以通过企业主营业务收入的境内外营收结构反映出来，再结合企业在产业链价值链中的位置位势情况，即可对企业"双链交互"治理状况作出大致判断。

4. 双循环新发展格局下"双链交互"治理的实践基础

双循环强调"以国内大循环为主体，国内国际双循环相互促进"。对应到企业价值链治理，就是以国内价值链治理为基础，NVC 与 GVC 耦合交互、动态演进。其中的实践基础与条件保障，除了开放型大国经济的内需驱动之外，还包括国内消费升级、地区禀赋差异与区域发展梯度三方面内容。

（1）国内消费升级

消费升级一般是指居民消费结构上的提升与消费品质或层次上的提

高，如居民消费从由物质型向服务型转变，由生存型向发展型、品质型转变，等等。研究表明，消费升级会通过市场规模和创新激励机制[46]，诱使全球价值链中的更高端环节向本地转移[47]，从而提高 GVC 嵌入位势，促进本地制造业的全球价值链攀升。从西方发达国家消费升级的一般规律看，消费升级大体呈现"生存型—发展型—享受型"的演变模式。当经济发展进入中等偏上水平（Upper Middle Income）时，居民消费会逐渐由物质型向服务型、由生存型向发展型转变；当经济发展水平达到高收入经济体标准后，居民消费会加速向服务型、享受型或品质型转变。

2010 年我国人均国民总收入（GNI）为 4538 美元，超过 3976 美元的标准线进入中等偏上收入经济体行列①；2020 年我国人均 GDP 达到 10504 美元，正快速接近高收入经济体（High-income Economies）门槛②。发达国家的经验表明，在这个阶段，国内需求将逐步占据主导地位，消费升级步伐也会加快。随着国民收入水平的持续提高，加上新经济崛起带来的消费生态创新，我国居民消费意愿持续释放，消费结构不断优化，消费逻辑与消费习惯逐渐转变，消费升级趋势也越来越明显。交通通信、文娱教育、医疗保健等服务型、发展型消费占比上升，与数字经济、人工智能、移动互联网等相联系的新经济消费增长迅速，呈现智能化与尊重手工传统并存、网络化消费和场景化体验并存、品质化与简约化并存、品牌化与"去品牌化"并存等特征[48]。从总体上说，目前我国居民消费处于发展型消费的中级阶段，正向发展型消费高级阶段甚至享受型消费阶段升级[49]。消费者的消费观念逐渐成熟，本土文化自信开始树立，人们不再盲目崇拜西方产品，本土品牌受到青睐且有望大放异彩。这些都为企业依托本土需求与国内大循环，进而实现 NVC 升级与全球价值链攀升创造了条件。

（2）地区禀赋差异

要素禀赋（Factor Endowment）是指一个国家或地区所拥有的生产要素（土地、劳动力、资本和企业家才能）资源。赫克歇尔—俄林（H-O）定理认为，各国间要素禀赋的相对差异，以及生产各种商品时利用这些要素的

---

① 世界银行按人均国民总收入（GNI）水平把世界经济体划分为不同组别，即高收入、中等偏上收入、中等偏下收入和低收入四个组别，并且每年 7 月进行标准更新。按世界银行 2010 年标准，人均 GNI 3976~12275 美元的为中等偏上收入组，12275 美元以上的为高收入组。具体见 https://datahelpdesk.worldbank.org/knowledgebase/articles/906519-world-bank-country-and-lending-groups。

② 按世界银行 2020 年 7 月标准，人均 GNI 4046~12535 美元的为中等偏上收入经济体，12535 美元以上的为高收入经济体。

强度差异，构成了一国或地区的比较优势与国际贸易的基础。这种基于要素禀赋的比较优势策略，不仅适用于国际间生产分工与贸易，也适用于大国经济条件下的区域分工与贸易。[50] 中国作为发展中大国的一个重要特征就是幅员辽阔带来的地区禀赋差异，由此构成了国内价值链分工的禀赋基础。

以人口分布带来的劳动力禀赋差异为例，根据第七次全国人口普查数据，我国东部地区人口占 39.93%，中部地区人口占 25.83%，西部地区人口占 27.12%，东北地区人口占 6.98%。与 2010 年相比，东部和西部地区人口占比分别上升 2.15 个和 0.22 个百分点，中部和东北地区则分别下降 0.79 个和 1.20 个百分点。其中广东省有 1.26 亿人，占比为 8.93%，相比 2010 年上升 1.14 个百分点；山东、河南、江苏、四川的人口占比分别为 7.19%、7.04%、6%、5.93%，而西部省份西藏、青海、宁夏的人口占比分别为 0.26%、0.42%、0.51%。①从人口年龄结构看，31 个省份中，15~59 岁劳动人口占比在 65% 以上的省有 13 个，在 60% 以下的省份有 3 个（河北、河南、广西）。②东北三省的老少比均在 133% 以上，最高为 157%（吉林）；而西部省份的老少比相对较低，其中西藏仅为 23.11%，新疆、青海、宁夏、云南为 35%~48%。[36] 受教育年限方面，平均受教育年限在 10 年以上的省份有 13 个，主要集中在中东部省份，其中北京、上海、天津的平均受教育年限分别为 12.64 年、11.81 年、11.29 年，广东省为 10.38 年（居全国第五位）；平均受教育年限在 9 年以下的省份有 4 个，分别为西藏、贵州、云南、青海。③

（3）区域发展梯度

梯度推移理论（Gradient Theory）认为，由于资源禀赋、地理条件与历史因素等原因，区域经济客观上存在发展水平与技术进步的梯度差异，且每个国家或地区都处在相应经济发展水平与技术梯度中。一般情况下，高技术含量与高附加值的产业往往发端于高梯度地区，并遵循生命周期的阶段更替次序向低梯度地区推移。[50] 而大国经济的地区差异与多元结构，正好

---

① 详见国家统计局《第七次全国人口普查公报（第三号）》，http://www.stats.gov.cn/ztjc/zdtjgz/zgrkpc/dqcrkpc/ggl/202105/t20210519_1817696.html。

② 详见国家统计局《第七次全国人口普查公报（第五号）》，http://www.stats.gov.cn/ztjc/zdtjgz/zgrkpc/dqcrkpc/ggl/202105/t20210519_1817698.html。

③ 详见国家统计局《第七次全国人口普查公报（第六号）》，http://www.stats.gov.cn/ztjc/zdtjgz/zgrkpc/dqcrkpc/ggl/202105/t20210519_1817699.html。

适应了不同产业与技术形态的经济发展要求,容易形成区域经济的梯度特征与产业发展协同局面[51],这是建构与实施国内价值链分工与生产协作,以 NVC 与 GVC 交互推动企业价值链治理优化的大国经济基础。

我国改革开放从优先发展东部沿海地区起步,其后陆续推出"西部大开发""中部崛起""东北振兴"等政策,这其实就是一种梯度发展战略。改革开放至今 40 多年,中国区域经济发展已呈均衡化态势,但区域发展的梯度存在仍是客观现实。从 2019 年人均地区生产总值数据看,长三角地区(沪苏浙)、环渤海地区(京津冀鲁)、大珠三角地区(粤闽琼)的省域均值分别为 12.95 万元、9.29 万元、8.59 万元①,东北三省的省域均值最低为 4.56 万元,中部地区、大西南地区、大西北地区的省域均值均在 5.5 万元左右。具体到各省市,东部沿海地区的京沪苏浙闽三省两市人均地区生产总值在 10 万元以上,而黑龙江、甘肃两省则低至 3.5 万元左右。从经济(工业化)发展进程看,黄群慧等(2020)的研究表明,我国东部沿海的京津冀地区、珠三角地区、长三角地区均处在后工业化阶段,东北地区以及湖北、湖南、陕西等省份处在工业化后期,中部地区及广大西部地区处于工业化中期,而宁夏、贵州、新疆、云南、海南等省份仍处于工业化初期。[52]从居民消费水平看,北京和上海已经进入享受型消费阶段,浙江和广东处于发展型消费模式的高级阶段,江苏、天津和福建处于发展型消费模式的中级阶段,重庆、山东等 16 个地区处于发展型消费模式的初级阶段,而黑龙江、广西等 8 个地区仍处于生存型消费阶段。[49]由此可见,我国区域经济发展与消费模式演进,均呈现东部地区领跑、中西部地区跟随的梯度特征,这是"双链交互"治理的区域发展梯度基础。

2.4 本章小结

1. 章节主旨

本章以价值链治理为切入点,阐述了百年变局下企业融通双循环、实施"双链交互"治理、实现价值链升级的机制机理,回答"为何"并解析"如何"的问题,为后文的实证研究与政策设计埋下思想主线。本章内容主要涉及三个方面:什么是价值链治理,为何要进行价值链治理,双循环新

---

① 地区均值为地区内各省市人均地区生产总值的简单算术平均数。原始数据来源于《中国统计年鉴(2020)》表 3-9"地区生产总值(2019 年)"。

发展格局下如何进行价值链治理。

2. 内容概要

第一，价值链是企业所从事的各种价值创造活动的组合。它反映了企业一系列价值活动的内在关联与链状关系，也决定着企业在一个特定产业中的竞争地位与优势利益。全球价值链是企业价值创造活动国际分散化的结果，它通过产品内分工在全球范围内组成一体化的生产协作网络。

第二，价值链治理是处于特定价值链关系中的企业对经济活动、企业关系与生产组织等进行非市场协调的行为、方法与制度安排。本地维度下的价值链治理基于上下交互的行为视角，侧重于为维持和改善全球经济地位而采取的发展策略，包括价值链嵌入决策（如路径偏好、嵌入方向、参与程度）与价值链升级策略等。全球价值链升级是本地维度价值链治理的核心与最终目标。

第三，美国联合其盟友对华实施"遏制"政策与战略"脱钩"，其实质是维护其目前所拥有的价值链位势优势，可能会给我国企业价值链治理与全球价值链升级带来一系列风险，如全球价值链位势锁定风险、产业链供应链断链风险等。双循环新发展格局的提出既源于这一国际背景，也是我国应对百年变局、开拓发展新局的客观要求。

第四，双循环新发展格局下的企业价值链治理，是一种"双链交互"治理模式。即以满足国内需求为出发点与落脚点，着力建构以大国内需为支撑的 NVC 体系，通过国内大循环促进价值链攀升并主导国际性区域价值链分工，从而拓展或重构全球价值链体系，在开放的国内国际双循环以及 NVC 与 GVC "双链交互"作用下，最终实现全球价值链攀升与产业升级的目标。

第五，价值链治理视角下企业参与双循环的具体策略，取决于企业参与经济循环的现实模式及其所处价值链位势情况，大体包括外循环、内循环、一级双循环、二级双循环四种情形。

第六，企业不论以何种方式参与国内国际双循环，最终都可以通过企业主营业务收入的境内外营收结构反映出来，再结合企业在产业链价值链中的位置位势情况，即可对企业"双链交互"治理状况作出大致判断。

第3章 计量分析

——"双链交互"价值链治理的综合测度

3.1 "双链交互"治理的测度方法

3.1.1 省域出口增加值分解

全球价值链将生产过程分割并分布于不同国家和地区，企业专注于特定环节而不是整个产品，使得最终产品需要经过在两个或两个以上国家或地区的生产过程并实现价值增值，由此产生了大量的中间品贸易和增加值贸易。以垂直专业化为主要形式的价值链分工与贸易，本质上就是企业价值系统地理分割与一体化整合下的增加值贸易。不同地理范围内许多相关企业对特定产品贡献了相应增加值。因此根据总值贸易数据与国民经济核算表（投入产出表）追踪贸易增加值的来源，成为全球价值链量化研究的重要思路与基本逻辑之一。

哈默尔斯（David Hummels）等（1999）利用投入产出表计算了 14 个经济体出口中蕴含的进口价值[53]。库普曼等（2012）在加工贸易普遍存在的情况下估算了中国出口国内增加值含量[54]。库普曼等（2014）将垂直专业化与增值贸易整合起来，将一个国家的总出口按来源与重复项分解为各种增值部分，从而提出并构建了一国出口增加值分解的核算框架[55]。苏庆义（2016）在全球价值链的基础上考虑国内价值链，将库普曼等（2014）的核算框架首次应用于中国省级出口的增加值分解[56]。本书参考库普曼等（2014）和苏庆义（2016）的研究框架，对"双链交互"价值链治理的嵌入情况进行省域测度分析。

1. 区域间投入产出扩展模型

区域间投入产出（Interregional Input-output，IRIO）模型利用区域间的

商品和劳务流动将各区域联结在一起，以数量矩阵形式反映区域经济系统各部门之间的投入产出关系，是从空间维度刻画区域经济关联、描绘国民经济综合平衡关系的基础性数量分析工具。"投入"指的是特定经济活动的消耗，包括初始投入和中间投入两部分。其中，初始投入一般包括劳动者报酬、固定资产折旧等，国内编制的 IRIO 表还包括生产净税额、营业盈余等内容，全部以"增加值"反映。中间投入是指生产过程中的原材料、燃料、动力、服务等投入。"产出"是指特定经济活动的结果，即生产出来产品的总量及其去向，包括中间使用和最终使用两种形式，后者又包括最终消费（含居民消费与政府消费）和资本形成总额（含固定资本形成与存货增加）。[57]

投入产出模型是以基于生产部门分类的矩阵式平衡表，将每一个区域各个产业部门的投入情况与产出情况用行列结构显示出来。其中，行方向反映每一个区域各个部门的产品，在不同区域（包括自身区域）不同部门的中间使用情况与最终使用情况，行数据加总就是相应区域相应部门的总产出。列方向反映每一个区域各个部门使用的来自不同区域不同部门生产的中间产品投入情况，列数据加总就是相应区域相应部门的总投入。在平衡关系上，每个部门的总投入都等于该部门的总产出。

假定一个国家有 m 个区域，每个区域有 n 个产业部门。x_{ij}^{RS} 代表区域 R（$R=1$，2，$\cdots$，m）部门 i（$i=1$，2，$\cdots$，n）对区域 S（$S=1$，2，$\cdots$，m）部门 j（$j=1$，2，$\cdots$，n）的投入或中间使用，f_i^{RS} 代表区域 R 部门 i 生产的作为区域 S 最终使用品，V_j^S 代表区域 S 部门 j 的最初投入，X_i^R 和 X_j^S 分别代表区域 R 部门 i 和区域 S 部门 j 的总产出，则区域间投入产出基本模型如表 3-1 中的灰底部分所示。其中，"中间投入—中间使用"矩阵（表 3-1 中的深灰底部分）中对角线上的子矩阵分别表示本区域各个部门的产品作为中间品在本区域各部门之间的投入情况与使用情况。与此类似，"区域—区域"子矩阵中对角线上的数值表示本区域各个部门的产品在其他区域相同部门的投入情况与中间使用情况。[58]

表 3-1　区域间非竞争型投入产出扩展模型

变量			中间使用							最终使用				总产出 X
			区域1			...	区域 m			区域1	...	区域 m	出口 e	
			部门1	...	部门 n		部门1	...	部门 n					
中间投入	区域1	部门1	x_{11}^{11}	...	x_{1n}^{11}	...	x_{11}^{1m}	...	x_{1n}^{1m}	f_1^{11}	...	f_1^{1m}	e_1^1	X_1^1
		...	...	...	...	...	...	...	...	...	...	...	...	...
		部门 n	x_{n1}^{11}	...	x_{nn}^{11}	...	x_{n1}^{1m}	...	x_{nn}^{1m}	f_n^{11}	...	f_n^{1m}	e_n^1	X_n^1
	...		...	...	...	...	...	...	...	...	...	...	...	...
	区域 m	部门1	x_{11}^{m1}	...	x_{1n}^{m1}	...	x_{11}^{mm}	...	x_{1n}^{mm}	f_1^{m1}	...	f_1^{mm}	e_1^m	X_1^m
		...	...	...	...	...	...	...	...	...	...	...	...	...
		部门 n	x_{n1}^{m1}	...	x_{nn}^{m1}	...	x_{n1}^{mm}	...	x_{nn}^{mm}	f_n^{m1}	...	f_n^{mm}	e_n^m	X_n^m
进口中间品投入 M			M_1^1	...	M_n^1	...	M_1^m	...	M_n^m					
初始投入（增加值）V			V_1^1	...	V_n^1	...	V_1^m	...	V_n^m					
总投入 X			X_1^1	...	X_n^1	...	X_1^m	...	X_n^m					

如果将最终使用出口 e_i^R 和进口中间品投入 M_j^S 考虑进去，不考虑进口中间品中的出口回流影响①，则可得到如表 3-1 所示的区域间投入产出扩展模型。其行、列模型分别表示为

$$X_i^R = \sum_S \sum_j x_{ij}^{RS} + \sum_S f_i^{RS} + e_i^R \tag{3.1}$$

$$X_j^S = \sum_R \sum_i x_{ij}^{RS} + M_j^S + V_j^S \tag{3.2}$$

换成矩阵表达式，区域间投入产出扩展模型的行模型为

$$X = AX + F + E \tag{3.3}$$

其中，$X = \begin{pmatrix} X^1 \\ X^2 \\ \vdots \\ X^m \end{pmatrix}$ 为各区域总产出矩阵；$A = \begin{pmatrix} A^{11} & A^{12} & \cdots & A^{1m} \\ A^{21} & A^{22} & \cdots & A^{2m} \\ \vdots & \vdots & \ddots & \vdots \\ A^{m1} & A^{m2} & \cdots & A^{mm} \end{pmatrix}$，子矩

阵 A^{RS} 为区域 R 对区域 S 的直接消耗系数矩阵。$F = \begin{pmatrix} F^1 & F^2 & \cdots & F^m \end{pmatrix}^T$、$E = \begin{pmatrix} E^1 & E^2 & \cdots & E^m \end{pmatrix}^T$ 分别为各区域国内最终需求矩阵和出口矩阵。其中，子矩阵 F^R 的行向量为区域 R 各产业部门的最终使用之和，即 $F_i^{RS} = \sum_S f_i^{RS}$；子矩阵 E^R 为区域 R 各产业部门的出口向量，即 $E^R = \begin{pmatrix} e_1^R & e_2^R & \cdots & e_n^R \end{pmatrix}^T$。

2. 两个区域两个部门 IRIO 模型的分解

（1）两个区域两个部门 IRIO 扩展模型

考虑两个区域两个部门的非竞争型 IRIO 扩展模型，其区域间投入产出如表 3-2 所示。用 a_{ij}^{RS} 表示区域 R（$R = 1$，2）部门 i（$i = 1$，2）对区域 S（$S = 1$，2）部门 j（$j = 1$，2）的直接投入系数，则本区域内两个部门的直接消耗系数分别为

$$a_{ij}^{11} = \frac{x_{ij}^{11}}{X_j^1}；a_{ij}^{22} = \frac{x_{ij}^{22}}{X_j^2} \tag{3.4}$$

本区域对另一个区域两个部门的直接消耗系数分别为

$$a_{ij}^{12} = \frac{x_{ij}^{12}}{X_j^2}；a_{ij}^{21} = \frac{x_{ij}^{21}}{X_j^1} \tag{3.5}$$

区域 R 对区域 S 的直接消耗系数矩阵 A^{RS} 分别为

---

① 研究表明，中国省域进口中间品中的出口回流占出口总值的比例不足 1%，一般在 0.12% ~ 0.54%。具体参见苏庆义. 中国省级出口的增加值分解及其应用 [J]. 经济研究，2016（1）：92-93.

$$A^{11} = \begin{pmatrix} a_{11}^{11} & a_{12}^{11} \\ a_{21}^{11} & a_{22}^{11} \end{pmatrix} \quad ; \quad A^{12} = \begin{pmatrix} a_{11}^{12} & a_{12}^{12} \\ a_{21}^{12} & a_{22}^{12} \end{pmatrix}$$

$$A^{21} = \begin{pmatrix} a_{11}^{21} & a_{12}^{21} \\ a_{21}^{21} & a_{22}^{21} \end{pmatrix} \quad ; \quad A^{22} = \begin{pmatrix} a_{11}^{22} & a_{12}^{22} \\ a_{21}^{22} & a_{22}^{22} \end{pmatrix} \tag{3.6}$$

表 3-2　两个区域两个部门 IRIO 扩展模型

变量			中间使用				最终使用			总产出 X
			区域 1		区域 2		区域 1	区域 2	出口 e	
			部门 1	部门 2	部门 1	部门 2				
中间投入	区域 1	部门 1	x_{11}^{11}	x_{12}^{11}	x_{11}^{12}	x_{12}^{12}	f_1^{11}	f_1^{12}	e_1^1	X_1^1
		部门 2	x_{21}^{11}	x_{22}^{11}	x_{21}^{12}	x_{22}^{12}	f_2^{11}	f_2^{12}	e_2^1	X_n^1
	区域 2	部门 1	x_{11}^{21}	x_{12}^{21}	x_{11}^{22}	x_{12}^{22}	f_1^{21}	f_1^{22}	e_1^2	X_1^2
		部门 2	x_{21}^{21}	x_{22}^{21}	x_{21}^{22}	x_{22}^{22}	f_2^{21}	f_2^{22}	e_2^2	X_n^2
	进口中间品投入 M		M_1^1	M_2^1	M_1^2	M_2^2				
	增加值 V		V_1^1	V_2^1	V_1^2	V_2^2				
	总投入 X		X_1^1	X_2^1	X_1^2	X_2^2				

根据方程（3.3），可得两个区域两个部门的区域间投入产出扩展模型的行模型矩阵方程：

$$\begin{pmatrix} X^1 \\ X^2 \end{pmatrix} = \begin{pmatrix} A^{11} & A^{12} \\ A^{21} & A^{22} \end{pmatrix} \begin{pmatrix} X^1 \\ X^2 \end{pmatrix} + \begin{pmatrix} Y^1 \\ Y^2 \end{pmatrix} \tag{3.7}$$

其中，$\begin{pmatrix} Y^1 \\ Y^2 \end{pmatrix} = \begin{pmatrix} F^1 + E^1 \\ F^2 + E^2 \end{pmatrix}$ 为最终需求向量。移项转换可得

$$\begin{pmatrix} X^1 \\ X^2 \end{pmatrix} = \begin{pmatrix} I - A^{11} & -A^{12} \\ -A^{21} & I - A^{22} \end{pmatrix}^{-1} \begin{pmatrix} Y^1 \\ Y^2 \end{pmatrix} \tag{3.8}$$

其中，I 为单位矩阵。$\begin{pmatrix} I - A^{11} & -A^{12} \\ -A^{21} & I - A^{22} \end{pmatrix}^{-1}$ 为列昂惕夫逆矩阵（Leontief Inverse Matrix），即完全需要系数矩阵。完全需要系数表明第 j 个产业部门增加一个单位最终使用时，对第 i 个产业部门的完全需要量。

令

$$B = \begin{pmatrix} B^{11} & B^{12} \\ B^{21} & B^{22} \end{pmatrix} = \begin{pmatrix} I - A^{11} & -A^{12} \\ -A^{21} & I - A^{22} \end{pmatrix}^{-1} \tag{3.9}$$

其中，子矩阵 B^{RS}（R、$S = 1$，2）分别为

$$B^{11} = \begin{pmatrix} b_{11}^{11} & b_{12}^{11} \\ b_{21}^{11} & b_{22}^{11} \end{pmatrix} \quad ; \quad B^{12} = \begin{pmatrix} b_{11}^{12} & b_{12}^{12} \\ b_{21}^{12} & b_{22}^{12} \end{pmatrix}$$

$$B^{21} = \begin{pmatrix} b_{11}^{21} & b_{12}^{21} \\ b_{21}^{21} & b_{22}^{21} \end{pmatrix} \quad ; \quad B^{22} = \begin{pmatrix} b_{11}^{22} & b_{12}^{22} \\ b_{21}^{22} & b_{22}^{22} \end{pmatrix} \tag{3.10}$$

则有

$$\begin{pmatrix} X^1 \\ X^2 \end{pmatrix} = \begin{pmatrix} B^{11} & B^{12} \\ B^{21} & B^{22} \end{pmatrix} \begin{pmatrix} Y^1 \\ Y^2 \end{pmatrix} = \begin{pmatrix} B^{11}Y^1 + B^{12}Y^2 \\ B^{21}Y^1 + B^{22}Y^2 \end{pmatrix} \tag{3.11}$$

由 $X^1 = B^{11}Y^1 + B^{12}Y^2$、$Y^1 = F^{11} + F^{12} + E^1$、$Y^2 = F^{21} + F^{22} + E^2$ 可得

$$X^1 = (B^{11}F^{11} + B^{11}F^{12} + B^{11}E^1) + (B^{12}F^{21} + B^{12}F^{22} + B^{12}E^2) \tag{3.12}$$

区域 1 的总产出 X^1 由此分解为两大部分: 第一部分为区域 1 生产的产品作为中间投入用于本区域最终产品的生产, 且分别用于区域 1 消费、区域 2 消费和出口; 第二部分为区域 1 生产的产品作为中间投入用于区域 2 最终产品的生产, 且分别用于区域 2 消费、区域 1 消费和出口。

(2) 出口增加值分解

用 $\widetilde{m}_i^R$ 代表区域 R ($R = 1, 2$) 部门 i ($i = 1, 2$) 的进口中间品投入比重, 则区域 1、区域 2 两个部门进口中间品投入比重分别为

$$\widetilde{m}_1^1 = \frac{M_1^1}{X_1^1} \quad ; \quad \widetilde{m}_2^1 = \frac{M_2^1}{X_2^1}$$

$$\widetilde{m}_1^2 = \frac{M_1^2}{X_1^2} \quad ; \quad \widetilde{m}_2^2 = \frac{M_2^2}{X_2^2} \tag{3.13}$$

同理, 用 $\widetilde{V}_i^R$ 代表区域 R ($R = 1, 2$) 部门 i ($i = 1, 2$) 的增加值投入比重, 则区域 1、区域 2 两个部门增加值投入比重分别为

$$\widetilde{V}_1^1 = \frac{V_1^1}{X_1^1} \quad ; \quad \widetilde{V}_2^1 = \frac{V_2^1}{X_2^1}$$

$$\widetilde{V}_1^2 = \frac{V_1^2}{X_1^2} \quad ; \quad \widetilde{V}_2^2 = \frac{V_2^2}{X_2^2} \tag{3.14}$$

根据 IRIO 模型的列模型方程 (3.2), 对于区域 1 的两个部门存在以下等式:

$$a_{11}^{11} + a_{21}^{11} + a_{11}^{21} + a_{21}^{21} + \widetilde{m}_1^1 + \widetilde{V}_1^1 = 1 \tag{3.15}$$

$$a_{12}^{11} + a_{22}^{11} + a_{12}^{21} + a_{22}^{21} + \widetilde{m}_2^1 + \widetilde{V}_2^1 = 1 \tag{3.16}$$

同理，对区域 2 的两个部门也存在以下等式：

$$a_{11}^{12} + a_{21}^{12} + a_{11}^{22} + a_{21}^{22} + \widetilde{m}_1^2 + \widetilde{V}_1^2 = 1 \tag{3.17}$$

$$a_{12}^{12} + a_{22}^{12} + a_{12}^{22} + a_{22}^{22} + \widetilde{m}_2^2 + \widetilde{V}_2^2 = 1 \tag{3.18}$$

定义进口中间品投入系数矩阵 $\widetilde{M}$、增加值投入系数矩阵 $\widetilde{V}$、出口矩阵 E 如下：

$$\widetilde{M} = \begin{pmatrix} \widetilde{M}^1 & 0 \\ 0 & \widetilde{M}^2 \end{pmatrix}; \ \widetilde{V} = \begin{pmatrix} \widetilde{V}^1 & 0 \\ 0 & \widetilde{V}^2 \end{pmatrix}; \ E = \begin{pmatrix} E^1 & 0 \\ 0 & E^2 \end{pmatrix} \tag{3.19}$$

其中，区域 R（$R=1,2$）的子矩阵 $\widetilde{M}^R$、$\widetilde{V}^R$ 和 E^R 分别为

$$\widetilde{M}^R = \begin{pmatrix} \widetilde{m}_1^R & 0 \\ 0 & \widetilde{m}_2^R \end{pmatrix}; \ \widetilde{V}^R = \begin{pmatrix} \widetilde{V}_1^R & 0 \\ 0 & \widetilde{V}_2^R \end{pmatrix}; \ E^R = \begin{pmatrix} e_1^R & 0 \\ 0 & e_2^R \end{pmatrix} \tag{3.20}$$

用矩阵 $\widetilde{M}$ 和矩阵 $\widetilde{V}$ 分别乘以列昂惕夫逆矩阵 B（方程式（3.9）），可得到进口中间品投入份额矩阵 $\widetilde{M}B$ 和增加值投入份额矩阵 $\widetilde{V}B$：

$$\widetilde{M}B = \begin{pmatrix} \widetilde{M}^1 B^{11} & \widetilde{M}^1 B^{12} \\ \widetilde{M}^2 B^{21} & \widetilde{M}^2 B^{22} \end{pmatrix} \tag{3.21}$$

$$\widetilde{V}B = \begin{pmatrix} \widetilde{V}^1 B^{11} & \widetilde{V}^1 B^{12} \\ \widetilde{V}^2 B^{21} & \widetilde{V}^2 B^{22} \end{pmatrix} \tag{3.22}$$

将方程（3.21）和方程（3.22）进一步分解为 4×4 矩阵，可得

$$\widetilde{M}B = \begin{pmatrix} \widetilde{m}_1^1 b_{11}^{11} & \widetilde{m}_1^1 b_{12}^{11} & \widetilde{m}_1^1 b_{11}^{12} & \widetilde{m}_1^1 b_{12}^{12} \\ \widetilde{m}_2^1 b_{21}^{11} & \widetilde{m}_2^1 b_{22}^{11} & \widetilde{m}_2^1 b_{21}^{12} & \widetilde{m}_2^1 b_{22}^{12} \\ \widetilde{m}_1^2 b_{11}^{21} & \widetilde{m}_1^2 b_{12}^{21} & \widetilde{m}_1^2 b_{11}^{22} & \widetilde{m}_1^2 b_{12}^{22} \\ \widetilde{m}_2^2 b_{21}^{21} & \widetilde{m}_2^2 b_{22}^{21} & \widetilde{m}_2^2 b_{21}^{22} & \widetilde{m}_2^2 b_{22}^{22} \end{pmatrix} \tag{3.23}$$

$$\widetilde{VB} = \begin{pmatrix} \widetilde{v}_1^1 b_{11}^{11} & \widetilde{v}_1^1 b_{12}^{11} & \widetilde{v}_1^1 b_{11}^{12} & \widetilde{v}_1^1 b_{12}^{12} \\ \widetilde{v}_2^1 b_{21}^{11} & \widetilde{v}_2^1 b_{22}^{11} & \widetilde{v}_1^1 b_{21}^{12} & \widetilde{v}_2^1 b_{22}^{12} \\ \widetilde{v}_1^2 b_{11}^{21} & \widetilde{v}_1^2 b_{12}^{21} & \widetilde{v}_1^2 b_{11}^{22} & \widetilde{v}_1^2 b_{12}^{22} \\ \widetilde{v}_2^2 b_{21}^{21} & \widetilde{v}_2^2 b_{22}^{21} & \widetilde{v}_2^2 b_{21}^{22} & \widetilde{v}_2^2 b_{22}^{22} \end{pmatrix} \tag{3.24}$$

方程（3.23）和方程（3.24）右侧矩阵对角线上的数值 $\widetilde{m}_j^R b_{ij}^{RS}$、$\widetilde{v}_i^R b_{ij}^{RS}$（$R$、$S$、$i$、$j$=1，2；$i=j$）分别表示区域1和区域2各产业部门生产的产品中，来自本区域相同产业部门的进口中间品、增加值投入比重。非对角线上的元素，则表示来自本区域另一个产业部门的进口中间品、增加值投入比重，以及另一个区域产业部门1或2的进口中间品、增加值投入比重。例如，对角线上的元素 $\widetilde{m}_1^1 b_{11}^{11}$ 表示区域1产业部门1生产的产品中，来自自身的进口中间品投入比重；$\widetilde{m}_2^1 b_{21}^{11}$ 表示区域1产业部门1生产的产品中，来自区域1产业部门2的进口中间品投入比重；$\widetilde{m}_1^2 b_{11}^{21}$、$\widetilde{m}_2^2 b_{21}^{21}$ 分别表示来自区域2产业部门1、产业部门2的进口中间品投入比重。由于一个区域的产品增加值只可能来自本区域两个产业部门、另一个区域两个产业部门、本区域两个产业部门的进口、另一个区域的两个产业部门的进口，因此对于区域 R 的产业部门 i 存在以下等式：

$$\sum_R \sum_i \widetilde{m}_i^R b_{ij}^{RS} + \sum_R \sum_i \widetilde{v}_i^R b_{ij}^{RS} = 1 \tag{3.25}$$

方程（3.23）和方程（3.24）中的右侧矩阵其他列向量也存在以上等式。于是，用份额矩阵 $\widetilde{MB}$ 和 $\widetilde{VB}$ 乘以出口矩阵 E，就可对两个区域的出口增加值来源进行分解：

$$\widetilde{MBE} = \begin{pmatrix} \widetilde{m}_1^1 b_{11}^{11} e_1^1 & \widetilde{m}_1^1 b_{12}^{11} e_2^1 & \widetilde{m}_1^1 b_{11}^{12} e_1^2 & \widetilde{m}_1^1 b_{12}^{12} e_2^2 \\ \widetilde{m}_2^1 b_{21}^{11} e_1^1 & \widetilde{m}_2^1 b_{22}^{11} e_2^1 & \widetilde{m}_2^1 b_{21}^{12} e_1^2 & \widetilde{m}_2^1 b_{22}^{12} e_2^2 \\ \widetilde{m}_1^2 b_{11}^{21} e_1^1 & \widetilde{m}_1^2 b_{12}^{21} e_2^1 & \widetilde{m}_1^2 b_{11}^{22} e_1^2 & \widetilde{m}_1^2 b_{12}^{22} e_2^2 \\ \widetilde{m}_2^2 b_{21}^{21} e_1^1 & \widetilde{m}_2^2 b_{22}^{21} e_2^1 & \widetilde{m}_2^2 b_{21}^{22} e_1^2 & \widetilde{m}_2^2 b_{22}^{22} e_2^2 \end{pmatrix} \tag{3.26}$$

$$
\widetilde{V}BE = \begin{pmatrix} \widetilde{v}_1^1 b_{11}^{11} e_1^1 & \widetilde{v}_1^1 b_{12}^{11} e_2^1 & \widetilde{v}_1^1 b_{11}^{12} e_1^2 & \widetilde{v}_1^1 b_{12}^{12} e_2^2 \\ \widetilde{v}_2^1 b_{21}^{11} e_1^1 & \widetilde{v}_2^1 b_{22}^{11} e_2^1 & \widetilde{v}_2^1 b_{21}^{12} e_1^2 & \widetilde{v}_2^1 b_{22}^{12} e_2^2 \\ \widetilde{v}_1^2 b_{11}^{21} e_1^1 & \widetilde{v}_1^2 b_{12}^{21} e_2^1 & \widetilde{v}_1^2 b_{11}^{22} e_1^2 & \widetilde{v}_1^2 b_{12}^{22} e_2^2 \\ \widetilde{v}_2^2 b_{21}^{21} e_1^1 & \widetilde{v}_2^2 b_{22}^{21} e_2^1 & \widetilde{v}_2^2 b_{21}^{22} e_1^2 & \widetilde{v}_2^2 b_{22}^{22} e_2^2 \end{pmatrix} \tag{3.27}
$$

方程（3.26）右侧矩阵中，对于区域 1 产业部门 1 的出口 e_1^1 而言，对角线上的 $\widetilde{m}_1^1 b_{11}^{11} e_1^1$ 表示出口中蕴含的本区域本产业部门进口中间品的增加值（Foreign Value Added）投入，非对角线上的 $\widetilde{m}_2^1 b_{21}^{11} e_1^1$ 表示出口 e_1^1 中蕴含的来自本区域产业部门 2 的进口中间品增加值投入，两者相加表示出口 e_1^1 中来自本区域的进口增加值投入。非对角线上的 $\widetilde{m}_1^2 b_{11}^{21} e_1^1$、$\widetilde{m}_2^2 b_{21}^{21} e_1^1$ 分别表示出口 e_1^1 中蕴含的区域 2 产业部门 1、产业部门 2 进口中间品的增加值投入，两者相加表示出口 e_1^1 中来自区域 2 的进口增加值投入。四个列向量元素加总，可得到区域 1 产业部门 1 的出口 e_1^1 中蕴含的进口增加值总额 FV_1^1：

$$
FV_1^1 = \sum_R \sum_i \widetilde{m}_i^R b_{i1}^{R1} e_1^1 \tag{3.28}
$$

将方程（3.27）右侧矩阵列向量相应元素相加，$(\widetilde{v}_1^1 b_{11}^{11} e_1^1 + \widetilde{v}_2^1 b_{21}^{11} e_1^1)$ 表示区域 1 产业部门 1 的出口 e_1^1 中蕴含的本区域（两个部门加总）增加值（Local Value Added）投入，记为 LV_1^1。$(\widetilde{v}_1^2 b_{11}^{21} e_1^1 + \widetilde{v}_2^2 b_{21}^{21} e_1^1)$ 表示出口 e_1^1 中蕴含的国内其他地区（区域 2 的两个部门总和）增加值（Domestic Value Added）投入，记为 DV_1^1。根据方程（3.25），区域 1 产业部门 1 的出口 e_1^1 按增加值来源划分，除 FV_1^1 外还包括本区域增加值 LV_1^1、国内其他地区增加值 DV_1^1 两部分，其中，

$$
LV_1^1 = \sum_i \widetilde{v}_i^1 b_{i1}^{11} e_1^1 \tag{3.29}
$$

$$
DV_1^1 = \sum_i \widetilde{v}_i^2 b_{i1}^{21} e_1^1 \tag{3.30}
$$

另外，方程（3.27）右侧矩阵行向量元素中，$\widetilde{v}_1^1 b_{12}^{11} e_2^1$ 表示区域 1 产业部门 1 生产的中间品投入产业部门 2 的产品进行生产，并由产业部门 2 出口的增加值；$(\widetilde{v}_1^1 b_{11}^{11} e_1^1 + \widetilde{v}_1^1 b_{12}^{11} e_2^1)$ 表示本区域直接出口的增加值，记为 DeV_1^1。$\widetilde{v}_1^1 b_{11}^{12} e_1^2$、$\widetilde{v}_1^1 b_{12}^{12} e_2^2$ 分别表示区域 1 产业部门 1 生产的中间品投入区域 2 产业部

门1、产业部门2的产品进行生产，并由相应产业部门间接出口的增加值，两者相加表示区域1产业部门1创造的经由区域2间接出口的增加值，记为 IeV_1^1。四个行向量元素加总，可得到区域1产业部门1的增加值出口总额 GeV_1^1。相应指标的计算公式如下：

$$DeV_1^1 = \sum_j \widetilde{v}_1^1 b_{1j}^{11} e_j^1 \qquad (3.31)$$

$$IeV_1^1 = \sum_j \widetilde{v}_1^1 b_{1j}^{12} e_j^2 \qquad (3.32)$$

$$GeV_1^1 = \sum_S \sum_j \widetilde{v}_1^1 b_{1j}^{1S} e_j^S \qquad (3.33)$$

同理，可将区域1产业部门2的出口 e_2^1 按增加值来源分解为 FV_2^1、LV_2^1、DV_2^1 三部分，并可计算区域1产业部门2的增加值出口总额 GeV_2^1。以此类推，可以分别对区域2的产业部门1和产业部门2进行出口的增加值来源分解，并计算相应产业部门的增加值直接出口额 DeV_i^2、间接出口额 IeV_i^2 以及出口总额 GeV_i^2。

3. m 个区域 n 个部门 IRIO 模型的分解

以上两个区域两个产业部门 IRIO 扩展模型的出口增加值分解过程，为理解由 m 个区域 n 个产业部门构成的（$mn \times mn$）维 IRIO 扩展模型的出口增加值分解提供了微观基础。沿着两个区域两个产业部门比较直观的（4×4）维 IRIO 框架，根据方程（3.3），m 个区域 n 个部门 IRIO 扩展模型的行模型矩阵方程为

$$\begin{pmatrix} X^1 \\ X^2 \\ \vdots \\ X^m \end{pmatrix} = \begin{pmatrix} A^{11} & A^{12} & \cdots & A^{1m} \\ A^{21} & A^{22} & \cdots & A^{2m} \\ \vdots & \vdots & \ddots & \vdots \\ A^{m1} & A^{m2} & \cdots & A^{mm} \end{pmatrix} \begin{pmatrix} X^1 \\ X^2 \\ \vdots \\ X^m \end{pmatrix} + \begin{pmatrix} F^1 + E^1 \\ F^2 + E^2 \\ \vdots \\ F^m + E^m \end{pmatrix} \qquad (3.34)$$

令 $$\begin{pmatrix} Y^1 \\ Y^2 \\ \vdots \\ Y^m \end{pmatrix} = \begin{pmatrix} F^1 + E^1 \\ F^2 + E^2 \\ \vdots \\ F^m + E^m \end{pmatrix} \qquad (3.35)$$

则有 $$\begin{pmatrix} X^1 \\ X^2 \\ \vdots \\ X^m \end{pmatrix} = \begin{pmatrix} I - A^{11} & -A^{12} & \cdots & -A^{1m} \\ -A^{21} & I - A^{22} & \cdots & -A^{2m} \\ \vdots & \vdots & \ddots & \vdots \\ -A^{m1} & -A^{m2} & \cdots & 1 - A^{mm} \end{pmatrix}^{-1} \begin{pmatrix} Y^1 \\ Y^2 \\ \vdots \\ Y^m \end{pmatrix} \qquad (3.36)$$

定义完全需要系数矩阵 B 如下:

$$B = \begin{pmatrix} B^{11} & B^{12} & \cdots & B^{1m} \\ B^{21} & B^{22} & \cdots & B^{2m} \\ \vdots & \vdots & \ddots & \vdots \\ B^{m1} & B^{m2} & \cdots & B^{mm} \end{pmatrix} = \begin{pmatrix} I - A^{11} & -A^{12} & \cdots & -A^{1m} \\ -A^{21} & I - A^{22} & \cdots & -A^{2m} \\ \vdots & \vdots & \ddots & \vdots \\ -A^{m1} & -A^{m2} & \cdots & 1 - A^{mm} \end{pmatrix}^{-1} \quad (3.37)$$

定义进口中间品投入系数矩阵 $\widetilde{M}$、增加值投入系数矩阵 $\widetilde{V}$ 如下:

$$\widetilde{M} = \begin{pmatrix} \widetilde{M}^1 & 0 & \cdots & 0 \\ 0 & \widetilde{M}^2 & \cdots & 0 \\ \vdots & \vdots & \ddots & \vdots \\ 0 & 0 & \cdots & \widetilde{M}^m \end{pmatrix}; \quad \widetilde{V} = \begin{pmatrix} \widetilde{V}^1 & 0 & \cdots & 0 \\ 0 & \widetilde{V}^2 & \cdots & 0 \\ \vdots & \vdots & \ddots & \vdots \\ 0 & 0 & \cdots & \widetilde{V}^m \end{pmatrix} \quad (3.38)$$

矩阵 $\widetilde{M}$、矩阵 $\widetilde{V}$ 分别乘以完全需要系数矩阵 B,可得相应份额 $\widetilde{M}B$、$\widetilde{V}B$:

$$\widetilde{M}B = \begin{pmatrix} \widetilde{M}^1 B^{11} & \widetilde{M}^1 B^{12} & \cdots & \widetilde{M}^1 B^{1m} \\ \widetilde{M}^2 B^{21} & \widetilde{M}^2 B^{22} & \cdots & \widetilde{M}^2 B^{2m} \\ \vdots & \vdots & \ddots & \vdots \\ \widetilde{M}^m B^{m1} & \widetilde{M}^m B^{m2} & \cdots & \widetilde{M}^m B^{mm} \end{pmatrix} \quad (3.39)$$

$$\widetilde{V}B = \begin{pmatrix} \widetilde{V}^1 B^{11} & \widetilde{V}^1 B^{12} & \cdots & \widetilde{V}^1 B^{1m} \\ \widetilde{V}^2 B^{21} & \widetilde{V}^2 B^{22} & \cdots & \widetilde{V}^2 B^{2m} \\ \vdots & \vdots & \ddots & \vdots \\ \widetilde{V}^m B^{m1} & \widetilde{V}^m B^{m2} & \cdots & \widetilde{V}^m B^{mm} \end{pmatrix} \quad (3.40)$$

定义出口矩阵 E 如下:

$$E = \begin{pmatrix} E^1 & 0 & \cdots & 0 \\ 0 & E^2 & \cdots & 0 \\ \vdots & \vdots & \ddots & \vdots \\ 0 & 0 & \cdots & E^m \end{pmatrix} \quad (3.41)$$

则 $\widetilde{M}BE$、$\widetilde{V}BE$ 分别为

$$
\widetilde{M}BE = \begin{pmatrix} \widetilde{M}^1 B^{11} E^1 & \widetilde{M}^1 B^{12} E^1 & \cdots & \widetilde{M}^1 B^{1m} E^1 \\ \widetilde{M}^2 B^{21} E^2 & \widetilde{M}^2 B^{22} E^2 & \cdots & \widetilde{M}^2 B^{2m} E^2 \\ \vdots & \vdots & \ddots & \vdots \\ \widetilde{M}^m B^{m1} E^m & \widetilde{M}^m B^{m2} E^m & \cdots & \widetilde{M}^m B^{mm} E^m \end{pmatrix} \tag{3.42}
$$

$$
\widetilde{V}BE = \begin{pmatrix} \widetilde{V}^1 B^{11} E^1 & \widetilde{V}^1 B^{12} E^1 & \cdots & \widetilde{V}^1 B^{1m} E^1 \\ \widetilde{V}^2 B^{21} E^2 & \widetilde{V}^2 B^{22} E^2 & \cdots & \widetilde{V}^2 B^{2m} E^2 \\ \vdots & \vdots & \ddots & \vdots \\ \widetilde{V}^m B^{m1} E^m & \widetilde{V}^m B^{m2} E^m & \cdots & \widetilde{V}^m B^{mm} E^m \end{pmatrix} \tag{3.43}
$$

根据以上矩阵方程，对于区域 R（$R = 1, 2, \cdots, m$）产业部门 i（$i = 1, 2, \cdots, n$）的出口额 e_i^R 而言，可按其增加值来源分解为三部分，即进口增加值 FV_i^R、本地增加值 LV_i^R、国内增加值 DV_i^R。其数学表达式分别为

$$
FV_i^R = \sum_S \sum_j \widetilde{M}_j^S B_{ji}^{SR} E_i^R \tag{3.44}
$$

$$
LV_i^R = \sum_j \widetilde{V}_j^S B_{ji}^{SR} E_i^R \qquad R = S \tag{3.45}
$$

$$
DV_i^R = \sum_j \widetilde{V}_j^S B_{ji}^{SR} E_i^R \qquad R \neq S \tag{3.46}
$$

根据方程（3.45），可将区域 R 产业部门 i 的增加值出口总额 GeV_i^R 分解为本地增加值直接出口额 LV_i^R、经由外地的增加值间接出口额 IeV_i^R 两部分。IeV_i^R 的矩阵表达式为

$$
IeV_i^R = \sum_j \widetilde{V}_i^R B_{ij}^{RS} E_j^S \qquad R \neq S \tag{3.47}
$$

显然，$GeV_i^R = LV_i^R + IeV_i^R$。

3.1.2　测度指标与数据来源

1. 路径偏好指标

产品工序的跨地域分工即垂直专业化，是催生产品内贸易与企业价值链治理的客观原因。根据哈默尔斯（David Hummels）等（1999）的定义，垂直专业化是指"许多国家按次序连接起来以生产某一最终产品"[53]。其主要特点是：第一，某一产品生产包含两个或更多生产工序；第二，两

个或更多国家在此产品生产过程中创造增加值；第三，至少有一个国家在生产过程中使用的投入品来自进口，由此产出的部分产品又被用于出口。[53]

"双链交互"治理框架下，垂直专业化的定义中增加了"区域"的概念，即产品工序分工的地理范围由本地（省域）跨越到本土（国内）以及国际（国外），价值链治理可分为国内垂直专业化与国际垂直专业化，对应着国内价值链与全球价值链两条路径。无论哪条路径都直接或间接嵌入全球价值链，最终都包含在出口总值内。因此，借助区域间投入产出扩展模型的出口增加值分解，就可对"双链交互"治理路径进行相应测度分析。

哈默尔斯（David Hummels）等（1999）基于产品内国际贸易，用出口中的进口中间品投入份额，也即出口内含的进口增加值份额，定义了垂直专业化指数（VS_k/X_k）[53]，本书将其定义为"国际垂直专业化指数"，记为 FVS；在此基础上，按照双循环新发展格局下"双链交互"治理模型，衍生出"国内垂直专业化指数"（DVS）以及本地增加值份额（LVS）两项指标。从 LVS 到 DVS 再到 FVS，反映的是企业价值链治理的现实路径，可揭示企业参与全球价值链的路径偏好。其中，LVS 是出口中的本地增加值份额；FVS 是国际垂直专业化指数，反映通过国际垂直专业化参与全球价值链这一路径；DVS 是国内垂直专业化指数，反映通过国内垂直专业化参与全球价值链这一路径。

R 地区 i 产业相应指数的计算公式分别为

$$FVS_i^R = \frac{FV_i^R}{e_i^R} \tag{3.48}$$

$$DVS_i^R = \frac{DV_i^R}{e_i^R} \tag{3.49}$$

$$LVS_i^R = \frac{LV_i^R}{e_i^R} \tag{3.50}$$

由于出口可分解为 FV、DV、LV 三部分，显然有 $FVS_i^R + DVS_i^R + LVS_i^R = 1$。定义 DVS 偏好指数 $Pref-DVS$ 如下：

$$Pref\_DVS_i^R = DVS_i^R - FVS_i^R \tag{3.51}$$

$Pref-DVS$ 也称国内垂直专业化偏好指数，反映价值链治理路径的国内垂直专业化偏好程度。如果 $Pref-DVS$ 大于零，表明价值链治理偏好于国内垂直专业化；如果 $Pref-DVS$ 小于零，则表明价值链治理偏好于国际垂直专业化；如果 $Pref-DVS$ 等于零，则表明价值链治理无路径偏好。$Pref-DVS$ 的绝对值越大，其路径偏好越明显。$Pref-DVS$ 的绝对值越接近零，其路径偏好越不明显。

2. 参与程度指标

企业作为中间投入品的需求方（需求侧）与供给方（供给侧），吸纳的来自他国的中间投入品与为他国供给的中间投入品之和，反映了企业参与全球价值链分工与生产的总体规模。库普曼（Koopman，2010）由此构建了全球价值链参与度（GVC-participation）指标，以一国某产业增加值间接出口加上该产业出口总额中包含的国外增加值之和，除以出口总额表示。[59]

在"双链交互"价值链治理模型下，企业吸纳的中间品来自进口与国内其他地区两个层面，生产的中间品主要通过国内其他地区出口国外。因此，按照省域出口增加值分解的数据口径，本地参与国内价值链的总体规模，应该反映在本地增加值间接出口额（IeV_i^R）以及本地出口中内含的其他地区增加值数额（DV_i^R）两个方面。而本地出口总额应该由本地出口额（e_i^R）加上本地增加值间接出口额（IeV_i^R）得出。参照库普曼（Koopman，2010）的 GVC-participation 指标，本书用 NVC_pa 表示企业参与 NVC 的程度，则 NVC_pa 应该等于 IeV_i^R 与 DV_i^R 之和除以 e_i^R 与 IeV_i^R 之和。

由于国内区域间投入产出模型不能反映他国出口中包含的本国增加值，因此只能用本国出口增加值分解中的进口增加值部分，从需求侧单方面反映全球价值链参与度（其指标记为 GVC_pa）。显然，本书采用的这项指标 GVC_pa 只反映了作为国际中间投入品需求方的参与度，未反映作为国际中间投入品供给方（供给侧）的参与度，因而存在一定局限性。

R 地区 i 产业的国内价值链与全球价值链参与度指标计算公式分别为

$$NVC\_pa_i^R = \frac{IeV_i^R + DV_i^R}{e_i^R + IeV_i^R} \qquad (3.52)$$

$$GVC\_pa_i^R = \frac{FV_i^R}{e_i^R + IeV_i^R} \qquad (3.53)$$

由于"双链交互"价值链治理包含 NVC 和 GVC 两条路径，包括国内、国际两个市场，因此从理论上说，$NVC\_pa_i^R$ 与 $GVC\_pa_i^R$ 均以 50% 为临界值，大于 50% 表示高度参与，小于 50% 表示低度参与。数值越大，表示参与程度越深。本书 $GVC\_pa_i^R$ 只涉及需求侧，故可以 25% 为临界值，大于 25% 表示深度参与，数值越大参与程度越深，反之则相反。

3. 嵌入方向指标

企业参与全球价值链生产分工，一般会同时承担中间投入品需求方与供给方两种角色。即一方面吸纳别的地区或国家生产的中间品投入生产，另一方面为别的地区或国家生产中间投入品；前者称为"后向嵌入"，后者称为"前向嵌入"。两个方向之差反映了企业嵌入全球价值链的总体方向，以及在价值活动上下游中所处的大体位置。库普曼（Koopman，2010）基于投入产出法提出了 GVC 地位指数（GVC-position）；用一国某产业出口他国的中间品对数值，减去该国该产业出口包含的进口中间品对数值，反映该国某产业的全球价值链地位。[60]

在"双链交互"治理框架下，将视角拓展到国内区域之间中间品投入的供需关系，可以测度国内价值链嵌入方向（以 $NVCP$ 表示）——国内 IRIO 表没有反映出口的中间使用，故无法利用其测度全球价值链的嵌入方向。$NVCP$ 小于零代表后向嵌入，表明某产业总体处于价值链下游位置。$NVCP$ 大于零代表前向嵌入，表明某产业总体处于价值链上游位置，企业总体倾向于生产中间投入品。

R 地区 i 产业 $NVCP$ 指标的数学表达式为

$$NVCP_i^R = \ln\left(1 + \frac{IeV_i^R}{e_i^R + IeV_i^R}\right) - \ln\left(1 + \frac{DV_i^R}{e_i^R + IeV_i^R}\right) \qquad (3.54)$$

另外，假定 R 地区 i 产业的增加值直接出口为最终使用，那么增加值总出口的结构情况能直接反映出 R 地区 i 产业的价值链嵌入方向与位置。如果增加值间接出口比重高，说明该产业主要为其他地区生产中间使用品；如果增加值直接出口比重高，说明该产业主要生产最终使用品。因此可以定义增加值出口结构指标 GeV_C，计算公式为式（3.53）。GeV_C 大于零，表明间接出口比重大于直接出口比重，从总体上属于前向嵌入。GeV_C 小于零，表明间接出口比重小于直接出口，从总体上属于后向嵌入。

$$GeV\_C_i^R = \frac{IeV_i^R - LV_i^R}{GeV_i^R} \qquad (3.55)$$

4. 数据来源

国家统计局发布的全国投入产出表涉及的行业最多（153 个行业），数据年份也最多最新（2002 年至 2018 年共 8 个年份的，最新数据是 2018 年的）；各省区市的投入产出表涉及 42 个部门，最新数据为 2017 年的，但没有分列区域间投入产出数据。目前，全国区域间非竞争型投入产出表只有两个来源：一是国家信息中心编制的全国 8 个区域 30 个部门（或 8 个区域 17 个部门）IRIO 表，数据年份分别为 1997 年、2002 年和 2007 年。二是中国科学院区域可持续发展分析与模拟重点实验室编制的非竞争型 IRIO 表，仅有 2007 年、2010 年和 2012 年的数据。其中，2007 年 IRIO 表涉及全国 30 个省区市（不含西藏）30 个部门，苏庆义（2016）的研究使用了 2007 年数据。而 2012 年 IRIO 表涉及全国 31 个省域（省区市）42 个部门（刘卫东等，2018）①，省域数量与产业部门齐全，并且是目前最新的区域间投入产出表（数据尚未得到更新），本书因此采用 2012 年 IRIO 表数据。

3.1.3 制造业分类及其他说明

按照要素密集程度，制造业一般分为三种类型，即劳动密集型（Labor-intensive）、资本密集型（Capital-intensive）和技术密集型（Technology-intensive）。国家统计局以《国民经济行业分类》（GB/T 4754—2017）为基础，制定了《高技术产业（制造业）分类（2017）》②，并将高技术产业（制造业）界定为"国民经济行业中 R&D 投入强度相对高的制造业行业"，具体包括医药制造，航空、航天器及设备制造，电子及通信设备制造，计算机及办公设备制造，医疗仪器设备及仪器仪表制造，信息化学品制造六大类。本书将这些制造业归类为技术密集型制造业。

《国民经济行业分类》（GB/T 4754—2017）将制造业分为 31 个大类，中国科学院 2012 年 IRIO 表将其合并为 19 个大类。由于数据来源与数据口径的限制，本书对中国科学院 2012 年 IRIO 表中的 19 个制造业大类按要素密集程度进行粗略划分③，结果如表 3-3 所示。

表 3-3　制造业分类与中国科学院 IRIO（2012）表的对应行业

制造业分类	中国科学院 IRIO（2012）表的对应行业
劳动密集型	食品和烟草，纺织品，纺织服装鞋帽皮革羽绒及其制品，木材加工品和家具，造纸印刷和文教体育用品，非金属矿物制品，金属制品，其他制造产品，废品废料，金属制品、机械和设备修理服务

① 刘卫东，唐志鹏，韩梦瑶 . 2012 年中国 31 省区市区域间投入产出表 [M]. 北京：中国统计出版社，2018.

② 详见国家统计局网站，http://www.stats.gov.cn/tjsj/tjbz/201812/t20181218_1640081.html.

③ 按照制造业大类进行要素密集程度划分，并不是一种非常科学与精确的做法。例如，根据《国民经济行业分类》（GB/T 4754—2017），"橡胶和塑料制品业"（代码 29）有 2 个中类 16 个小类。其中，"2921 塑料薄膜制造""2922 塑料板、管、型材制造""2923 塑料丝、绳及编织品制造"等都可视作劳动密集型产业，但高性能 PI 薄膜生产制应归属于技术密集型产业。又如，"非金属矿物制品业"（代码 30）有 9 个种类 37 个小类，其中"301 水泥、石灰和石膏制造""303 砖瓦、石材等建筑材料制造""304 玻璃制造"等可以归为劳动密集型产业，但"3091 石墨及碳素制品制造"应归为技术密集型或资本密集型产业，改性石墨负极材料、锂离子电池负极材料制造就属于这一类。

续表

制造业分类	中国科学院 IRIO（2012）表的对应行业
资本密集型	石油、炼焦产品和核燃料加工品，化学产品，金属冶炼和压延加工，通用设备，专用设备，交通运输设备，电气机械和器材
技术密集型	通信设备、计算机和其他电子设备，仪器仪表

本书以广东省为重点，采用省域出口增加值分解方法，从省域总体、制造业总体和制造业分类三个层面，对"双链交互"价值链治理进行综合测度分析。通过价值链治理的路径偏好、参与程度、嵌入方向的省域比较，反映广东省及其制造业"双链交互"价值链治理的嵌入现状，并利用省域出口增加值分解得到的省域增加值直接出口与间接出口等数据，揭示广东省国内价值链治理的省际关联关系。

3.2 "双链交互"治理的省域综合测度

3.2.1 路径偏好

本书利用中国科学院 2012 年 IRIO 表数据，将全国 31 个省域 42 个产业部门的出口 e 分别汇总，并对其总额进行增加值分解，得到本地增加值（LV）、国内增加值（DV）和进口增加值（FV）三项数值，且 $LV + DV + FV = e$。以此计算国际垂直专业化指数（FVS）、国内垂直专业指数（DVS），以及价值链治理路径偏好指数 $Pref\text{-}DVS$，具体结果如表 3-4、表 3-5 所示。根据省域出口增加值分解与各项指数的计算结果（见表 3-5），从全国总体情况来看，国际垂直化专业指数 FVS 为 18.56%，国内垂直专业化指数 DVS 为 16.36%，DVS 偏好指数 $Pref\text{-}DVS$ 为 -2.20%，表明全国各产业部门的价值链治理路径偏好不是特别明显，但总体略微倾向于国际垂直专业化。

从全国四大板块看，东部地区的 DVS 和 FVS 比较接近，$Pref\text{-}DVS$ 为 0.52%，在垂直专业化上无明显的路径偏好。其中，大珠三角区域（含闽、粤、琼三省）的 DVS 均值为 17.41%，FVS 均值为 19.45%，$Pref\text{-}DVS$ 为 -2.04%，略微偏好于国际垂直专业化。广东省的 DVS 为 11.20%，FVS 为 28.27%，$Pref\text{-}DVS$ 为 -17.07%，国际垂直专业化路径偏好度居全国各省区市之首。中部地区和西部地区的 $Pref\text{-}DVS$ 约为 13%，国内垂直专业化偏好比较明显。其中大西南区域的 $Pref\text{-}DVS$ 为 14.21%，在全国七大区域中居于首位。大西南的西藏、大西北的宁夏 DVS 偏好指数都在 25% 上下，属于相对典型的国内垂直专业化偏好。

总的来说，我国四大地理区域中，东部地区多数省份价值链治理兼顾国内、国际两个循环，无特别明显的垂直专业化路径偏好，但广东省的国际垂直专业化偏好相对突出。中部地区和西部地区基本都属于国内垂直专业化偏好，西藏、宁夏等省份尤为明显。

表 3-4　省域出口增加值分解

省域	出口额（e，万元）	本地增加值（LV，万元）	国内增加值（DV，万元）	进口增加值（FV，万元）
北京	64589446	42453862	12701540	9434044
天津	34658178	21407926	6003661	7246591
河北	19736286	14728828	3070232	1937226
山西	6954498	5098092	1446825	409581
内蒙古	6357652	4806282	1211745	339625
辽宁	36337667	26017248	5777920	4542499
吉林	5018733	3744312	911717	362704
黑龙江	9082263	6728063	1597089	757111
上海	149599174	76294681	32292218	41012274
江苏	214487387	141609058	37401555	35476773
浙江	147132246	98438605	29811894	18881746
安徽	17948444	11895764	4866407	1186273
福建	63107401	45740478	8647981	8718942
江西	15728923	11598435	3146759	983728
山东	81601976	58819492	9503371	13279114
河南	18236740	13764635	3419465	1052639
湖北	14907556	12509974	1762485	635097
湖南	9687858	8027598	1309410	350850
广东	351455273	212740051	39347360	99367862
广西	10317534	7582675	1554670	1180189
海南	2789514	1574295	761990	453229
重庆	23582576	15620611	6251236	1710729

续表

省域	出口额 （e，万元）	本地增加值 （LV，万元）	国内增加值 （DV，万元）	进口增加值 （FV，万元）
四川	25408324	21118591	2921533	1368199
贵州	4656929	3590997	869664	196268
云南	7324558	5246351	1627499	450708
西藏	2396827	1557485	727683	111658
陕西	6976197	5264426	1388168	323603
甘肃	2425485	1723297	527708	174480
青海	679878	572262	89767	17849
宁夏	1218947	810671	351677	56599
新疆	12254059	8336179	2260717	1657162
全国总体	1366658526	889421226	223561946	253675354

表 3-5　价值链治理路径偏好

地区			国内垂直专业化指数 （DVS，%）	国际垂直专业化指数 （FVS，%）	DVS 偏好指数 （Pref-DVS，%）
东部	环渤海	北京	19.67	14.61	5.06
		天津	17.32	14.67	2.65
		河北	15.56	9.82	5.74
		山东	11.65	16.27	−4.62
		区域均值	16.05	13.84	2.21
	长三角	上海	21.59	27.41	−5.82
		江苏	17.44	16.54	0.90
		浙江	20.26	12.83	7.43
		区域均值	19.76	18.93	0.84
	大珠三角	福建	13.70	13.82	−0.12
		广东	11.20	28.27	−17.07
		海南	27.32	16.25	11.07
		区域均值	17.41	19.45	−2.04
	地区均值		17.57	17.05	0.52

地区			国内垂直专业化指数 （DVS,%）	国际垂直专业化指数 （FVS,%）	DVS 偏好指数 （Pref-DVS,%）
中部	中部六省	山西	20.80	5.89	14.91
		安徽	27.11	6.61	20.50
		江西	20.01	6.25	13.76
		河南	18.75	5.77	12.98
		湖北	11.82	4.26	7.56
		湖南	13.52	3.62	9.90
	地区均值		18.67	5.40	13.27
西部	大西南	重庆	26.51	7.25	19.26
		广西	15.07	11.44	3.63
		四川	11.50	5.38	6.12
		贵州	18.67	4.21	14.46
		云南	22.22	6.15	16.07
		西藏	30.36	4.66	25.70
		区域均值	20.72	6.52	14.21
	大西北	陕西	19.90	4.64	15.26
		甘肃	21.76	7.19	14.57
		青海	13.20	2.63	10.57
		宁夏	28.85	4.64	24.21
		新疆	12.45	13.52	−1.07
		内蒙古	19.06	5.34	13.72
		区域均值	19.20	6.33	12.88
	地区均值		19.96	6.42	13.54
东北	东北三省	辽宁	15.90	12.50	3.40
		吉林	18.17	7.23	10.94
		黑龙江	17.58	8.34	9.24
	地区均值		17.22	9.36	7.86
全国总体			16.36	18.56	−2.20

3.2.2 参与程度

在省域出口增加值分解的基础上，利用式（3.42）和式（3.47），可将省域增加值出口总额（GeV）分解为增加值直接出口额（DeV）和间接出口额（IeV）两部分（见表 3-6）。以此计算各省区市 NVC、GVC 参与度指标，结果如表 3-7 所示。需要特别指出的是，由于数据源的局限性（如前文所述），表 3-7 主要反映省域国内价值链参与度情况，只在中间品需求侧反映全球价值链参与程度。

从四大板块 NVC_pa 省域均值看，国内价值链参与度最高的是西部地区，省域均值为 51.50%，超过 50% 的临界点。接近这一临界点的还有中部地区与东北地区，省域均值分别为 49.59% 和 47.98%。而东部地区最低，国内价值链参与度只有 30.30%。在七大区域中，大西北的国内价值链参与度最高，省域均值为 62.72%；其中内蒙古的 NVC_pa 为 73.16%，居全国之首。长三角的 NVC_pa 省域均值最低，为 24.62%。大珠三角的 NVC_pa 省域均值为 29.66%，略高于长三角。其中广东省仅为 13.68%，为全国 31 个省区市中的最低值。

在全球价值链参与度上，东部地区的 GVC_pa 最高，但离 25% 的临界值仍有约 10 个百分点的差距，其他地区则在 3%~6%，说明四大板块总体上对 GVC 的需求侧参与度较低。在全国七大区域中，长三角的 GVC_pa 省域均值为 17.81%，大珠三角的 GVC_pa 省域均值为 16.76%，全球价值链中间品需求侧参与度相对略高。其中广东省的 GVC_pa 为 27.48%，是 GVC 中间品需求侧参与度最高的省份。而中部六省、大西北区域的 GVC_pa 均在 3.3% 左右，青海、内蒙古、陕西、宁夏四省的 GVC_pa 均不足 2%，全球价值链中间品需求侧参与度都比较低。

从总体上说，中西部地区国内价值链参与度相对较高，而东部地区的长三角、大珠三角全球价值链参与度略高。在全国 31 个省区市中，广东省全球价值链中间品需求侧参与度最高，而国内价值链参与度最低。

表 3-6　省域增加值出口分解

省域	增加值出口总额 （GeV，万元）	增加值直接出口额 （DeV，万元）	增加值间接出口额 （IeV，万元）
北京	50813132	42453862	8359270
天津	28610265	21407926	7202339
河北	30705336	14728828	15976508
山西	15067794	5098092	9969702
内蒙古	17618883	4806282	12812602

省域	增加值出口总额 （GeV，万元）	增加值直接出口额 （DeV，万元）	增加值间接出口额 （IeV，万元）
辽宁	35090426	26017248	9073178
吉林	7930103	3744312	4185791
黑龙江	14597424	6728063	7869360
上海	84438811	76294681	8144129
江苏	158514805	141609058	16905747
浙江	107206813	98438605	8768208
安徽	20160726	11895764	8264961
福建	50456593	45740478	4716115
江西	17011750	11598435	5413315
山东	75211853	58819492	16392362
河南	28574260	13764635	14809625
湖北	17519820	12509974	5009846
湖南	15213065	8027598	7185468
广东	222850842	212740051	10110790
广西	12459334	7582675	4876659
海南	3350034	1574295	1775738
重庆	19307355	15620611	3686743
四川	25771489	21118591	4652898
贵州	7040611	3590997	3449614
云南	9439387	5246351	4193036
西藏	1687567	1557485	130082
陕西	14854815	5264426	9590389
甘肃	4857849	1723297	3134552
青海	1412468	572262	840205
宁夏	2462149	810671	1651478
新疆	12747414	8336179	4411235

表 3-7 NVC/GVC 参与程度

地区			国内价值链参与度 （NVC_pa,%）	全球价值链参与度 （GVC_pa,%）
东部	环渤海	北京	28.87	12.93
		天津	31.55	17.31
		河北	53.33	5.42
		山东	26.43	13.55
		区域均值	35.04	12.30
	长三角	上海	25.63	26.00
		江苏	23.47	15.33
		浙江	24.75	12.11
		区域均值	24.62	17.81
	大珠三角	福建	19.70	12.86
		广东	13.68	27.48
		海南	55.59	9.93
		区域均值	29.66	16.76
	地区均值		30.30	15.29
中部	中部六省	山西	67.46	2.42
		安徽	50.09	4.53
		江西	40.49	4.65
		河南	55.16	3.19
		湖北	34.00	3.19
		湖南	50.35	2.08
	地区均值		49.59	3.34
西部	大西南	重庆	36.44	6.27
		广西	42.33	7.77
		四川	25.20	4.55
		贵州	53.28	2.42
		云南	50.54	3.91
		西藏	33.95	4.42
		区域均值	40.29	4.89

续表

地区			国内价值链参与度 （NVC_pa,%）	全球价值链参与度 （GVC_pa,%）
西部	大西北	陕西	66.27	1.95
		甘肃	65.87	3.14
		青海	61.18	1.17
		宁夏	69.79	1.97
		新疆	40.04	9.94
		内蒙古	73.16	1.77
		区域均值	62.72	3.33
	地区均值		51.50	4.11
东北	东北三省	辽宁	32.70	10.00
		吉林	55.38	3.94
		黑龙江	55.84	4.47
	地区均值		47.98	6.14

3.2.3 嵌入方向

基于省域出口增加值分解以及省域增加值的出口分解结果，根据式（3.54）和式（3.55），计算国内价值链嵌入方向指标 GeV_C 和 $NVCP$，结果如表3-8所示。东部地区大部分省份的 GeV_C 和 $NVCP$ 省域均值为负数，说明其国内价值链的嵌入方向为后向嵌入，即总体处于价值链下游位置。其中长三角两省一市的 $NVCP$ 省域均值为 -11.18%，GeV_C 省域均值为 -81.01%，后者说明这些省市的增加值直接出口比例比间接出口比例高出约81个百分点，即出口的最终使用品占比比中间使用品占比大约高出81个百分点，是比较典型的后向嵌入。广东省的 GeV_C 达到 -90.93%，意味着广东省出口增加值中绝大部分是直接出口，间接出口比例不到10%，后向嵌入最为典型；广东省的 $NVCP$ 为 -7.57%，反映的嵌入方向与此相同。

表 3-8 国内价值链嵌入方向

地区			GeV_C	$NVCP$
东部	环渤海	北京	-67.10%	-0.0520
		天津	-49.65%	0.0247
		河北	4.06%	0.2873
		山东	-56.41%	0.0621
		区域均值	-42.27%	0.0805

续表

地区			GeV_C	$NVCP$
东部	长三角	上海	−80.71%	−0.1359
		江苏	−78.67%	−0.0793
		浙江	−83.64%	−0.1203
		区域均值	−81.01%	−0.1118
	大珠三角	福建	−81.31%	−0.0528
		广东	−90.93%	−0.0757
		海南	6.01%	0.1742
		区域均值	−55.41%	0.0152
	地区均值		−57.83%	0.0032
中部	中部六省	山西	32.33%	0.3811
		安徽	−18.01%	0.1038
		江西	−36.36%	0.0892
		河南	3.66%	0.2718
		湖北	−42.81%	0.1396
		湖南	−5.54%	0.2800
	地区均值		−11.12%	0.2109
西部	大西南	重庆	−61.81%	−0.0796
		广西	−21.72%	0.1809
		四川	−63.89%	0.0512
		贵州	−2.01%	0.2526
		云南	−11.16%	0.1783
		西藏	−84.58%	−0.2029
		区域均值	−40.86%	0.0634
	大西北	陕西	29.12%	0.3763
		甘肃	29.05%	0.3564
		青海	18.97%	0.3826
		宁夏	34.15%	0.3389
		新疆	−30.79%	0.1076
		内蒙古	45.44%	0.4505
		区域均值	20.99%	0.3354
	地区均值		−9.94%	0.1994

续表

地区			GeV_C	NVCP
东北	东北三省	辽宁	−48.29%	0.0624
		吉林	5.57%	0.2804
		黑龙江	7.82%	0.2913
	地区均值		−11.63%	0.2114

中部地区皖、赣、鄂、湘四省的 *GeV_C* 为负、*NVCP* 为正，反映的国内价值链嵌入方向不尽相同；而山西、河南两省两个指标值均为正，无疑为前向嵌入。大西南地区五省一市两个指标值的符号也不尽相同，根据 *GeV_C* 判断总体为后向嵌入。而大西北地区除新疆外，其余省份两个指标值均为正。其中，内蒙古的 *GeV_C* 位居全国省域之首，为45.44%，表明其增加值中间品出口减去直接出口占到增加值出口总额的45.44%。宁夏、陕西、甘肃以及中部地区的山西省，都是比较典型的 NVC 前向嵌入省份，主要为国内其他地区的增加值出口提供中间品投入。

归纳起来，长三角地区总体后向嵌入国内价值链嵌，即总体处于价值链下游位置。除新疆外的大西北地区总体前向嵌入国内价值链，而广东省则后向嵌入国内价值链。

3.2.4 省际关联

企业价值链活动的上游（前端）更靠近生产，下游（后端）更靠近消费。站在某一地区特定企业或产业的角度，可将其出口增加值中包含的外省增加值（记为 *Ed*）定义为前向关联，将其生产的经由外省出口的增加值（记为 *De*）定义为后向关联，将其出口增加值中包含的经由外省进口的增加值（记为 *Md*）定义为前向关联，将其进口的经由外省出口的增加值（记为 *Dm*）定义为后向关联。

根据前文的分解结果，整理广东省进出口增加值的省域分布情况，如表3-9所示。按各个省区市的数值占比，可得到广东省进出口增加值的省际关联数据（见表3-10）。从其出口增加值中包含的外省增加值（*Ed*）看，江苏、山东、河北、内蒙古、河南五省排在前列，*Ed* 占比均在5%以上；而经由外省出口的增加值（*De*）占比排位靠前的省份是上海（17.09%）、江苏（16.83%）、浙江（13.37%）、北京（8.52%）。从其出口增加值中包含的外省进口增加值（*Md*）看，江苏、上海、山东、天津以

及浙江排位靠前，其中苏、沪、鲁 *Md* 占比都在 13% 以上；而其进口的经由
外省出口的增加值占比排名靠前的省份依然是长三角两省一市与北京，而
且其 *De* 占比与 *Dm* 占比数值相同。

由此可知，广东省国内价值链的前向关联省份主要包括江苏、山东、河
北、内蒙古、河南等，后向关联省份主要包括江苏、上海、浙江以及北京。

表 3-9　广东省进出口增加值的省域分解

省域	出口（万元）		进口（万元）	
	Ed	*De*	*Md*	*Dm*
北京	1351282	860976	235807	382749
天津	1131661	357205	337145	158796
河北	2414106	181687	243953	80769
山西	1846121	89979	64322	40000
内蒙古	2284236	77678	66834	34532
辽宁	1382889	350377	196868	155761
吉林	934271	68930	55464	30643
黑龙江	1431814	110211	112450	48995
上海	1643702	1727958	793584	768168
江苏	3929420	1702013	862091	756634
浙江	1635504	1351362	248878	600752
安徽	1416439	262633	52816	116754
福建	867349	557851	140397	247994
江西	945508	207169	43210	92098
山东	3210716	454675	659417	202127
河南	2214881	178475	84706	79341
湖北	957929	105064	30703	46707
湖南	1670313	83966	32587	37327
广西	1050685	124348	129373	55279
海南	344723	69516	73699	30904
重庆	705414	401949	38327	178687
四川	1052554	198810	46316	88381

省域	出口（万元）		进口（万元）	
	Ed	*De*	*Md*	*Dm*
贵州	648210	74911	10058	33302
云南	753050	130387	26597	57964
西藏	28728	52990	21	23557
陕西	1717535	102512	37656	45572
甘肃	439562	38142	24470	16956
青海	140936	6194	782	2754
宁夏	295160	18022	4328	8012
新疆	902663	164800	140860	73262
合计	39347360	10110790	4793719	4494778

表 3-10　广东省国内价值链的省际关联

省域	出口		进口	
	Ed 占比	*De* 占比	*Md* 占比	*Dm* 占比
北京	3.43%	8.52%	4.92%	8.52%
天津	2.88%	3.53%	7.03%	3.53%
河北	6.14%	1.80%	5.09%	1.80%
山西	4.69%	0.89%	1.34%	0.89%
内蒙古	5.81%	0.77%	1.39%	0.77%
辽宁	3.51%	3.47%	4.11%	3.47%
吉林	2.37%	0.68%	1.16%	0.68%
黑龙江	3.64%	1.09%	2.35%	1.09%
上海	4.18%	17.09%	16.55%	17.09%
江苏	9.99%	16.83%	17.98%	16.83%
浙江	4.16%	13.37%	5.19%	13.37%
安徽	3.60%	2.60%	1.10%	2.60%
福建	2.20%	5.52%	2.93%	5.52%
江西	2.40%	2.05%	0.90%	2.05%
山东	8.16%	4.50%	13.76%	4.50%

续表

省域	出口		进口	
	Ed 占比	*De* 占比	*Md* 占比	*Dm* 占比
河南	5.63%	1.77%	1.77%	1.77%
湖北	2.43%	1.04%	0.64%	1.04%
湖南	4.25%	0.83%	0.68%	0.83%
广西	2.67%	1.23%	2.70%	1.23%
海南	0.88%	0.69%	1.54%	0.69%
重庆	1.79%	3.98%	0.80%	3.98%
四川	2.68%	1.97%	0.97%	1.97%
贵州	1.65%	0.74%	0.21%	0.74%
云南	1.91%	1.29%	0.55%	1.29%
西藏	0.07%	0.52%	0.00%	0.52%
陕西	4.37%	1.01%	0.79%	1.01%
甘肃	1.12%	0.38%	0.51%	0.38%
青海	0.36%	0.06%	0.02%	0.06%
宁夏	0.75%	0.18%	0.09%	0.18%
新疆	2.29%	1.63%	2.94%	1.63%
合计	100.00%	100.00%	100.00%	100.00%

3.3　制造业"双链交互"治理的省域测度

3.3.1　制造业总体

1. 路径偏好

我国制造业的国内垂直专业化指数为 16.41%，国际垂直专业化指数为 33.71%，*DVS* 偏好指数（*Pref_DVS*）为 −17.30%，表明我国制造业从总体上说偏好 *FVS* 路径，通过参与国际垂直专业化生产分工嵌入全球价值链。我国改革开放从沿海地区的制造业开始，然后通过"中部崛起""西部开发"往中西部地区逐步推进。这种渐进式开放开发过程，在制造业价值链治理路径偏好上也得到了体现。表 3-11 显示，我国制造业的 $Pref\_DVS$ 值由沿海向内陆逐渐增加，东部地区的省域均值为 -14.94%，东北三省的省域均值为 -0.18%，中部地区的省域均值为 7.54%，而西部地区的省域均值为 13.55%。说明中西部内陆地区制造业偏好于国内垂直专业化，而沿海地区制造业则相对偏好于国际垂直专业化。在区域层面，东部地区三大区域的 $Pref\_DVS$ 均在 -14% 以下。其中大珠三角 $Pref\_DVS$ 省域均值为 -16.67%，长三角、环渤海地区 $Pref\_DVS$ 省域均值分别为 -14.10%、-14.27%，上下差距在 2.5 个百分点以内。广东省的 $Pref\_DVS$ 全国最低，为 -35.99%，明显偏好于 FVS 路径。中部六省 $Pref\_DVS$ 省域均值为 7.54%，其中山西、安徽两省 DVS 偏好指数分别为 19.60%、13.68%，国内垂直专业化偏好明显。西部地区的大西南、大西北区域 $Pref\_DVS$ 省域均值分别为 15.90%、11.19%，居七大区域前列，其中西藏的 DVS 偏好指数为 43.09%，居全国省域之首，国内垂直专业化偏好度较高。

概括起来，我国中西部地区制造业总体偏好于国内垂直专业化，以西藏最为典型；而东部地区制造业总体偏好于国际垂直专业化，以广东省为代表。

表 3-11　制造业价值链治理的路径偏好

地区			国内垂直专业化指数（DVS,%）	国际垂直专业化指数（FVS,%）	DVS 偏好指数（Pref_DVS,%）
东部	环渤海	北京	34.99	36.75	-1.77
		天津	19.02	38.19	-19.17
		河北	11.70	22.19	-10.50
		山东	6.70	32.35	-25.65
		区域均值	18.10	32.37	-14.27
	长三角	上海	22.00	46.18	-24.18
		江苏	14.99	28.97	-13.98
		浙江	20.69	24.83	-4.14
		区域均值	19.23	33.33	-14.10
	大珠三角	福建	14.66	26.65	-11.99
		广东	9.99	45.98	-35.99
		海南	38.64	40.66	-2.02
		区域均值	21.10	37.77	-16.67
	地区均值		19.34	34.28	-14.94

续表

地区			国内垂直专业化指数（DVS,%）	国际垂直专业化指数（FVS,%）	DVS 偏好指数（Pref_DVS,%）
中部	中部六省	山西	41.51	21.91	19.60
		安徽	28.75	15.08	13.68
		江西	16.29	13.72	2.57
		河南	14.31	11.63	2.68
		湖北	9.82	9.19	0.63
		湖南	15.79	9.71	6.08
	地区均值		21.08	13.54	7.54
西部	大西南	重庆	33.51	17.53	15.98
		广西	17.69	24.42	−6.73
		四川	17.65	13.88	3.76
		贵州	37.71	16.91	20.79
		云南	37.16	18.64	18.52
		西藏	65.75	22.65	43.09
		区域均值	34.91	19.01	15.90
	大西北	陕西	30.79	14.85	15.94
		甘肃	35.78	22.96	12.83
		青海	21.79	9.52	12.27
		宁夏	39.49	15.92	23.57
		新疆	29.05	40.29	−11.25
		内蒙古	30.54	16.76	13.78
		区域均值	31.24	20.05	11.19
	地区均值		33.07	19.53	13.55
东北	东北三省	辽宁	12.84	25.26	−12.43
		吉林	18.45	15.46	2.99
		黑龙江	34.37	25.48	8.89
	地区均值		21.88	22.07	−0.18
全国总体			16.41	33.71	−17.30

2. 参与程度

在制造业的全球价值链参与度上，东部地区大于中西部地区。东部地区的 GVC_pa 省域均值为 29.55%，超过临界值 4.55 个百分点，其中大珠三角、长三角的 GVC_pa 省域均值分别为 33.09%、31.11%，分别居七大区域第一位、第二位。广东省制造业 GVC_pa 达到 44.69%，为全国最高值。由于 GVC_pa 是中间投入需求侧指标，高 GVC_pa 值一方面反映全球价值链嵌入度较深，另一方面说明出口对国外中间品投入的依赖程度较高。中部地区和西部地区的 GVC_pa 省域均值分别为 8.46% 和 13.30%，远低于东部地区。地处大西北的青海 GVC_pa 省域均值只有 4.08%，排在全国 31 个省区市最后一位。

而在国内价值链参与度上，中西部地区明显高于东部地区。东部地区的 NVC_pa 省域均值为 31.79%，其中广东省仅为 12.52%，全国最低。中部六省的 NVC_pa 省域均值为 51.52%，在临界值之上，其中河南、山西、湖南的 NVC_pa 省域均值均在 60% 上下。西部地区的 NVC_pa 省域均值为 57.76%，超过 50% 的临界值 7.76 个百分点。大西南和东北地区分别为 50.11% 和 50.92%，西藏、贵州、云南的 GVC_pa 省域均值均在 60% 以上。大西北地区的 NVC_pa 省域均值为 65.40%，居全国七大区域之首，其中内蒙古、宁夏、甘肃位居全国省域前三。

表 3-12　制造业 NVC/GVC 参与程度

地区			国内价值链参与度（NVC_pa,%）	全球价值链参与度（GVC_pa,%）
东部	环渤海	北京	38.35	34.85
		天津	31.84	32.15
		河北	56.75	10.87
		山东	27.62	25.10
		区域均值	38.64	25.74
	长三角	上海	25.76	43.96
		江苏	23.01	26.23
		浙江	26.14	23.13
		区域均值	24.97	31.11
	大珠三角	福建	21.03	24.66
		广东	12.52	44.69
		海南	54.87	29.91
		区域均值	29.48	33.09
	地区均值		31.79	29.55

续表

地区			国内价值链参与度 （NVC_pa,%）	全球价值链参与度 （GVC_pa,%）
中部	中部六省	山西	61.54	14.41
		安徽	52.31	10.09
		江西	42.41	9.44
		河南	61.81	5.18
		湖北	32.39	6.89
		湖南	58.62	4.77
	地区均值		51.52	8.46
西部	大西南	重庆	42.12	15.25
		广西	43.97	16.62
		四川	28.33	12.08
		贵州	60.38	10.76
		云南	60.05	11.85
		西藏	65.83	22.60
		区域均值	50.11	14.86
	大西北	陕西	65.59	7.38
		甘肃	70.79	10.44
		青海	66.47	4.08
		宁夏	72.50	7.23
		新疆	34.94	36.95
		内蒙古	82.08	4.32
		区域均值	65.40	11.73
	地区均值		57.76	13.30
东北	东北三省	辽宁	35.32	18.75
		吉林	67.64	6.13
		黑龙江	49.80	19.49
	地区均值		50.92	14.79

　　归纳起来，东部地区以广东省为代表，制造业的全球价值链参与度相对较高。而中西部地区制造业的国内价值链参与度相对较高，尤以内蒙古为最。

3. 嵌入方向

在制造业的国内价值链嵌入方向上，东部地区的 GeV_C 和 $NVCP$ 均为负数，可以判断为后向嵌入，以长三角、大珠三角为代表。中部地区的 GeV_C 和 $NVCP$ 一正一负，其中山西、河南、湖南三省的 GeV_C 和 $NVCP$ 均为正数，属于前向嵌入。西部地区的大西北地区 GeV_C 和 $NVCP$ 均为正数，属于前向嵌入；大西南地区的 GeV_C 和 $NVCP$ 均为负数，可以判断为后向嵌入。

从 GeV_C 省域均值观察，制造业 NVC 后向嵌入最为突出的是西藏，其 GeV_C 省域均值为-95.75%，意味着增加值直接出口大约是间接出口的 48 倍。但西藏出口增加值总额仅为 191707 万元，其中间接出口额仅为 4071 万元。因此，后向嵌入最为典型的应该是广东省，其出口增加值总额达到 143795168 万元，居全国之首，其中本地直接出口 134927925 万元，占比为 93.83%；GeV_C 省域均值为-87.67%，仅高于西藏。制造业 NVC 前向嵌入最为典型的是内蒙古，其增加值间接出口占比为 84.52%，本地直接出口占比只有 15.48%，GeV_C 省域均值为 69.04%，为全国 31 个省区市最高。

总体而言，东部地区制造业一般后向嵌入国内价值链，以广东省最具代表性。中西部地区各省份国内价值链嵌入方向不一，但以内蒙古为代表的多数省份都属于前向嵌入。

表 3-13　制造业 NVC 嵌入方向

地区			GeV_C	$NVCP$
东部	环渤海	北京	-67.63%	-0.2360
		天津	-38.94%	-0.0016
		河北	22.35%	0.3565
		山东	-35.66%	0.1516
		区域均值	-29.97%	0.0676
	长三角	上海	-72.59%	-0.1432
		江苏	-68.66%	-0.0371
		浙江	-76.15%	-0.1098
		区域均值	-72.46%	-0.0967
	大珠三角	福建	-75.83%	-0.0553
		广东	-87.67%	-0.0649
		海南	26.95%	-0.0154
		区域均值	-45.52%	-0.0452
	地区均值		-47.38%	-0.0155

续表

地区			GeV_C	NVCP
中部	中部六省	山西	17.49%	0.0532
		安徽	-6.41%	0.1097
		江西	-21.37%	0.1653
		河南	25.36%	0.3792
		湖北	-41.62%	0.1523
		湖南	16.30%	0.3365
	地区均值		-1.71%	0.1994
西部	大西南	重庆	-53.38%	-0.1341
		广西	-10.48%	0.1634
		四川	-64.23%	-0.0208
		贵州	11.55%	0.0954
		云南	12.89%	0.0985
		西藏	-95.75%	-0.5018
		区域均值	-33.23%	-0.0499
	大西北	陕西	30.08%	0.2649
		甘肃	48.77%	0.2843
		青海	31.98%	0.3626
		宁夏	45.84%	0.2704
		新疆	-54.40%	-0.1564
		内蒙古	69.04%	0.4793
		区域均值	28.55%	0.2509
	地区均值		-2.34%	0.1005
东北	东北三省	辽宁	-28.08%	0.1385
		吉林	39.39%	0.4014
		黑龙江	-13.27%	-0.0222
	地区均值		-0.65%	0.1725

4. 省际关联

从表 3-14 中的各项数据看，广东省制造业国内价值链前向关联省份主要是江苏、山东、河南，相应的 Ed 占比分别为 14.52%、11.29%、8.83%；后向关联省份主要是江苏、上海、浙江、北京，相应的 De 占比分别为 16.60%、14.23%、13.96%、10.21%。

表 3-14　广东省制造业 NVC 省际关联

省域	出口		进口	
	Ed 占比	De 占比	Md 占比	Dm 占比
北京	1.07%	10.21%	2.89%	10.21%
天津	2.45%	3.10%	5.77%	3.10%
河北	7.56%	1.38%	6.44%	1.38%
山西	0.58%	0.83%	0.33%	0.83%
内蒙古	3.21%	0.48%	0.89%	0.48%
辽宁	5.08%	3.43%	5.30%	3.43%
吉林	3.31%	0.51%	1.37%	0.51%
黑龙江	1.67%	1.98%	1.82%	1.98%
上海	3.76%	14.23%	14.74%	14.23%
江苏	14.52%	16.60%	20.15%	16.60%
浙江	5.47%	13.96%	5.83%	13.96%
安徽	3.95%	2.49%	1.06%	2.49%
福建	2.35%	5.30%	2.73%	5.30%
江西	3.26%	1.78%	1.12%	1.78%
山东	11.29%	2.84%	17.75%	2.84%
河南	8.83%	1.54%	2.27%	1.54%
湖北	2.73%	0.82%	0.61%	0.82%
湖南	5.49%	0.89%	0.84%	0.89%
广西	2.32%	1.28%	2.23%	1.28%
海南	0.26%	0.52%	1.10%	0.52%
重庆	1.89%	5.13%	0.77%	5.13%
四川	2.58%	3.02%	0.89%	3.02%
贵州	0.87%	0.93%	0.16%	0.93%
云南	1.45%	1.54%	0.47%	1.54%
西藏	0.00%	0.80%	0.00%	0.80%
陕西	1.94%	1.07%	0.43%	1.07%
甘肃	0.85%	0.55%	0.65%	0.55%
青海	0.32%	0.06%	0.02%	0.06%

省域	出口		进口	
	Ed 占比	De 占比	Md 占比	Dm 占比
宁夏	0.53%	0.23%	0.11%	0.23%
新疆	0.41%	2.48%	1.27%	2.48%
合计	100.00%	100.00%	100.00%	100.00%

3.3.2　劳动密集型制造业

1. 路径偏好

作为人口总量超 14 亿人的发展中大国，我国丰富的劳动力资源构成了比较优势，并藉此融入了全球生产与贸易分工体系。改革开放以来，从沿海地区以"三来一补"嵌入全球价值链起步，我国劳动密集型制造业得到飞速发展，至今仍在全国制造业中占有举足轻重的地位。2019 年，规模以上劳动密集型制造业企业资产规模占全国制造业的 26.97%[①]，营业收入占比为 31.41%；平均用工人数为 2929 万人，占比达到规模以上制造业企业平均用工总人数的 41.16%。2019 年，广东省规模以上劳动密集型制造业企业创造增加值 5542 亿元，占比达到 29.08%[②]。

但从表 3-15 中的 DVS 偏好指数看，全国总体 Pref_DVS 为 5.37%，四个地区七大区域的 Pref_DVS 省域均值均为正数，表明劳动密集型制造业在我国似乎已发生了重大变化，价值链治理偏好于国内垂直专业化。其中西部地区的 Pref_DVS 省域均值为 34.36%，为四大板块最高值。中部六省、东北三省和东部地区的 Pref_DVS 省域均值分别为 15.92%、13.00% 和 14.67%，数值比较接近。七大区域中大西北的 DVS 偏好指数最高，为 39.41%，其中西藏高达 64.00%，位居全国省域之首；长三角地区的 DVS 偏好指数最低，为 11.83%。大珠三角地区的 Pref_DVS 省域均值为 13.83%，与长三角比较接近。而广东省劳动密集型制造业 DVS 偏好指数为 -7.37%，稍稍偏向于国际垂直专业化。

---

① 根据《中国统计年鉴（2020）》表 13-2 "按行业分规模以上工业企业主要指标（2019）"中的数据计算得出。

② 根据《广东统计年鉴（2021）》表 12-4 "规模以上分行业工业增加值和增长速度"中的数据计算得出。

表 3-15 劳动密集型制造业的路径偏好

地区			国内垂直专业化指数（DVS,%）	国际垂直专业化指数（FVS,%）	DVS 偏好指数（Pref_DVS,%）
东部	环渤海	北京	65.37	15.43	49.94
		天津	40.78	15.41	25.36
		河北	16.18	9.69	6.49
		山东	4.30	16.42	−12.12
		区域均值	31.66	14.24	17.42
	长三角	上海	42.68	18.72	23.96
		江苏	23.27	13.96	9.31
		浙江	18.00	15.78	2.22
		区域均值	27.98	16.15	11.83
	大珠三角	福建	14.21	14.71	−0.50
		广东	19.08	26.46	−7.37
		海南	65.55	16.17	49.38
		区域均值	32.95	19.11	13.83
	地区均值		30.94	16.27	14.67
中部	中部六省	山西	58.23	9.03	49.21
		安徽	22.33	6.74	15.60
		江西	18.72	6.03	12.68
		河南	8.10	4.55	3.55
		湖北	10.56	6.71	3.84
		湖南	14.71	4.07	10.64
	地区均值		22.11	6.19	15.92
西部	大西南	重庆	45.24	8.39	36.85
		广西	16.95	13.26	3.70
		四川	15.48	6.34	9.15
		贵州	37.11	6.40	30.71
		云南	38.62	7.22	31.40
		西藏	73.94	9.94	64.00
		区域均值	37.89	8.59	29.30

续表

地区			国内垂直专业化指数（DVS,%）	国际垂直专业化指数（FVS,%）	DVS 偏好指数（Pref_DVS,%）
西部	大西北	陕西	43.00	7.44	35.57
		甘肃	52.50	9.16	43.33
		青海	49.09	7.92	41.16
		宁夏	63.30	8.59	54.71
		新疆	55.40	13.03	42.37
		内蒙古	26.10	6.78	19.32
		区域均值	48.23	8.82	39.41
	地区均值		43.06	8.71	34.36
东北	东北三省	辽宁	19.30	11.14	8.16
		吉林	15.12	8.64	6.48
		黑龙江	36.53	12.16	24.37
	地区均值		23.65	10.64	13.00
全国总体			22.15	16.79	5.37

2. 参与程度

从表 3-16 显示的国内价值链参与度数据看，除东部地区略低于 50% 的临界值（为 41.55%）外，中部地区、西部地区和东北地区都高于临界值，在 55% 与 59% 之间，说明各地区劳动密集型制造业都具有较高的国内价值链参与度。其中大西北的 NVC_pa 省域均值为 65.09%，国内价值链参与度位居七大区域之首；长三角的 NVC_pa 省域均值为 34.67%，居于七大区域末位。河南的 NVC_pa 省域均值为 81.46%，全国最高；福建的 NVC_pa 省域均值为 22.32%，全国最低。广东省的 NVC_pa 省域均值与福建省差不多，为 22.79%。

从全球价值链参与度指标看，我国各地区劳动密集型制造业的全球价值链参与程度都不高。东部地区的 GVC_pa 省域均值为 14.16%，居四大地区之首，其中大珠三角的 GVC_pa 省域均值为 17.55%，在七大区域中最高。中部六省的 GVC_pa 省域均值为 3.92%，在四大板块、七大区域中都是最低的，其中河南省的 GVC_pa 省域均值为 0.92%，为全国各省区市的最低值。而广东省的 GVC_pa 省域均值为 25.22%，是超过 25% 临界值的唯一省份，即劳动密集型制造业全球价值链参与度最高的省份。

表 3-16 劳动密集型制造业的 NVC/GVC 参与程度

地区			国内价值链参与度 （NVC_pa,%）	全球价值链参与度 （GVC_pa,%）
东部	环渤海	北京	67.83	14.33
		天津	52.88	12.27
		河北	46.19	6.22
		山东	29.55	12.09
		区域均值	49.11	11.23
	长三角	上海	47.25	17.22
		江苏	31.58	12.44
		浙江	25.19	14.40
		区域均值	34.67	14.69
	大珠三角	福建	22.32	13.32
		广东	22.79	25.25
		海南	69.98	14.09
		区域均值	38.36	17.55
	地区均值		41.55	14.16
中部	中部六省	山西	60.95	8.44
		安徽	55.69	3.84
		江西	37.16	4.67
		河南	81.46	0.92
		湖北	49.26	3.81
		湖南	61.91	1.82
	地区均值		57.74	3.92
西部	大西南	重庆	50.39	7.60
		广西	42.49	9.18
		四川	40.94	4.43
		贵州	57.85	4.29
		云南	50.44	5.83
		西藏	74.04	9.91
		区域均值	52.69	6.87

地区			国内价值链参与度 (NVC_pa, %)	全球价值链参与度 (GVC_pa, %)
西部	大西北	陕西	62.62	4.88
		甘肃	58.77	7.95
		青海	64.99	5.45
		宁夏	69.97	7.03
		新疆	55.96	12.87
		内蒙古	78.25	1.99
		区域均值	65.09	6.69
	地区均值		58.89	6.78
东北	东北三省	辽宁	42.40	7.95
		吉林	72.01	2.85
		黑龙江	53.29	8.95
	地区均值		55.90	6.58

概言之，全国各地区劳动密集型制造业普遍具有较高的 NVC 参与度与较低的 GVC 参与度。广东省劳动密集型制造业的 GVC 参与度相对较高，而 NVC 参与度略低。

3. 嵌入方向

从表 3-17 中的两项指标值判断，全国劳动密集型制造业国内价值链的嵌入方向大多为后向嵌入。如东部地区（10 个省市）的 GeV_C 与 NVCP 省域均值分别为-49.54% 与-0.0983，西部地区（12 个省区市）的 GeV_C 与 $NCVP$ 省域均值分别为-28.44% 与-0.0795。GeV_C 指标值最低的区域为长三角，数值为-68.52%；最高的区域为东北三省，数值为 0.30%。在省域层面，GeV_C 指标值最低的省份是西藏，数值为-95.65%，最高的省份是河南，数值为 63.84%。广东省劳动密集型制造业的 GeV_C 与 NVCP 均为负数，前者低至-83.80%，仅高于西藏（-95.65%）、新疆（-92.30%）。GeV_C 指标值小于零说明间接出口占出口增加值总额的比例小于直接出口占比，意味着本地为其他地区出口而生产的中间品数额小于本地生产并直接出口的产品数额，总体上属于后向嵌入，更靠近国内价值链下游端，反之则相反。河南、内蒙古、吉林、湖南等省份的劳动密集型制造业总体上属于 NVC 前向嵌入，更靠近国内价值链上游端。

总的来说，全国大多数省份劳动密集型制造业属于 NVC 后向嵌入，中西部部分省份为 NVC 前向嵌入。广东省劳动密集型制造业属于后向嵌入，更靠近国内价值链下游端。

表 3-17 劳动密集型制造业的 NVC 嵌入方向

地区			GeV_C	NVCP
东部	环渤海	北京	-43.06%	-0.4059
		天津	-26.10%	-0.0951
		河北	-14.14%	0.2071
		山东	-37.74%	0.2030
		区域均值	-30.26%	-0.0227
	长三角	上海	-63.31%	-0.2545
		江苏	-67.58%	-0.0857
		浙江	-74.67%	-0.0681
		区域均值	-68.52%	-0.1361
	大珠三角	福建	-74.38%	-0.0307
		广东	-83.80%	-0.1225
		海南	-10.64%	-0.3307
		区域均值	-56.27%	-0.1613
	地区均值		-49.54%	-0.0983
中部	中部六省	山西	-64.97%	-0.3717
		安徽	2.99%	0.2374
		江西	-43.89%	0.0693
		河南	63.84%	0.5707
		湖北	-4.06%	0.3014
		湖南	20.82%	0.3769
	地区均值		-4.21%	0.1973
西部	大西南	重庆	-63.43%	-0.2537
		广西	-22.23%	0.1571
		四川	-28.93%	0.1605
		贵州	-6.90%	0.0629
		云南	-38.84%	-0.0953
		西藏	-95.65%	-0.5485
		区域均值	-42.66%	-0.0861

续表

地区			GeV_C	$NVCP$
西部	大西北	陕西	2.87%	0.0474
		甘肃	-43.18%	-0.2514
		青海	2.77%	-0.0190
		宁夏	-11.69%	-0.2502
		新疆	-92.30%	-0.4240
		内蒙古	56.25%	0.4599
		区域均值	-14.21%	-0.0729
	地区均值		-28.44%	-0.0795
东北	东北三省	辽宁	-26.85%	0.1228
		吉林	45.43%	0.4643
		黑龙江	-17.69%	-0.0037
	地区均值		0.30%	0.1944

4. 省际关联

广东省劳动密集型制造业 NVC 前向关联度最高的省份是山东省，其 Ed 占比为 15.82%，Md 占比为 26.65%，这意味着广东省劳动密集型制造业出口包含的外省增加值中来自山东省的占比为 15.82%，广东省劳动密集型制造业出口包含的经由外省进口的增加值中，经由山东省进口的占 26.65%。前向关联度较高的省份还包括河南（Ed 占比为 12.69%）、江苏（Ed 占比为 8.01%，Md 占比为 11.99%）、浙江（Ed 占比为 7.04%，Md 占比为 12.13%）。广东省 NVC 后向关联度高的省份主要是浙江（De 占比为 14.05%）、江苏（De 占比为 12.75%）、上海（De 占比为 11.45%）。

表 3-18　广东省劳动密集型制造业 NVC 省际关联

省域	出口		进口	
	Ed 占比	De 占比	Md 占比	Dm 占比
北京	0.32%	5.56%	0.87%	5.56%
天津	1.49%	2.36%	2.89%	2.36%
河北	4.73%	1.63%	3.92%	1.63%
山西	0.06%	0.68%	0.02%	0.68%
内蒙古	3.25%	0.41%	1.12%	0.41%
辽宁	4.57%	4.53%	4.45%	4.53%

续表

省域	出口		进口	
	Ed 占比	*De* 占比	*Md* 占比	*Dm* 占比
吉林	5.03%	0.80%	3.32%	0.80%
黑龙江	2.89%	3.43%	3.35%	3.43%
上海	2.59%	11.45%	7.45%	11.45%
江苏	8.01%	12.75%	11.99%	12.75%
浙江	7.04%	14.05%	12.13%	14.05%
安徽	5.91%	3.03%	2.19%	3.03%
福建	3.28%	6.85%	4.92%	6.85%
江西	2.46%	2.23%	0.92%	2.23%
山东	15.82%	2.59%	26.65%	2.59%
河南	12.69%	0.49%	4.04%	0.49%
湖北	3.83%	0.78%	1.95%	0.78%
湖南	4.63%	0.63%	0.92%	0.63%
广西	2.67%	1.36%	3.48%	1.36%
海南	0.13%	0.83%	0.40%	0.83%
重庆	1.05%	5.80%	0.44%	5.80%
四川	3.97%	1.86%	1.70%	1.86%
贵州	0.85%	1.07%	0.09%	1.07%
云南	1.16%	2.08%	0.30%	2.08%
西藏	0.01%	1.71%	0.00%	1.71%
陕西	0.99%	1.13%	0.19%	1.13%
甘肃	0.19%	1.32%	0.07%	1.32%
青海	0.10%	0.14%	0.01%	0.14%
宁夏	0.12%	0.34%	0.02%	0.34%
新疆	0.17%	8.11%	0.24%	8.11%
合计	100.00%	100.00%	100.00%	100.00%

3.3.3 资本密集型制造业

1. 路径偏好

与劳动密集型制造业偏好于国内垂直专业化不同,资本密集型制造业价值链治理路径总体偏好于国际垂直专业化,且呈现由内陆向沿海逐渐深化的特征。全国资本密集型制造业 *DVS* 总体偏好指数为 −19.09%，其中东部地区的 *Pref_DVS* 省域均值为 − 21.88%，东北地区的省域均值为 −6.94%，都偏好于国际垂直专业化。中部地区的 *Pref_DVS* 省域均值为 4.73%，西部地区的省域均值为 5.22%，其中大西南的省域均值为 11.43%，都偏好于国内垂直专业化。即沿海地区总体偏好于 GVC，内陆地区总体偏好于 DVS，都与制造业整体的情况相似。

省域层面，大西南（广西除外）、大西北（新疆、甘肃除外）、中部地区（江西、湖北除外）省份都偏好于国内垂直专业化，其中大西南的西藏 DVS 偏好指数为 35.96%，国内垂直专业化偏好度居全国省域之首。东部地区的大珠三角、环渤海、长三角区域省份，以及新疆、辽宁、广西、江西等省份，均偏好于国际垂直专业化。其中广东省的 *Pref_DVS* 为最低值（−35.75%），国际垂直专业化偏好度全国省域最高。而湖北、吉林、黑龙江、甘肃等省份的路径偏好不是特别明显。

一语概之，我国沿海地区资本密集型制造业总体偏好于国际垂直专业化，内陆地区则总体偏好于国内垂直专业化。广东省的国际垂直专业化偏好度相对较高。

表 3–19　资本密集型制造业的路径偏好

地区			国内垂直专业化指数（DVS,%）	国际垂直专业化指数（FVS,%）	DVS 偏好指数（Pref_DVS,%）
东部	环渤海	北京	21.20	39.26	−18.06
		天津	13.06	43.44	−30.37
		河北	9.09	27.55	−18.46
		山东	7.47	40.01	−32.54
		区域均值	12.70	37.56	−24.86
	长三角	上海	19.85	46.34	−26.49
		江苏	15.19	30.43	−15.24
		浙江	23.44	28.59	−5.16
		区域均值	19.49	35.12	−15.63
	大珠三角	福建	18.95	33.86	−14.91
		广东	9.87	45.62	−35.75
		海南	27.86	49.67	−21.82
		区域均值	18.89	43.05	−24.16
	地区均值		16.60	38.48	−21.88

续表

地区			国内垂直专业化指数（DVS,%）	国际垂直专业化指数（FVS,%）	DVS 偏好指数（Pref_DVS,%）
中部	中部六省	山西	35.49	25.02	10.47
		安徽	32.40	19.08	13.33
		江西	13.21	16.24	-3.02
		河南	20.60	17.52	3.07
		湖北	10.56	10.66	-0.10
		湖南	17.76	13.11	4.65
	地区均值		21.67	16.94	4.73
西部	大西南	重庆	31.27	19.29	11.98
		广西	18.62	29.98	-11.36
		四川	20.92	17.69	3.23
		贵州	41.43	24.43	17.00
		云南	36.79	25.01	11.78
		西藏	64.67	28.71	35.96
		区域均值	35.62	24.19	11.43
	大西北	陕西	25.15	16.00	9.15
		甘肃	26.11	28.28	-2.16
		青海	11.90	7.28	4.62
		宁夏	20.63	14.72	5.91
		新疆	17.65	51.49	-33.84
		内蒙古	31.62	21.30	10.33
		区域均值	22.18	23.18	-1.00
	地区均值		28.90	23.68	5.22
东北	东北三省	辽宁	8.69	30.94	-22.25
		吉林	18.91	18.05	0.86
		黑龙江	33.96	33.40	0.56
	地区均值		20.52	27.46	-6.94
全国总体			16.20	35.29	-19.09

2. 参与程度

全国资本密集型制造业的价值链参与情况与其路径偏好特征基本相似，大约为东部地区 GVC 参与度较高，而中西部地区 NVC 参与度较高。其中，大珠三角地区的 GVC_pa 省域均值为 36.62%，超过临界值 11.62 个百分点；长三角的 GVC_pa 省域均值为 33.01%，环渤海的 GVC_pa 省域均值为 29.89%，均超过临界值。而大西北的 NVC_pa 省域均值为 67.14%，超过临界值 17.14 个百分点；大西南的 NVC_pa 省域均值为 50.59%，中部地区的 NVC_pa 省域均值为 48.78%，东北地区的 NVC_pa 省域均值为 43.81%，都在临界值附近。

全国 31 个省区市中，海南、西藏两省的两项指标值均超过临界值，GVC、NVC 参与度相对平衡。广东省资本密集型制造业 GVC_pa 省域均值为 44.14%，NVC_pa 省域均值为 12.79%，意味着全球价值链参与度高而国内价值链参与度低。具有类似情况的还有上海、新疆、北京、天津等省市。甘肃、内蒙古、宁夏的 NVC_pa 省域均值分别为 81.38%、79.23%、73.44%，而相应的 GVC_pa 省域均值分别为 7.12%、6.47%、4.93%，意味着全球价值链参与度低而国内价值链参与度比较高。

简单地说，东部地区资本密集型制造业 GVC 参与度相对较高，而中部、西部地区 NVC 参与度相对较高。广东省资本密集型制造业全球价值链参与度高而国内价值链参与度低。

表 3-20 资本密集型制造业 NVC/GVC 参与程度

地区			国内价值链参与度 （NVC_pa,%）	全球价值链参与度 （GVC_pa,%）
东部	环渤海	北京	25.89	36.92
		天津	27.29	36.33
		河北	55.82	13.39
		山东	23.82	32.94
		区域均值	33.20	29.89
	长三角	上海	24.62	43.59
		江苏	22.13	27.94
		浙江	26.33	27.51
		区域均值	24.36	33.01
	大珠三角	福建	22.14	32.52
		广东	12.79	44.14
		海南	51.78	33.20
		区域均值	28.90	36.62
	地区均值		29.26	32.85

续表

地区			国内价值链参与度（NVC_pa,%）	全球价值链参与度（GVC_pa,%）
中部	中部六省	山西	65.04	13.56
		安徽	45.19	15.47
		江西	44.74	10.34
		河南	61.97	8.39
		湖北	23.26	9.14
		湖南	52.49	7.57
	地区均值		48.78	10.75
西部	大西南	重庆	45.94	15.18
		广西	44.03	20.62
		四川	28.06	16.09
		贵州	57.69	17.65
		云南	63.12	14.59
		西藏	64.71	28.68
		区域均值	50.59	18.80
	大西北	陕西	68.27	6.79
		甘肃	81.38	7.12
		青海	66.91	2.73
		宁夏	73.44	4.93
		新疆	33.61	41.51
		内蒙古	79.23	6.47
		区域均值	67.14	11.59
	地区均值		58.87	15.20
东北	东北三省	辽宁	27.83	24.46
		吉林	57.53	9.46
		黑龙江	46.07	27.27
	地区均值		43.81	20.39

3. 嵌入方向

在资本密集型制造业国内价值链的嵌入方向上，东部地区的 GeV_C 和 $NVCP$ 省域均值均为负数，总体上属于 NVC 后向嵌入。其中，长三角地区的 GeV_C 省域均值为-75.06%，NVC 后向嵌入特征明显。西部地区两项指标值均为正数，总体上属于 NVC 前向嵌入，其中大西北的 GeV_C 省域均值为 41.99%，NVC 前向嵌入特征最为明显。中部地区和东北地区两项指标值的正负不一，按 GeV_C 省域均值判断偏好于后向嵌入。

省域层面，西藏的 GeV_C 省域均值达到 -96.74%，$NVCP$ 省域均值为 -0.4972，均为全国最低值。但其出口增加值总额为 18640 万元，其中间接出口仅为 304 万元，占比为 1.63%，属于比较典型的 NVC 后向嵌入。甘肃的 GeV_C 省域均值为 73.37%，$NVCP$ 省域均值为 0.4948，均为全国最高值，总体上属于 NVC 前向嵌入。广东省出口增加值总额为 44643918 万元，其中间接出口为 3119988 万元，GeV_C 省域均值为 -86.02%，$NVCP$ 省域均值为 -0.0594，总体上属于 NVC 后向嵌入。

简单归纳，东部地区资本密集型制造业总体上是后向嵌入 NVC，西部地区省份则总体上为前向嵌入 NVC。广东省总体上属于后向嵌入国内价值链。

表 3-21 资本密集型制造业的 NVC 嵌入方向

地区			GeV_C	$NVCP$
东部	环渤海	北京	-72.42%	-0.1240
		天津	-37.96%	0.0478
		河北	25.07%	0.3715
		山东	-41.96%	0.1031
		区域均值	-31.82%	0.0996
	长三角	上海	-68.51%	-0.1135
		江苏	-71.82%	-0.0518
		浙江	-84.87%	-0.1663
		区域均值	-75.06%	-0.1105
	大珠三角	福建	-84.01%	-0.1286
		广东	-86.02%	-0.0594
		海南	37.64%	0.1156
		区域均值	-44.13%	-0.0241
	地区均值		-48.49%	-0.0005

	地区		GeV_C	NVCP
中部	中部六省	山西	36.32%	0.2012
		安徽	−35.05%	−0.0600
		江西	−10.57%	0.2292
		河南	27.48%	0.3253
		湖北	−65.29%	0.0460
		湖南	2.79%	0.2546
	地区均值		−7.39%	0.1660
西部	大西南	重庆	−29.11%	−0.0264
		广西	−6.21%	0.1512
		四川	−72.17%	−0.0878
		贵州	5.89%	−0.0168
		云南	30.29%	0.1538
		西藏	−96.74%	−0.4972
		区域均值	−28.01%	−0.0539
	大西北	陕西	39.56%	0.3536
		甘肃	73.37%	0.4948
		青海	34.57%	0.4414
		宁夏	50.92%	0.4432
		新疆	−12.42%	0.0441
		内蒙古	65.93%	0.4367
		区域均值	41.99%	0.3690
	地区均值		6.99%	0.1575
东北	东北三省	辽宁	−38.95%	0.1239
		吉林	18.12%	0.2951
		黑龙江	−18.48%	−0.0763
	地区均值		−13.10%	0.1142

4. 省际关联

广东省资本密集型制造业前向关联度高的省份主要有江苏 (Ed 占比为 13.62%，Md 占比为 15.54%)、上海 (Md 占比为 14.67%)、河北 (Ed 占比为 11.32%，Md 占比为 10.50%)、山东 (Ed 占比为 8.75%，Md 占比为 15.58%) 以及辽宁、湖南、河南等。后向关联度高的省份主要是浙江

（De、Dm 占比均为 19.63%）、江苏（De、Dm 占比均为 17.57%）、上海（De、Dm 占比均为 14.04%）、北京（De、Dm 占比均为 8.65%）、福建（De、Dm 占比均为 4.93%）等。

表 3-22　广东省资本密集型制造业 NVC 省际关联

省域	出口		进口	
	Ed 占比	De 占比	Md 占比	Dm 占比
北京	2.30%	8.65%	4.30%	8.65%
天津	2.67%	2.65%	5.81%	2.65%
河北	11.32%	1.48%	10.50%	1.48%
山西	1.29%	0.84%	0.74%	0.84%
内蒙古	3.69%	0.72%	1.15%	0.72%
辽宁	6.29%	2.95%	7.11%	2.95%
吉林	2.10%	0.44%	0.85%	0.44%
黑龙江	0.82%	1.61%	1.23%	1.61%
上海	5.18%	14.04%	14.67%	14.04%
江苏	13.62%	17.57%	15.54%	17.57%
浙江	4.14%	19.63%	4.21%	19.63%
安徽	2.44%	3.19%	0.67%	3.19%
福建	1.02%	4.93%	1.39%	4.93%
江西	4.47%	1.22%	1.67%	1.22%
山东	8.75%	3.13%	15.58%	3.13%
河南	5.43%	1.40%	1.74%	1.40%
湖北	1.39%	0.97%	0.27%	0.97%
湖南	6.53%	1.48%	1.07%	1.48%
广西	2.02%	1.26%	2.10%	1.26%
海南	0.38%	0.36%	1.65%	0.36%
重庆	2.69%	3.31%	0.85%	3.31%
四川	1.26%	2.67%	0.44%	2.67%
贵州	0.82%	1.19%	0.31%	1.19%
云南	1.81%	1.55%	0.91%	1.55%

续表

省域	出口		进口	
	Ed 占比	*De* 占比	*Md* 占比	*Dm* 占比
西藏	0.00%	0.34%	0.00%	0.34%
陕西	3.01%	0.90%	0.69%	0.90%
甘肃	1.82%	0.28%	1.67%	0.28%
青海	0.65%	0.05%	0.03%	0.05%
宁夏	1.37%	0.19%	0.29%	0.19%
新疆	0.72%	1.01%	2.59%	1.01%
合计	100.00%	100.00%	100.00%	100.00%

3.3.4　技术密集型制造业

1. 路径偏好

以计算机、通信和其他电子设备制造业①为代表，广东省技术密集型制造业在全国占有重要地位，其中又以深圳市最具典型意义。2019 年，广东省规模以上 CCE 制造业企业工业总产值为 41570.06 亿元；营业收入为 40906.46 亿元，占全国的 36.56%。同年，深圳市规模以上 CCE 制造业企业工业总产值为 22373.77 亿元，占广东省的 53.82%。CCE 制造业是深圳市第一大支柱产业，2019 年其工业总产值占到深圳市工业总产值的 59.9%，占深圳市制造业工业总产值的 64.55%。

从全国情况看，以 CCE 为主体的技术密集型制造业相对偏好于国际垂直专业化。DVS 值只有 4.92%，FVS 值为 56.63%，$Pref\_DVS$ 值为 -51.71%。区域均值最高的是大西北地区，$Pref\_DVS$ 值为 -3.22%；最低的是长三角地区，$Pref\_DVS$ 值为 -51.12%。全国 31 个省区市的 DVS 偏好指数均为负数，无一正值。其中最高的是甘肃，$Pref\_DVS$ 值为 -1.83%，路径偏好相对平衡，类似的还有青海、新疆两省。最低的是上海，$Pref\_DVS$ 值为 -73.25%，严重偏好于国际垂直专业化。广东省的 DVS 偏好指数为 -61.92%，国际垂直专业化偏好度仅次于上海市。

---

① 本书将计算机、通信和其他电子设备制造业（Manufacture of Communication Equipment, Computers and Other Electronic Equipment）简称为 CCE 制造业。

表 3-23　技术密集型制造业的路径偏好

地区			国内垂直专业化指数（DVS,%）	国际垂直专业化指数（FVS,%）	DVS 偏好指数（Pref_DVS,%）
东部	环渤海	北京	20.51	61.60	-41.09
		天津	6.17	56.22	-50.05
		河北	27.48	39.71	-12.23
		山东	9.17	47.88	-38.71
		区域均值	15.83	51.35	-35.52
	长三角	上海	4.08	77.33	-73.25
		江苏	2.31	47.14	-44.83
		浙江	6.53	41.81	-35.28
		区域均值	4.31	55.42	-51.12
	大珠三角	福建	4.02	48.22	-44.20
		广东	2.32	64.25	-61.92
		海南	33.98	51.53	-17.55
		区域均值	13.44	54.67	-41.23
	地区均值		11.66	53.57	-41.91
中部	中部六省	山西	34.17	42.17	-8.01
		安徽	13.70	24.54	-10.84
		江西	25.38	34.31	-8.93
		河南	6.87	19.13	-12.25
		湖北	2.04	7.24	-5.20
		湖南	6.27	11.41	-5.14
	地区均值		14.74	23.13	-8.39
西部	大西南	重庆	11.24	33.37	-22.13
		广西	16.16	43.68	-27.52
		四川	9.10	25.53	-16.43
		贵州	38.90	42.46	-3.56
		云南	46.23	49.24	-3.01
		西藏	48.35	51.65	-3.30
		区域均值	28.33	40.99	-12.66

地区			国内垂直专业化指数（DVS,%）	国际垂直专业化指数（FVS,%）	DVS偏好指数（Pref_DVS,%）
西部	大西北	陕西	29.99	34.34	−4.36
		甘肃	43.05	44.87	−1.83
		青海	41.06	43.41	−2.35
		宁夏	41.28	45.31	−4.03
		新疆	44.36	46.71	−2.34
		内蒙古	44.70	49.13	−4.43
		区域均值	40.74	43.96	−3.22
	地区均值		34.53	42.47	−7.94
东北	东北三省	辽宁	25.05	44.58	−19.53
		吉林	38.80	45.86	−7.06
		黑龙江	42.05	46.95	−4.90
	地区均值		35.30	45.80	−10.50
全国总体			4.92	56.63	−51.71

2. 参与程度

东部地区、西部地区和东北地区技术密集型制造业的 GVC_pa 省域均值分别为 50.31%、38.37% 和 44.64%，都远超 25% 的 GVC_pa 临界值，而相应的 NVC_pa 省域均值分别为 17.45%、40.80% 和 37.00%，均低于 50% 的临界值，表明这三大地区 GVC 参与程度相对较高，而 NVC 参与程度相对较低，尤其是长三角、大珠三角两个区域。中部地区技术密集型制造业 NVC_pa 省域均值为 31.12%，GVC_pa 省域均值为 19.61%，均在临界值之下，意味着 GVC 和 NVC 参与度都不算高。

省域层面，全球价值链参与度最高的是上海市，其 GVC_pa 省域均值为 76.23%；最低的是湖南、湖北，其 GVC_pa 省域均值分别为 6.65%、6.70%。国内价值链参与度最高的是宁夏，其 NVC_pa 省域均值为 67.28%；最低的是广东省，其 NVC_pa 省域均值为 3.41%；其次是上海市，其 NVC_pa 省域均值为 5.44%。广东省的 GVC_pa 省域均值为 63.53%，仅次于上海，与上海市技术密集型制造业一样，都属于 GVC 参与度较高而 NVC 参与度较低的省市。

简单地说，除中部地区外我国大部分地区的技术密集型制造业 GVC 参与程度略高，而 NVC 参与程度略低，广东省与上海市是其中的典型代表。

表 3-24 技术密集型制造业 NVC/GVC 参与程度

地区			国内价值链参与度 （NVC_pa,%）	全球价值链参与度 （GVC_pa,%）
东部	环渤海	北京	21.62	60.73
		天津	15.92	50.38
		河北	28.89	38.94
		山东	16.92	43.80
		区域均值	20.84	48.46
	长三角	上海	5.44	76.23
		江苏	12.13	42.40
		浙江	17.27	37.01
		区域均值	11.61	51.88
	大珠三角	福建	11.07	44.68
		广东	3.41	63.53
		海南	41.83	45.40
		区域均值	18.77	51.20
	地区均值		17.45	50.31
中部	中部六省	山西	35.09	41.58
		安徽	54.01	13.08
		江西	31.67	31.42
		河南	11.15	18.25
		湖北	9.42	6.70
		湖南	45.36	6.65
	地区均值		31.12	19.61
西部	大西南	重庆	14.22	32.25
		广西	26.92	38.07
		四川	10.92	25.02
		贵州	53.68	32.19
		云南	46.57	48.94
		西藏	48.35	51.65
		区域均值	33.44	38.02

续表

地区			国内价值链参与度 （NVC_pa,%）	全球价值链参与度 （GVC_pa,%）
西部	大西北	陕西	39.31	29.77
		甘肃	44.99	43.34
		青海	41.10	43.38
		宁夏	67.28	25.24
		新疆	44.48	46.61
		内蒙古	51.80	42.82
		区域均值	48.16	38.53
	地区均值		40.80	38.27
东北	东北三省	辽宁	27.49	43.14
		吉林	41.03	44.19
		黑龙江	42.49	46.59
	地区均值		37.00	44.64

3. 嵌入方向

技术密集型制造业的 NVC 嵌入方向指标值如表 3-25 所示。东部地区、西部地区和东北地区的两项指标值均为负数，国内价值链嵌入方向总体上为后向嵌入。中部地区的两项指标值一正一负，按 GeV_C 值判断总体上属于 NVC 后向嵌入。具有类似情况的还有长三角区域，GeV_C 省域均值为-69.75%、$NVCP$ 省域均值为 0.0341，数值正负不一。

省域层面，GeV_C 值最高的省份为宁夏，达到 71.11%，$NVCP$ 值为 0.1597，总体上属于比较典型的 NVC 前向嵌入。安徽省的两项指标值也均为正数，总体上属于 NVC 前向嵌入。GeV_C 值最低的省份是青海，数值为-99.12%，$NVCP$ 值为-0.3431，总体上属于比较典型的 NVC 后向嵌入。广东省的 GeV_C 值与四川省接近，数值为-93.48%，其 $NVCP$ 值为-0.0117，出口增加值总额为 43543765 万元，居全国第一；增加值直接出口 42125248 万元，占比为 96.74%，总体上属于较为典型的 NVC 后向嵌入。

概言之，东部地区、西部地区和东北地区总体上为 NVC 后向嵌入，广东省是其中的典型代表。中西部部分省份属于 NVC 前向嵌入。

表 3-25 技术密集型制造业的 NVC 嵌入方向

地区			GeV_C	$NVCP$
东部	环渤海	北京	−85.26%	−0.1702
		天津	−52.88%	0.0450
		河北	−88.59%	−0.2193
		山东	−64.33%	0.0012
		区域均值	−72.77%	−0.0858
	长三角	上海	−85.60%	−0.0253
		江苏	−63.78%	0.0752
		浙江	−59.85%	0.0525
		区域均值	−69.75%	0.0341
	大珠三角	福建	−71.50%	0.0344
		广东	−93.48%	−0.0117
		海南	−3.58%	−0.1495
		区域均值	−56.19%	−0.0423
	地区均值		−66.89%	−0.0368
中部	中部六省	山西	−88.66%	−0.2764
		安徽	17.33%	0.3128
		江西	−62.82%	−0.1281
		河南	−87.79%	−0.0186
		湖北	−83.52%	0.0539
		湖南	−7.00%	0.3127
	地区均值		−52.08%	0.0427
西部	大西南	重庆	−88.18%	−0.0700
		广西	−46.34%	−0.0110
		四川	−93.93%	−0.0655
		贵州	26.24%	−0.0418
		云南	−75.89%	−0.3719
		西藏	—	−0.3944
		区域均值	−55.62%	−0.1591

续表

地区			GeV_C	NVCP
西部	大西北	陕西	-39.79%	-0.1060
		甘肃	-54.77%	-0.3142
		青海	-99.12%	-0.3431
		宁夏	71.11%	0.1597
		新疆	-95.47%	-0.3645
		内蒙古	40.95%	-0.2081
		区域均值	-29.51%	-0.1960
	地区均值		-37.93%	-0.1776
东北	东北三省	辽宁	-80.10%	-0.1851
		吉林	-60.51%	-0.2819
		黑龙江	-86.98%	-0.3412
	地区均值		-75.87%	-0.2694

4. 省际关联

在广东省技术密集型制造业的省际关联上，江苏省关联度最高，其反映前向关联的 Ed 占比和 Md 占比分别达到 57.58% 和 54.77%，反映后向关联的 De 占比和 Dm 占比均达到 20.28%。广东省前向关联度高的省市还有上海、天津两市，其 Md 占比分别达到 18.46% 和 8.58%。后向关联度高的省市还有北京、上海、重庆三市，其 De 占比或 Dm 占比分别为 12.13%、9.92%、9.22%。简言之，广东省技术密集型制造业与江苏省双向关联度最高，其次主要是与上海、天津前向关联，与北京、上海、重庆后向关联。

表3-26 广东省技术密集型制造业 NVC 省际关联

省域	出口		进口	
	Ed 占比	De 占比	Md 占比	Dm 占比
北京	1.03%	12.13%	2.55%	12.13%
天津	5.96%	3.77%	8.58%	3.77%
河北	0.14%	2.60%	0.05%	2.60%
山西	0.07%	2.31%	0.02%	2.31%
内蒙古	0.01%	0.06%	0.01%	0.06%
辽宁	0.60%	4.97%	0.39%	4.97%
吉林	0.04%	0.62%	0.01%	0.62%

续表

省域	出口		进口	
	Ed 占比	*De* 占比	*Md* 占比	*Dm* 占比
黑龙江	0.02%	1.09%	0.00%	1.09%
上海	4.29%	9.92%	18.46%	9.92%
江苏	57.58%	20.28%	54.77%	20.28%
浙江	5.24%	2.94%	3.81%	2.94%
安徽	3.20%	0.62%	0.58%	0.62%
福建	4.19%	2.17%	4.19%	2.17%
江西	0.92%	3.22%	0.20%	3.22%
山东	3.22%	4.22%	3.12%	4.22%
河南	2.63%	4.60%	0.46%	4.60%
湖北	1.16%	0.36%	0.07%	0.36%
湖南	3.54%	0.47%	0.21%	0.47%
广西	1.22%	2.08%	0.86%	2.08%
海南	0.30%	1.05%	0.31%	1.05%
重庆	2.14%	9.22%	0.90%	9.22%
四川	1.21%	6.03%	0.33%	6.03%
贵州	0.17%	0.30%	0.02%	0.30%
云南	0.01%	1.00%	0.00%	1.00%
西藏	0.00%	0.31%	0.00%	0.31%
陕西	1.02%	2.74%	0.09%	2.74%
甘肃	0.02%	0.30%	0.00%	0.30%
青海	0.00%	0.05%	0.00%	0.05%
宁夏	0.06%	0.04%	0.01%	0.04%
新疆	0.00%	0.53%	0.00%	0.53%
合计	100.00%	100.00%	100.00%	100.00%

3.4　本章小结

1. 章节主旨

本章采用计量分析方法，通过对价值链治理的路径偏好、参与程度、嵌入方向以及地域关联进行测度分析，从宏观上把握企业"双链交互"治理的现状，回答"何以"实施"双链交互"价值链治理的问题。由于受到数据来源与数据口径限制，本章以广东省为重点进行省域比较分析，以此管窥深圳市制造业"双链交互"治理情况①。

2. 主要结论

基于区域间投入产出数据以及省域出口增加值分解方法，本章从省域总体、制造业总体以及制造业分类三个层面，对"双链交互"价值链治理进行综合测度分析，主要结论归纳如下。

（1）区域层面

第一，从省域总体上说，广大中西部地区偏好于国内垂直专业化，且国内价值链参与度较高。而东部地区多数省份兼顾国内、国际两个循环，无特别明显的垂直专业化路径偏好。

第二，从整个制造业看，中西部地区总体偏好于国内垂直专业化，国内价值链参与度相对较高但嵌入方向不一；东部地区总体偏好于国际垂直专业化，一般是后向嵌入国内价值链。

第三，劳动密集型制造业方面，全国大部分地区偏好于国内垂直专业化，NVC 参与度高而 GVC 参与度低，且大多为 NVC 后向嵌入，更靠近国内价值链下游端。

第四，资本密集型制造业方面，中西部地区多偏好于国内垂直专业化，NVC 参与度高而 GVC 参与度低，且多为 NVC 前向嵌入；东部地区偏好于国际垂直专业化，GVC 参与度高而 NVC 参与度较低，且多为 NVC 后向嵌入。

第五，技术密集型制造业方面，大部分地区偏好于国际垂直专业化，GVC 参与度高而 NVC 参与度低，中西部部分省份属于 NVC 前向嵌入，其他地区总体为 NVC 后向嵌入。

（2）广东省情况

第一，从省域总体和制造业总体上说，广东省价值链治理偏好于国际垂直专业化，国内价值链参与度相对低，主要是后端嵌入国内价值链。前向关联省份主要为江苏、山东、河北、内蒙古、河南，后向关联度省份主要为江苏、上海、浙江、北京。

第二，广东省劳动密集型制造业稍偏国际垂直专业化，GVC 参与度一

---

① 根据《广东统计年鉴（2021）》，深圳规模以上工业增加值占全省的 26%，先进制造业增加值占全省的 34%，高技术制造业增加值占全省的 56%。

般而国内价值链参与度偏低，一般后向嵌入国内价值链。前向关联省份主要是山东、河南、江苏、浙江，后向关联省份主要是浙江、江苏、上海。

第三，广东省资本密集型制造业相对偏好于国际垂直专业化，国内价值链参与度较低，总体为 NVC 后向嵌入。前向关联省份主要是江苏、上海、河北、山东、辽宁和湖南，后向关联省份主要是浙江、江苏、上海、北京、福建。

第四，广东省技术密集型制造业比较偏好于国际垂直专业化，国内价值链参与度略低，且为 NVC 后向嵌入。前向关联省份主要为江苏、上海、天津，后向关联省份主要为北京、上海、重庆。

表 3-27　广东省"双链交互"价值链治理现状

层次	路径偏好		价值链参与度		NVC 嵌入方向	省际关联	
	DVS	FVS	NVC	GVC		前向关联	后向关联
省域总体	低①	高	低	高	后向嵌入	苏、鲁、冀、蒙、豫	苏、沪、浙、京
制造业总体	低	高	低	高	后向嵌入	苏、鲁、豫、冀	苏、沪、浙、京
劳动密集型制造业	偏低	中	偏低	中	后向嵌入	鲁、豫、苏、浙	浙、苏、沪
资本密集型制造业	低	高	低	高	后向嵌入	苏、沪、冀、鲁、辽、湘	浙、苏、沪、京、辽
技术密集型制造业	较低	较高	较低	较高	后向嵌入	苏、沪、津	京、沪、渝

---

① 为方便理解，本书在相应指标数据省际比较的基础上，将偏好度与参与度从弱至强依次排序为较低、低、偏低、中、偏高、高、较高。

第4章　实证考察

——"双链交互"价值链治理的典型案例

4.1　劳动密集型制造业企业

4.1.1　嘉欣丝绸股份有限公司[①]

1. 企业简介

浙江嘉欣丝绸股份有限公司（以下简称嘉欣丝绸）位于"中国绸都"浙江省嘉兴市，主营丝、绸、服装等产品的研发、生产与销售。其前身为1984年创立的嘉兴市丝绸工业公司，1992年更名为嘉兴市丝绸总公司。1993年嘉兴市丝绸总公司联合嘉兴丝织一厂、嘉兴丝绸印染厂、嘉兴丝绸服装总厂、嘉兴丝绸服装设计研究中心等10家企业组建浙江嘉兴丝绸集团公司，并获得对外贸易经济合作部批准，成为以丝绸纺织产品出口为主的综合性集团企业。由于当时我国丝绸行业生产能力过剩，供求关系严重失衡，加上亚洲金融危机导致生丝及丝绸产品价格低迷，企业连年亏损，经营难以为继。1998年，在对浙江嘉兴丝绸集团公司进行整体改组的基础上，发起设立了浙江嘉欣丝绸股份有限公司。

2010年，嘉欣丝绸登陆深圳证券交易所中小板，股票代码为002404，归属行业为"纺织服装、服饰业"。彼时旗下共有15家子公司或控股公司，主营业务收入在全国丝绸行业企业中排名第三，出口收入在全国梭织丝绸服装出口企业中排名第二[②]。2012年设立嘉兴市秀洲区嘉欣小额贷款有限公司，2014年收购浙江金蚕网供应链管理有限公司，2016年成立

[①] 本书选取国内A股上市公司做典型案例分析，相关资料主要来源于相应上市公司在"巨潮资讯网"（http://www.cninfo.com.cn/new/index）发布的首次公开发行股票招股意向书、历年年度报告及其他公开材料，以及大智慧365系统"F10"数据、各上市公司网站资料等。

[②] 资料来源：《浙江嘉欣丝绸股份有限公司首次公开发行股票招股意向书》第105页、第118页。

浙江嘉欣融资租赁有限公司。目前，嘉欣丝绸已形成集研发、制造、外贸、品牌、供应链管理及金融服务、资产经营等多种优势资源和经营手段于一体的综合性丝绸产业体系，成为我国最大的丝绸产品生产与销售企业之一。年销售服装超过 2000 万件，进出口总额超 3 亿美元。目标市场以欧美发达国家为主，遍及五大洲 60 多个国家和地区。

2. "双链交互"价值链治理分析

（1）以出口为导向的全产业链经营

我国是丝绸的发源地，是世界上最早育蚕织绸的国家。从植桑、养蚕到缫丝、织绸、制衣，我国丝绸产业拥有几千年的发展历史与非常成熟的产业链体系。丝绸业以蚕茧为主要原料，植桑养蚕是整个产业链的基础，而后者又与地理环境、气候状况息息相关。因此，世界丝绸产业具有非常典型的地域性特征，主要分布于中国、印度和泰国、越南等东南亚国家以及部分非洲地区，主要集中于我国的浙江、江苏、广东、上海和四川等地。我国是世界上最大的丝绸原料出口国，蚕茧和生丝产量占世界总产量的比例均在 70% 以上[①]，丝绸业是我国可以主导国际市场的少数出口优势产业之一。

嘉欣丝绸改制设立之初就延续了原浙江嘉兴丝绸集团公司的生产经营模式，确立了"以出口为龙头、以实业为基础"的发展战略。"以出口为龙头"就是以欧美发达国家为主要市场、以丝绸产品出口为主要业务的外向型发展，积极拓展国际品牌经销商与香港中间商市场；"以实业为基础"就是整合原浙江嘉兴丝绸集团公司的丝织、印染、设计与制衣资源，坚持从蚕茧收烘、缫丝织绸到成衣制作的全产业链发展。2010 年企业上市时，控股参与公司包括嘉兴茧丝、特欣织造、兴昌印染、亚欣商标印务，以及丝丽制衣、中欣制衣、诚欣制衣、梦欣制衣、金三塔针织、金澳丝针织、金三塔服饰、上海嘉欣丝绸进出口有限公司等，涵盖从蚕茧收烘、茧丝织造、设计研发、印花染色、服装制造、内外销贸易等丝绸业产业链绝大部分环节。

随着"东桑西移"政策的持续推进，西部地区蚕桑产业得到飞速发展，广西宜州就发展成为全国最大的桑蚕生产基地，其桑园面积、鲜茧产量长期保持全国县域第一。为进一步夯实企业的产业链供应链优势，2016年嘉欣丝绸成立广西嘉欣丝绸有限公司，在广西宜州投资建设嘉欣宜州丝

---

① 详见《浙江嘉欣丝绸股份有限公司首次公开发行股票招股意向书》第 102 页。

绸园，强化其作为丝绸原料主产地的聚集功能，打造蚕茧收烘、缫丝加工、茧丝仓储物流以及丝棉被生产基地，同时收购中国茧丝绸交易市场（金蚕网），以大宗商品新零售和供应链金融服务为两翼，完善"网上交易、在线金融、仓储物流、协同贸易、信息门户"五大功能，打造集原料采购、融资支持、成品销售、仓储物流、信息汇集于一体的丝绸原料供应链生态圈，通过全产业链经营增强企业的出口竞争力与抗市场风险能力。

（2）以产品技术研发拓展国际市场

随着科技的进步与现代信息技术的飞速发展，纺织服装业的技术和设备快速升级，我国丝绸业的生产方式与产品结构都发生了巨大变化，自动化、数字化与智能化生产成为一种趋势，丝绸产品也朝着高品质、多元化方向发展。这在一定程度上改变了丝绸业的传统工艺属性，增强了其现代科技与技术创新含量。为规避低水平价格竞争、提高产品附加值水平，嘉欣丝绸以"面料功能化、印染绿色化、服装品牌化、装备信息化"为导向，在加强生产设备与技术装备的高新技术与先进适用技术应用与改造的基础上，不断开发绿色生产新技术、新工艺，研制高附加值的高档丝绸新产品，通过技术研发、自主创新提升企业综合竞争力。公司被认定为省级企业技术中心、省级技术创新示范企业，旗下拥有四家国家级高新技术企业和三个省级高新技术研发中心，具有较强的茧丝绸行业新材料、新产品的研发能力和检测能力。

嘉欣丝绸紧随国际市场潮流与行业发展趋势，通过成立"纺织新材料及功能性面料研究院"，加深与国内知名高校、科研院所的合作，不断强化面料开发与款式设计能力，在生物丝绸、高档功能性丝绸面料及后整理技术等前沿科技，以及超强度蚕丝品种培育、蚕丝纤维的多功能整理、新型环保印染工艺等技术研发与成果转化方面都取得了丰硕成果。公司每年新开发丝绸面料多达300余种。与东华大学、浙江理工大学联合研发的新产品项目分获嘉兴市科学技术进步奖二等奖和三等奖，2019年公司研发的"真丝白皮蛇纹花绉"面料荣获上海面料展最佳生态环保奖，"高防紫外辐射功能丝绸面料"荣获2019年中国华东进出口商品交易会（华交会）创新奖，2017年公司自主研发的"七彩横条剪花"面料荣获中国国际面料设计大赛铜奖。

面料品质与式样决定纺织服装的品质档次。公司凭借在面料研发上的技术优势和不断创新的产品开发策略，逐步走上了中高端化的产品路线。2008年，公司获得中国丝绸协会颁发的"高档丝绸标志"使用证书。"Jiaxing silk"也在国际市场上成为一个较为知名的企业品牌。嘉欣丝绸与众多国际知名服装品牌经销商建立了长期稳定的合作关系，其中包括 BCBG（美国时尚品牌）、Michael Kors（美国奢侈品品牌）、Alain Manoukian（法国时装品牌）、Rene Derhy（法国女装品牌）、MAXSTUDIO（美国时装品牌）、NicoleMiller（法国时装品牌）、Massimo Dutti（西班牙时尚品牌）、ZARA（西班牙服装品牌）、Marc Jacobs（美国时装品牌）等。2007—2009 年，嘉欣丝绸服装出口占公司外销收入的 75% 左右，主要销往欧美高端市场。

（3）以品牌工程重塑双循环

技术开发与自主创新提高了产品科技含量，使得嘉欣丝绸避开了低端产品无序的低价竞争，逐步朝"时装化、差异化、高端化"方向发展。但与我国大多数出口型丝绸企业一样，嘉欣丝绸从事的仍是为国际品牌代工（OEM）或贴牌生产（ODM）业务，盈利处于较低水平。2003—2009年，我国丝绸行业平均利润持续下滑，从大约 3.6% 一直降到 2.6%，此后一段时间一直在 3% 左右的低位徘徊①。我国丝绸出口企业几乎垄断了丝绸原料供给，但利润微薄，而国际品牌经销商却因掌控着品牌与渠道资源赚走了大部分利润。为进一步提高产品附加值，除继续加大面料、印染等技术创新力度外，还必须在自有品牌的开发建设与推广方面积极作为、有所建树。

嘉欣丝绸地处"中国绸都"浙江嘉兴，传承江浙地区千年蚕桑文化，在创立自主品牌上有着矢志不渝的追求。以嘉兴历史名胜命名的高档真丝家居品牌"金三塔"，深耕国内市场三十余年，真丝内衣、真丝家居服装产品独树一帜，拥有良好的品牌基础与市场影响力。1995 年"金三塔"真丝针织服装荣获"首届国货精品金奖"，1997 年被评为"中国丝绸行业名牌产品"，2003 年被评为浙江省名优丝绸产品，2004 年被评为"浙江名牌"，2006 年荣获"全国丝绸产品创新金奖"，2007 年被评为"浙江省著名商标"，2011 年荣获"浙江老字号"称号，2015 年被评为"中国十大丝绸品牌"之一，2016 年成为"浙江省时尚产业第一批重点培育品牌"。

丝绸被誉为"纤维皇后"和"人体第二肌肤"，因其具有雍容华贵、飘逸轻柔的特点，备受人们喜爱。随着经济的发展、消费升级以及人们生活水平提高，国内丝绸消费逐年增长，市场广阔。为提高产品附加值与盈利水平，推广自有品牌、推动公司转型发展，2008 年 3 月，嘉欣丝绸成立浙

---

① 资料来源：《浙江嘉欣丝绸股份有限公司首次公开发行股票招股意向书》第 107 页。

江嘉欣金三塔丝绸服饰有限公司，通过多种途径建立和完善"金三塔"品牌的营销网络。2010 年公司成功上市后，大力推行以研发和品牌为动力的发展战略。以扩大国内贸易份额为重点，以增强自主创新实力为支点，把准内销方向、优化产品布局，循序渐进培育优质内销客户，努力提高市场知名度与美誉度，着力将"金三塔"塑造为高档优质丝绸标志性品牌。

2011 年又创立高档时尚女装品牌"玳莎"（DISETA）。以"自由时尚美学"的品牌精神，坚持"小细节，大不同"的设计理念，着力开发 OL、Relax、Elegant 三大系列女装，展示优雅别致、精致华贵的女性魅力，主要采用线下直营方式，打造突出职业女性时尚气质的高级女装品牌。2012 年，"金三塔"和"玳莎"双品牌战略布局基本成型，销售渠道得到拓展，市场占有率逐步提高，销售也实现了翻倍增长。2013 年推出"金三塔"子品牌"妮塔"，将法式浪漫主义与东方丝绸完美融合，面向现代都市新女性主打电子商务市场。同年，收购"艾得米兰"品牌与渠道。2014 年，嘉欣丝绸已形成三品牌经营格局。其中"金三塔"品牌线上线下同步运行，电商子品牌"妮塔"市场份额快速增长；"玳莎"品牌店铺布局不断优化，"艾得米兰"品牌经营也走上了正轨。当年三大品牌内销营业额为 1.2 亿元，实现了 21% 的年度增长。

嘉欣丝绸作为外向型企业，境外营收占比长期保持在 75% 以上。2007 年，嘉欣丝绸的境内营收占比只有 23%。以自有品牌拓耕内销市场的营销策略，促进了结构调整与公司的发展转型。2019 年，嘉欣丝绸境外营收占比下降到 53%，境内营收占比上升到 47%，相比 2007 年提高了 1 倍，基本扭转了主营业务收入严重依赖出口的局面（见图 4-1）。2020 年，受新冠肺炎疫情突发带来的内销不畅、出口受阻、生产订单不足等问题影响，嘉欣丝绸的营业收入相比 2019 年下降了 24%。其中，境外市场营收下降 33%，占营收总额的比例下降到 47%；境内市场营收下降 14%，营收占比达到 53%，首次超越了境外市场的营收占比。2021 年，嘉欣丝绸的营收增长 42%，其中境内营收增长 51%，占比达到 56%（见表 4-1）。

此外，嘉欣丝绸在自主品牌"出海"上也有长远谋划。早在 2008 年 6 月，嘉欣丝绸与海洋集团控股有限公司（Oceanic Group Holdings Ltd.）签订协议①，就"金三塔"品牌服装在北美、欧盟的市场开发进行战略合作。在自主品牌内销市场拓展稳步推进，以及中美贸易摩擦不断升级的背景

---

① 详见《浙江嘉欣丝绸股份有限公司首次公开发行股票招股意向书》第 122 页。

下，2019 年，嘉欣丝绸开始在东南亚地区进行供应链布局与建设，包括在柬埔寨收购服装生产企业，在缅甸投资建设服装生产基地，等等。力图发挥技术研发与品牌优势，充分利用当地丰富的劳动力资源与税收优惠政策，降低生产与贸易成本、规避欧美国家贸易壁垒，逐步形成国内基地主导价值链高端环节、东南亚国家基地进行服装生产加工的协作局面，为重构企业国际化发展策略、打造双循环新发展格局奠定基础。

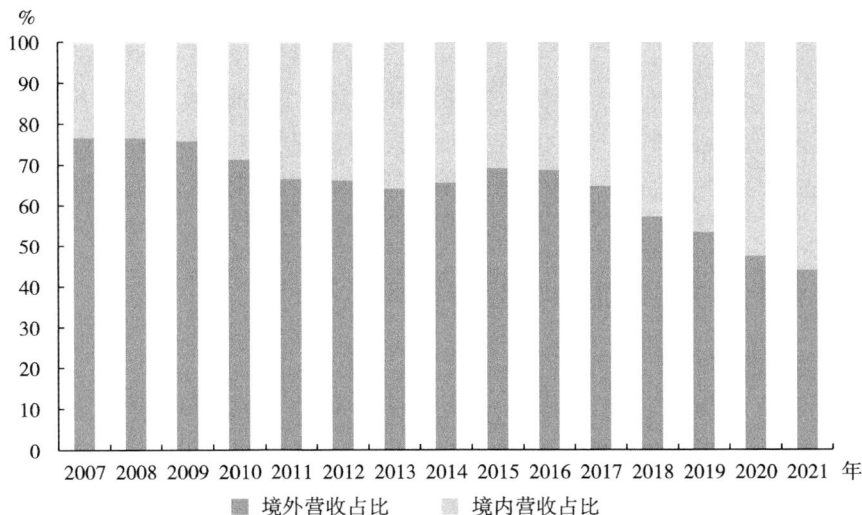

图 4-1 嘉欣丝绸境内外营收结构变化

表 4-1 嘉欣丝绸境内外市场营收变化

年份	境外		境内		合计（万元）
	营业收入（万元）	占比	营业收入（万元）	占比	
2007	129130	77%	39332	23%	168462
2010	115762	71%	46580	29%	162342
2013	116262	64%	65088	36%	181350
2016	154840	69%	70516	31%	225356
2019	183817	53%	160030	47%	343847
2020	123358	47%	136924	53%	260282
2021	163115	44%	206372	56%	369487

资料来源：嘉欣丝绸招股意向书与各年年度报告。

3. 启示与借鉴

嘉欣丝绸是劳动密集型企业"以外循环拓展内循环",逐步过渡到"二级双循环"的典型。其价值链治理及融通双循环的经验借鉴与启示可以归纳为以下两点。

第一,以技术研发为支撑、以品牌营销为牵引的升级路线。即在传统的 ODM/OEM 业务基础上,以技术进步与产品研发提高生产效率及产品品质,以自主品牌营销提高产品附加值,逐步实现价值链微笑曲线双侧升级。

第二,以内循环培育品牌,以外循环重构全球价值链。即以国内市场培育与打造自主品牌,借助 ODM/OEM 业务积淀推动自主品牌"出海",在劳动力资源丰富的东南亚国家投资建厂,形成以我为主的丝绸业全球价值链。

4.1.2　曲美家居集团股份有限公司

1. 企业简介

曲美家居集团股份有限公司(以下简称曲美家居)注册地为北京市,主要从事中高档家具及配套家居饰品的设计、生产和销售业务,为消费者提供全屋家具和家居用品解决方案。公司产品以木质家具为主,涵盖客厅、书房、卧室、餐厅等居家生活家具,以及其他相关家居产品(如床垫、灯具、家居饰品等)。公司成立于 1993 年,1998 年改制为"北京曲美家具有限公司",2011 年整体变更为股份有限公司。2015 年 4 月在上海证券交易所主板上市,股票代码为 603818,归属行业为"家具制造业"。2015年 7 月,公司名称变更为"曲美家居集团股份有限公司",加速从家具制造企业向生活方式服务商转型。

曲美家居是行业内少数具备全品类家具产品研发、设计和生产能力的品牌家居企业。其产品以生活美学、健康环保、品质出众为核心竞争优势,产品线涵盖成品家具、定制家具、软装饰品等。在风格上以北欧家居设计特征为主,包含中式复古、新中式、轻奢、简意、简美等多元化系列产品。其独创的生活馆模式融合了曲美家居对生活美学和生活方式的理解,将全线产品、全屋设计服务和新零售模式进行有机结合,为客户量身定制全屋家居空间和生活方式,满足消费者一站式的家具和家居用品购物需求。曲美家居在国内拥有超过 1000 家门店。公司被工业和信息化部评为"智能制造试点示范企业",被中国质量检验协会评为"全国家居行业质量领军企业",并先后获得"家居行业标杆品牌""中国十大家居示范品牌""中国家居行业领军品牌""家居绿色环保推荐品牌"等荣誉称号。

2. "双链交互"价值链治理分析

（1）以研发设计塑造品牌气质

从实用与适用到精神与审美，家具家居行业已经进入美学时代。功能性需求叠加越发重要的个性化与艺术性追求，使得研发设计能力不仅决定产品风格与家居气质，而且成为家具家居企业核心竞争力所在。曲美家居秉持"原创设计"的理念，高度重视研发设计、产品创新与艺术表达，通过触摸消费者需求、把握市场发展潮流、坚持原创设计与创新，不断为家具家居产品注入美学元素和艺术理念，努力使其成为传达现代生活美学的艺术载体，逐渐使得"曲美"发展成为国内独具研发创新能力与美学影响力的家居品牌。

公司的实木弯曲和高频弯曲技术设计与生产能力处于世界领先地位。1993 年公司成立后推出的系列产品（如"艺树空间""维格"等），凭借独树一帜的弯曲木工艺美学设计大受好评，促进了后来企业更名（曲美家具）与业务拓展，使其从单一的弯曲木沙发扩展到餐桌椅、床、床几等多元化产品，业务范围从北京逐步拓展至全国 60 多个城市。1999 年国际设计联盟成立后，公司与丹麦设计师汉斯（Hans Sandgren Jakobsen）合作，推出"丹麦生活"系列产品，以纯正北欧风格引领品质化生活方式，标志着"以设计引领发展"经营战略的正式确立，公司产品开始从单一工艺向系列化方向转变。

其后公司与丹麦、法国、美国、亚太以及国内设计机构及设计界翘楚合作，先后推出一系列深受欢迎的原创性家具产品。如与丹麦鹈鹕设计事务所（Pelican Design Studio）合作，推出 SOHO 家庭办公系列；与丹麦邦纳利克设计所（Henrik B Sosrensen）合作，推出"橡皮糖"和"经典空间"系列软体家具；与法国 P&P 设计所（Pagnon & Pelhaitre Design）合作，推出"蜗牛""圆点""艺空间""猫耳朵"沙发等家具产品；与国际著名设计师盖瑞斯（Gareth Griffiths）合作，推出"古诺凡希"北欧经典系列；联合北京仲松建筑景观设计所，推出"万物"系列家具，展现"和谐中正"的东方之美；联合国内著名设计师吴桐、袁媛，分别推出"如是·中国家""自在空间"等系列家居产品。

设计团队的丰富经验与知名设计师的杰出理念充分融合，丰富了曲美家居产品的艺术风格，塑造了曲美品牌的美学气质，强化了公司在国内家居行业的领先地位，也给公司带来了一系列产品设计荣誉。家具产品多次获得"中国创新设计红星奖"，如 2011 年的"绝色大丽花"沙发，2013 年的"豌豆公主"休闲椅和"涟漪"屏风，2014 年的"蜂巢"和"旋律"休闲椅，等等。2016 年，"方圆"茶几荣获"中国创新设计红星奖"。公司还获得了"中国家具最佳原创设计奖""中国家具展摩登上海时尚家居展—大会设计创意奖"。2017 年"我爱瑜伽"系列之卷挑桌、"波光生活"系列之格调沙发荣膺"中国创新设计红星奖""中国家具产品创新奖"。2018 年荣获"中国家博会优秀设计奖—方形餐桌优胜奖"。

（2）以渠道建设夯实发展基础

家具产品具有消费的区域性与生产的定制性特点，是个性化设计、规模化生产与标准化组装的统一。高效的销售网络与优质的店面资源，是决定家具企业生存与发展的关键因素之一。为确保公司产品能快速推向全国市场，曲美家居采用直营销售、经销商与网络销售组合方式，打造多渠道销售体系抢占市场先机。目前公司的全国经销商超过 300 家，专卖店超过 600 家，覆盖全国各地 300 多个城市。公司对经销商进行统一培训管理，保证"曲美"家具专卖店统一的店面形象与服务标准，并建立了全国性的售后服务体系。

在从家具制造企业向生活方式服务商转型的过程中，曲美家居以用户体验为中心，创设并不断迭代品牌独立店（直销店）模式。1997 年，公司在北京开设第一家品牌独立店，以独特的店面形象和店内陈设设计，诠释企业外在形象与内在品质。1999 年，公司打造了第二代品牌独立店，以"黑色概念"展现"曲美"家具产品风格与企业形象。2007 年，公司的第三代品牌独立店被赋予了更多的时尚元素和文艺气质。2014 年，品牌独立店迭代到第四代，由国内著名设计机构操刀打造"万字纹"家居空间，传递曲美家居"平易、雅正、精致"的美学理念，展示公司由家具企业向时尚家居品牌转型的新形象。经过数次迭代与创新，品牌独立店已成为公司品牌推广、家居体验、产品销售的重要平台。

以覆盖全国各大城市的实体专卖店为基础，2009 年 6 月"曲美家具 e 世界网络商城"上线，推行线上线下相融合的营销方式，公司开始向 O2O（Online To Offline）电子商务模式发展。公司还与天猫商城、京东商城、苏宁易购等网络平台合作，丰富网络销售渠道、构建 e 彩家居空间，为消费者打造 24 小时线上平台。同时，在实体店设立家居体验馆或独立的线下体验店，完善"线上互动+线下体验"融合互动的销售模式。根据家居产品消费特点与消费升级转型趋势，为满足消费者个性化、多样化需求，曲美家居于 2012 年推出智能化家居定制平台，本着"你的家，你做主"的思想，将高端定制服务与消费者自主设计结合，从空间设计、家具美学到家居品饰，为消费者量身打造高品质"私享生活"，丰富家居企业的业务领域与服务理念。

（3）以海外并购畅通国内国际双循环

曲美家居原先是一家以国内需求为基础的家具企业。2012—2014 年，国内销售收入占主营业务收入的比例在 98%[①]以上，国外营收占比不及 2%。2015 年上市后，公司调整家具经营赛道，全面向时尚家居品牌转型，致力于引领简约、舒适、自在、可持续发展的现代生活方式，为全球消费者提供时尚、环保、高质的现代家居产品。这就有必要打通外循环，建构全球化的产业链供应链体系。

2018 年 9 月，曲美家居完成对挪威上市公司 Ekornes ASA 的要约收购，通过境外子公司持有其 100% 股份[②]，从而迈出了品牌全球化扩张的第一步。Ekornes ASA 设立于 1992 年，总部位于挪威艾克尼斯市（Ikornnes），是一家全球化的家具制造销售企业。公司采用自动化、柔性化技术进行智能生产，主要设计制造躺椅、沙发和床垫类产品。旗下拥有 Stressless、IMG、Svane 和 Ekornes Contract 四大品牌。其中，Stressless 是全球著名的高端舒适椅品牌，以"全世界最舒服的椅子"享誉全球 50 余年。Svane 是挪威历史悠久的床垫品牌，市场主要分布在北欧、中欧国家。Ekornes Contract 主要面向酒店及办公市场生产躺椅。IMG 主要生产各种躺椅系列和沙发，品牌定位低于 Stressless，产品主要销往澳大利亚、新西兰和亚洲部分地区。

Ekornes ASA 的营销体系兼具区域特色与全球化视角。其在全球建立了完备的供应链网络，在全球拥有 21 家销售子公司和 9 家工厂，覆盖了世界主要家具市场。截至 2018 年底，Ekornes ASA 在全球拥有 5394 家门店，其中欧洲 2269 家门店，亚太 1273 家门店，北美 1422 家门店，其他地区 430 家门店[③]。从品牌分布看，Stressless 产品在北欧市场通过家具连锁企业和独立零售商销售，在南欧、北美、英国、爱尔兰、澳大利亚、新西兰等地区通过当地零售商销售，在日本由当地著名百货公司、家具连锁企业和家具

---

① 详见《曲美家居集团股份有限公司首次公开发行股票招股说明书》第 307 页。
② Ekornes ASA 于 2018 年 10 月 2 日从挪威奥斯陆证券交易所退市。
③ 资料来源：《曲美家居集团股份有限公司 2018 年年度报告》第 19 页。

零售商销售。亚太其他地区则通过进口商组织销售。IMG 产品一般由各地销售分公司负责销售，在未设有销售分公司的区域则通过当地的家具零售商销售。

曲美家居全资收购 Ekornes ASA 后，在全球拥有了超过 6400 家零售终端，为公司全球化经营打下了坚实基础。通过整合 Ekornes ASA 现有业务资源与渠道资源，在品牌布局、市场开拓、产品研发、供应链管理、生产制造等方面加强内部整合与综合协调，可以助力曲美家居拓展海外市场、完善业务布局，升级智能制造、提升品牌影响力，加速向全球性生活方式综合服务商转型，占领全球家居业价值链高端位势。为此，公司一方面适应国内消费升级趋势，加强 Stressless 等品牌在国内市场的业务拓展；另一方面优化 Ekornes ASA 全球供应链与渠道资源，推动曲美家居国内品牌产品开拓国际市场，扩大市场规模、完善营收结构、增强企业盈利能力。2021年，曲美家居实现主营业务收入 50.73 亿元。其中，Stressless 产品占比为47%，曲美产品占比为 35%，IMG 产品占比为 12%，Svane 产品占比为 4%。境外营收为 32.14 亿元，占主营业务收入的比重达到 64.59%（见表 4-2 和图 4-2）。

表 4-2　曲美家居境内外市场营收变化

年份	境外		境内		合计（万元）
	营业收入（万元）	占比	营业收入（万元）	占比	
2012	1280	1.39%	90648	98.61%	91928
2015	853	0.68%	124103	99.32%	124956
2016	837	0.51%	164388	99.49%	165225
2017	487	0.25%	198090	99.75%	198577
2018	92796	33.41%	184985	66.59%	277781
2019	245049	58.95%	170660	41.05%	415709
2020	253323	60.72%	163896	39.28%	417219
2021	321438	64.59%	176189	35.41%	497627

资料来源：曲美家居招股说明书与各年年度报告。

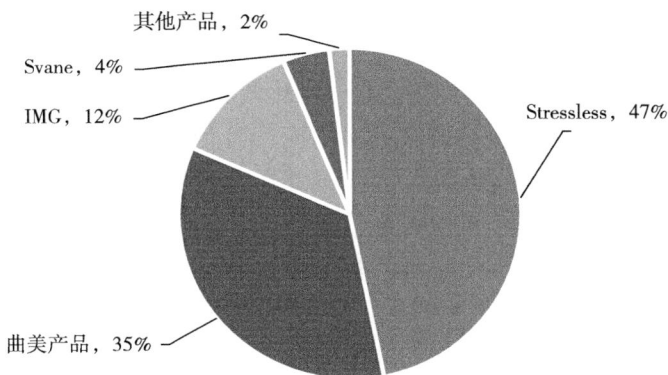

图 4-2 曲美家居不同品牌产品营收占比（2020 年）①

3. 启示与借鉴

曲美家居是劳动密集型企业"以内循环拓展外循环，参与二级双循环"的典型。其价值链治理及融通双循环的借鉴与启示可以归纳为以下两点。

第一，紧紧抓住价值链的三个关键环节（设计、品牌和渠道），以研发设计塑造品牌气质，以渠道建设夯实发展基础，通过国内价值链打造企业核心竞争力。

第二，通过跨国并购完善品牌矩阵、促进技术进步，强化国内大循环主体，并建构全球化的供应链体系与渠道网络，融入全球价值链与国际外循环，在"内外融合"与"双链交互"中构建新发展格局。

4.1.3 爱仕达股份有限公司

1. 企业简介

爱仕达股份有限公司（以下简称爱仕达）前身为 1978 年创建于浙江温岭的农机五金修配厂。1986 年更名为"温岭县金属制品厂"，开始从事炊具生产与销售。1993 年出资控股设立"浙江台州东方金属制品有限公司"，次年更名为"浙江台州爱仕达电器有限公司"，主营炒锅、煎锅、压力锅、汤奶锅、套装锅等炊具及其配件，以及电压力锅、电磁炉等厨房小家电产品的研发、生产和销售。2007 年整体变更为"浙江爱仕达电器股份有限公司"，主营业务未发生重大变化。2010 年 5 月在深圳证券交易所中小板上市，股票代码为 002403，归属行业为"金属制品业"。2019 年 11 月更名为

---

① 资料来源：大智慧 365 系统"F10 资料—主营构成"。

"爱仕达股份有限公司"，经营范围从炊具、家用电器扩展到工业机器人和智能制造等业务领域。公司主要进行自主品牌经营和为国际知名企业贴牌生产，产品结构偏重于炊具，其他收入占比较低。

爱仕达具有深厚的炊具研制技术积淀，拥有浙江温岭、湖北安陆、浙江嘉善三大生产基地，总面积达 2500 余亩，是全球规模最大的炊具研发制造企业之一，产品远销美洲、欧洲、亚洲和大洋洲、非洲的多个国家和地区。公司是"中国炊具行业卓越企业""中国轻工业行业十强企业""中国质量诚信企业""不锈钢产品国家出口免验企业""浙江省工业行业龙头骨干企业""浙江省工业循环经济示范企业"，先后获得中国机电产品进出口商会"推荐出口品牌""中国最具竞争力十大民族品牌""中国 100 最具价值驰名商标""中国民营企业制造业 500 强"等荣誉称号。

2. "双链交互"价值链治理分析

（1）以自主创新与品牌锻造打造核心竞争力

作为全球领先的厨房炊具与小家电制造企业，爱仕达以科技引领、技术研发为基础，始终将产品创新与品牌锻造作为企业发展的核心动力。公司是国家级高新技术企业、智能制造试点示范企业，拥有国家级 CNAS 检测中心、省级企业研究院，自主研发能力与制造工艺水平达到国内领先、国际先进水准。截至 2021 年 12 月底，公司共获得国家专利授权 1537 项，其中包括发明专利 66 项，主持或参与起草"无油烟炒锅"等国家标准 13 项。在多层复合材料、无余量精密成形、连体制造、硬质氧化、小流量排气防溢出等炊具研制与厨电设计上，都具有自主知识产权与核心技术优势。公司紧跟时代潮流与消费趋势，围绕新产品、新材料、新工艺，以技术研发与产品创新撬动市场。先后推出的"六保险、八保险压力锅""硬质氧化不粘锅、陶瓷不粘锅""无油烟锅""不锈钢铁锅"等基本都属于国内首创、引领市场的创新性产品。2016 年推出的"IH 智能旋风铁釜电饭煲"采用空气旋涡搅拌和双球破泡专利技术，实现了饭煲连续沸腾加热，使得每颗米粒都均匀吸水、充分翻滚，大大提高了米饭口感。2021 年推出的"魔法石无油烟炒锅"采用"高温冻氧""钛熔射"等技术，耐磨性达到"百万次摩擦不露底"，号称"能用铁铲的不粘锅"，又一次填补了市场空白，并以此获得"中国家电行业磐石奖品质标杆奖"。

爱仕达的技术水平与制造能力广受市场认可，先后与世界 50 多家知名炊具企业，建立了长期代工与贴牌生产合作关系，其中包括德国 Berndes、法国 Le Creuset 和美国 Calphalon 等世界一线炊具品牌。本着"创百年民族品牌"的目标与追求，公司在设立之初就树立了品牌经营的思路，并自1998 年开始在国家商标局先后注册了"ASD""爱仕达"等系列商标 42件，创立自主品牌。后来又陆续在美国、加拿大、日本、韩国、新加坡、新西兰等多个国家和地区申请注册了"ASD"商标。2004 年"爱仕达"被国家工商总局评为"中国驰名商标"，2006 年被中国品牌研究院评定为"中国 100 最具价值驰名商标"。2009 年公司多元化品牌战略启动，确立了"ASD""爱仕达""艾美龙""成大厨"四大品牌。2012 年获得"最具流行魅力炊具品牌奖"。自 2011 年开始，公司聘请影视明星孙俪作为品牌代言人，着力提升公司品牌知名度，塑造良好的社会形象。为更好地贴近市场、服务客户，爱仕达高度重视销售渠道与服务网络建设。目前公司营销体系覆盖了全球主要国家和地区，国内延伸到三四线城市与部分中小城镇。电商业务覆盖天猫、淘宝、京东、苏宁易购、唯品会等主流平台，并大力发展抖音、快手、淘宝直播、云集等直播电商和社群电商渠道。公司的"800和 400 服务中心""各办事处、维修点、各地商超"等，组成了完善的服务网络，能够为消费者提供快捷、便利、优质的售后服务。

（2）依托技术联结、归核并购推动企业转型升级

2015 年，爱仕达开始了企业转型升级历程。公司基于炊具及家电制造方面的资源优势，以产业协同与归核拓展为出发点，确定了"全球一站式生态家居用品及服务整体解决方案品牌商"的战略定位，全面布局家居用品，大力发展智能炊电，优化品类品牌格局，逐步从炊具向家居用品、从生产商向品牌商转型。《中国制造 2025》发布后，为顺应中国制造业升级趋势与浙江省"机器换人"工程要求，全面提升公司智能化、自动化制造水平，2016 年 9 月，爱仕达收购了浙江钱江机器人有限公司 51% 的股权，通过引进工业机器人设备建设智慧工厂，在技术研发、生产制造、销售服务等环节加快布局，加码智能制造、打造智慧生态链。坚定实施智能炊电和智能制造"双轮驱动"战略，"以智能炊电促升级，以智能制造促转型"。

在人口老龄化、劳动成本上升以及科技进步的推动下，"机器换人""智能制造""智慧工厂"是中国制造业升级的大方向。浙江钱江机器人有限公司主营工业机器人的研发、制造与销售，具有工业机器人集成应用技术与完整生产能力，达到国内领先水平且拥有自主知识产权。其生产的Scara、Delta、六自由度等全系列工业机器人产品，负载范围涵盖 4kg 至800kg 区间，可用于焊接切割、打磨抛光、喷涂、分拣装配、上下料、搬运码垛等操作领域，已在汽车、新能源、消费电子、五金、数控机床、物流

等行业得到广泛应用。爱仕达并购浙江钱江机器人有限公司，不仅推动了公司的智造转型与智慧升级，有助于提升生产效率、做大做强做精主业，而且为公司培育了新的利润增长点，有利于提升经营业绩、增强公司整体实力和市场竞争优势。2017 年至 2021 年，公司机器人业务营收从 4785 万元增长到 25068 万元，营收占比从 1.56% 上升到 7.15%，其中，2020 年公司机器人业务营收占比达到 9.62%，高于 9.51% 的小家电业务营收占比。公司未来将进一步加大机器人控制和应用技术的研发投入，建立上海研发中心，建设温岭东部数字化机器人生产工厂，不断完善工业机器人产品矩阵。

（3）统筹两个市场协调国内国际双循环

爱仕达是国内炊具行业的领导企业之一，也是我国最大的炊具生产和出口企业之一。公司统筹两个市场、利用两种资源，坚持内外协调、双管齐下的市场战略。一方面，积极维护并拓展传统 OEM/ODM 等外贸业务，不断加大自有品牌产品外销推广力度，推动企业境外营收稳步持续增长；另一方面，基于国内消费水平、需求结构与科技发展变化，加强自主研发、产品创新、品牌宣传与渠道建设，深耕国内大市场、稳固企业基本盘。在此基础上，公司根据国际国内经济环境状况灵活调整、相机决策、协调内外，以实现企业内外销营收动态均衡、公司总营收稳定增长的经营目标。

2007 年至 2021 年，爱仕达内外销营收总额从 14.75 亿元增长到 33.92 亿元，年均增长 7%。其中，2009 年受国际金融危机影响，公司外需下降，外销营收下滑 18%，而内销营收增长 3%，使得总营收仅下降 9 个百分点（见表 4-3）。2011 年，美国市场尚未恢复，欧洲又爆发主权债务危机，欧美市场消费信心与消费能力面临双重打压，使得公司外销营收下降了 5%，于是公司审时度势及时将营销重点转向国内，实现了 21% 的内销营收增长，总营收增长 7%。2020 年，新冠肺炎疫情突发，公司境内外营收均大幅下滑。2021 年，公司国内营收受疫情反复、消费减弱等影响下降了 2%，而西方国家为保经济放弃防疫管控，客观上促进了外需恢复，公司外销营收因此增长了 51%，公司总营收在内外协调中实现了 20% 的高增长。2007 年以来，公司内外销营收在 50% 的均衡线附近波动，在此消彼长中保持了动态平衡与总体增长（见图 4-3）。

表 4-3　爱仕达内外销营收情况

年份	外销			内销			合计	
	营业收入 （万元）	增长率	占比	营业收入 （万元）	增长率	占比	营业收入 （万元）	增长率
2007	85621	—	58%	61900	—	42%	147521	—
2008	96105	12%	55%	77675	25%	45%	173780	18%
2009	78891	−18%	50%	80105	3%	50%	158996	−9%
2010	108431	37%	53%	95069	19%	47%	203500	28%
2011	103450	−5%	47%	115023	21%	53%	218473	7%
2012	83515	−19%	44%	107865	−6%	56%	191380	−12%
2013	91603	10%	44%	118075	9%	56%	209678	10%
2014	95252	4%	44%	121867	3%	56%	217119	4%
2015	83103	−13%	37%	138762	14%	63%	221865	2%
2016	94845	14%	38%	157068	13%	62%	251913	14%
2017	106399	12%	35%	195543	24%	65%	301942	20%
2018	111791	5%	35%	206848	6%	65%	318639	6%
2019	134399	20%	39%	210913	2%	61%	345312	8%
2020	119312	−11%	42%	162806	−23%	58%	282118	−18%
2021	179998	51%	53%	159244	−2%	47%	339242	20%

资料来源：爱仕达招股说明书与各年年度报告。

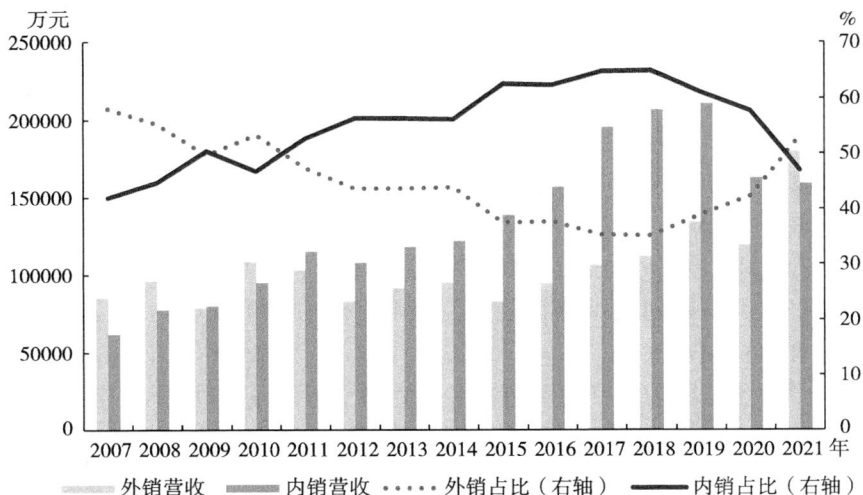

图 4-3　爱仕达内外销营收增长情况及其结构变化

3. 启示与借鉴

爱仕达是劳动密集型企业中把控高端、智造升级,"在占领价值链高端位势的基础上,兼顾两个市场、统筹两种循环"的典型。其价值链治理及融通双循环的借鉴与启示可以归纳为以下两点。

第一,在维持传统 OEM/ODM 业务与营收增长的同时,以技术研发、自主创新以及品牌锻造、渠道建设,把控价值链高端环节、掌握优势利益,实现微笑曲线双侧升级;结合行业智造转型趋势与技术联结关系,实施归核并购、跨界拓展,培育企业利润增长极,助力企业微笑曲线叠加上移升级。

第二,深耕国内大循环、稳固企业基本盘,融入国际外循环、维护企业增长极;根据国际国内政治经济环境变化,在统筹两个市场、两种循环中相机而动,做到内外协调、动态平衡,以实现企业营收稳定增长与发展战略目标。

4.2 资本密集型制造业企业

4.2.1 北鼎晶辉科技股份有限公司

1. 企业简介

北鼎晶辉科技股份有限公司(以下简称北鼎股份)设立于 2013 年,主要从事高品质厨房小家电及配套产品研制与销售业务,产品包括养生壶、电热水壶、多士炉、烤箱、饮水机、蒸锅等,及其生活场景所涉及的养生食材、周边产品等。公司前身为 2003 年创设的"晶辉科技(深圳)有限公司"(以下简称晶辉科技),主要面向海外市场从事厨房小家电 OEM/ODM业务。2010 年,晶辉科技收购"深圳市北鼎科技有限公司",将其自主品牌"北鼎 BUYDEEM"纳入旗下。2013 年,整体变更为"北鼎晶辉科技股份有限公司"。2014 年,公司挂牌全国中小企业股份转让系统。2020 年 6 月公司在深圳证券交易所创业板挂牌上市,股票代码为 300824,归属行业为"电气机械和器材制造业"。

北鼎股份是国内主打高端市场、全产业链运营的厨房小家电企业。公司具有较强的自主研发能力和杰出的工业设计能力,拥有境内外发明专利、外观设计专利、实用新型专利 300 余项。公司产品坚持设计美学与功能融合的精品路线,努力给消费者创造时尚性、可延伸的高品质生活体验。因独具一格的美学设计、别出心裁的技术应用以及品质卓越的使用体验，公司产品多次荣获国内外工业设计大奖。例如，公司电热水壶系列产品分别荣获"IF 设计奖""红点设计奖""中国设计红星奖"；调温数码水煲获得"艾普兰产品奖"；养生壶系列产品先后获得"SG Mark 奖"、美国工业设计协会"IDEA 工业设计奖"、德国设计协会"红点设计奖"；饮水机系列产品分别获得"中国好设计"优胜奖、"IDEA 工业设计奖""红点设计奖"；多功能蒸炖锅、焖炖珐琅锅获"IDEA 工业设计奖"；等等。

2. "双链交互"价值链治理分析

（1）以颜值与场景打造自有品牌时尚生活气质

北鼎股份的主营业务包括 OEM/ODM 业务和"北鼎 BUYDEEM"自主品牌业务。公司自 2003 年（晶辉科技）创设以来，一直为惠而浦集团（KitchenAid、Maytag）、摩飞电器（Morphy Richards）、铂富集团（Breville）、美康雅集团（Conair）、纽威尔集团（Newell）等国际知名品牌商提供 OEM/ODM 服务。因优异的产品研发、工业设计以及生产制造能力，受到各委托客户高度认可。在长期的海外代工过程中，公司逐渐锻造了对消费时尚的洞察力、工业设计的表现力以及高品制造的把控力，为自主品牌特色化发展打下了基础。2014 年，公司经营重心开始从 OEM/ODM 转向自有品牌业务，以高颜值、高品质及场景化品类产品，传递时尚生活理念，进行差异化竞争，致力于将"北鼎 BUYDEEM"打造成以饮食文化为内核的高端生活方式品牌。

"北鼎 BUYDEEM"瞄准追求生活品质的年轻女性群体，以"料理·女人心"为初衷，贴近其日常饮食需求，聚焦时尚饮食生活，钻研制作一系列美轮美奂的饮食美器，并精选优质食材创作手边食谱，努力为其创造美好饮食时光与时尚生活体验。"器以悦目""食以赏心"，高颜值是北鼎系列产品的第一特征。低饱和度配色营造出的小清新高级感，简洁圆润美学造型融入的时潮时尚感，带给消费者"惊艳"的视觉冲击与感官印象。基于长期积累的深厚的品控与精工制造经验，"北鼎 BUYDEEM"系列产品始于颜值、忠于品质，在材质与细节、功能与安全上都有极佳表现。以其旗舰产品 K159T 养生壶为例，壶身材料采用德国肖特玻璃，通透性及冷热温差耐度卓越；发热盘采用 316L 不锈钢，安全卫生、耐腐蚀；温控采用英国 Strix 温控器，性能稳定、耐折腾；产品功能多样、细节精致、独具匠心，处处彰显超凡的品质与高超的工艺水准。

在"高颜值""好设计""好品质"的加持下，北鼎股份提出了"美食有爱，生活有光"的品牌理念，将产品内涵从"功能品"维度上升到美好生活塑造层面，通过场景化的品类拓展传递美学观念与生活态度。以保持迭代的小家电产品为入口，公司已完成养生、烹饪、饮水和咖啡四大场景的品类布局，从低频、中频和高频三大场域完善生态谱系，打造"小家电产品→周边配套用品→饮食材料包"的消费生态圈。以养生消费场景为例，北鼎股份最早推出的养生壶仅具水煮功能，后来迭代为煮、炖、蒸多功能产品。为满足盛装、饮用、携带、储存等消费需求，北鼎股份顺势推出分装杯、泡茶杯、随身杯、储物罐等配套器具器皿。随着用户规模增长及其衍生食材需求增加，北鼎股份进一步推出了花草茶、粥羹类等系列饮食材料包产品，并通过私域流媒体推送食谱、分享消费体验，从而打造出一个以养生壶为基础，高中低频消费搭配、多品类产品矩阵协同，辅之以私域流媒体社交空间的养生消费生态体系。

（2）全渠道覆盖混搭社交 DTC 赋能流量运营

北鼎股份采取"自营为主、分销为辅，线上线下并举"的渠道策略，在持续提升用户体验的前提下，探索多样化 DTC（Direct to Consumer）触点与多元化互动，赋能企业的流量运营、转化与价值变现。国内业务的营销渠道以线上端为主，目前已基本完成主流渠道覆盖，并延伸到淘宝直播、微信视频号、微信社群、抖音、小红书等流媒体渠道。线上直销业务按收入高低排序分别为天猫、京东、北鼎商城及其他。北鼎商城为公司自建 App、微信小程序及 wap 网站等线上自营平台，以内容输出与用户服务为主。顺应数字经济飞速发展趋势，公司持续拓展自主品牌海外业务，市场覆盖北美、日本、东南亚等地，渠道包括北鼎海外官网、亚马逊等，同时涵盖 Facebook、Twitter、YouTube 等新媒体。线下直营采取体验店模式，目前以深圳为主，在北京、成都等地建有自营体验店 10 余家，未来将逐步向全国重点城市扩张。

公司产品强设计、高颜值、场景化等特点，与消费升级背景下的圈层化、个性化消费趋势相契合，非常适合于主打优质内容与社交关系的流媒体渠道。北鼎股份积极尝试新媒体营销，拥抱内容和社交电商、打造社交DTC 综合体。目前北鼎股份内容与社群营销的主要平台是小红书，品牌关键词下的笔记数量远远高于摩飞、九阳、苏泊尔等知名企业[1]，品类关键词

---

① 资料来源：陈东飞. 国货崛起系列之三：北鼎股份 [R]. 2021-12-30. 详见慧博投研资讯网（www.hibor.com.cn）。

下的北鼎小红书笔记也遥遥领先。在小红书上，公司目前有超 1 亿月活用户，其中女性占比为 90.41%，18~34 岁的占比为 83.31%。家居类活跃用户中，都市中产、精致妈妈等群体占比较高，这与"北鼎 BUYDEEM"品牌的目标客群高度吻合。社交 DTC 综合体是公司理念输出与内容推送、会员服务及用户互动的虚拟社区，对洞察市场需求、促进产品迭代，赋能私域流量运营、提升转化率与复购率起到了重要作用。

北鼎系列产品通过线下渠道，已进驻全国多个省会级城市 500 余家高端商场，如山姆、顺电、华润 OLE、万象城等。2017 年公司开始探索线下直营门店模式，从最初几平方米的小店发展成如今的大空间、全品类沉浸式体验店，具备直销卖场、线下社交 DTC、品牌营销三重功能。线下体验店按特定生活场景布局，将各品类产品在相应场景下关联呈现，营造养生休闲、康饮茶歇、烹饪烘焙等生活氛围，打造"理想家""生活家"的现实具象，克服了线上渠道虚拟情境与单一感官的认知局限。除了精细化的场景构建与静态展示，线下体验店还精心组织系列活动，吸引目标群体参与并沉浸其中、交流互动，还原场景的鲜活面貌，增强门店的"烟火气息"，激发客群的情感共鸣，让消费者切身感受到北鼎股份的品牌理念与生活温度。

（3）内外循环互促助力企业转型升级

在 2013 年整体变更之前，北鼎股份以海外 OEM/ODM 业务为主。由于代工业务毛利率低（不到 20%），2014 年公司经营重心开始转向国内市场，重点培育与发展自有品牌"北鼎 BUYDEEM"。得益于高品质的设计制造与差异化营销策略，公司自有品牌业务营业收入快速增长，但公司整体营收仍严重依赖海外代工业务。2017 年公司海外 OEM/ODM 营收为 28033 万元，占比为 53.48%，毛利率为 17.19%（见表 4-4）。中国内地自有品牌业务（北鼎中国业务）营收为 24389 万元，占比为 46.52%，比代工业务低 6.96 个百分点，但其毛利率高达 67.89%。2018 年北鼎中国业务营收占比达到 50.26%，首次超越海外 OEM/ODM 营收占比。2021 年又达到 69.80% 的较高水平。

借助国内市场耕拓积累的线上运营经验，以及长期从事海外代工业务获得的供应链优势，2019 年北鼎股份开始尝试自有品牌的"借船出海"。通过搭建北鼎海外官网、优化亚马逊及其他第三方电商平台资源，探索海外营销本地化模式，推动"北鼎 BUYDEEM"系列产品外销业务（北鼎海外业务）；积极开拓北美、日本、中国台湾、东南亚等地市场，并在此基础上结合当地的饮食文化与品类需求，进行产品改造、技术研发与场景再造。2019 年，北鼎海外业务实现营收 1249 万元，占营业总收入的比重为 2.27%。2020 年，北鼎海外业务营收占比上升到 4.28%，毛利率为 60.29%。至 2021 年，北鼎海外业务营收为 5875 万元，占比达到 6.49%。而北鼎股份海外代工业务营收占比，从 2019 年的 41.74%下降到 2021 年的 23.71%（见表 4-4）。公司正从原先的小家电外销代工企业，一步一步地向自主品牌全产业链营运企业华丽转身。

表 4-4　北鼎股份主营业务收入的市场结构

年份	海外业务				内地（北鼎中国）业务			合计（万元）
		营业收入（万元）	占比	毛利率	营业收入（万元）	占比	毛利率	
2017		28033	53.48%	17.19%	24389	46.52%	67.89%	52422
2018		29725	49.74%	16.70%	30031	50.26%	67.56%	59756
2019	北鼎海外业务	1249	2.27%	21.29%	30861	55.99%	65.59%	55116
	海外代工业务	23006	41.74%					
2020	北鼎海外业务	3003	4.28%	60.29%	47108	67.21%	63.37%	70088
	海外代工业务	19977	28.50%	21.96%				
2021	北鼎海外业务	5875	6.49%	40.75%	63216	69.80%	60.27%	90566
	海外代工业务	21475	23.71%	17.62%				

资料来源：北鼎股份招股说明书及各年年度报告。

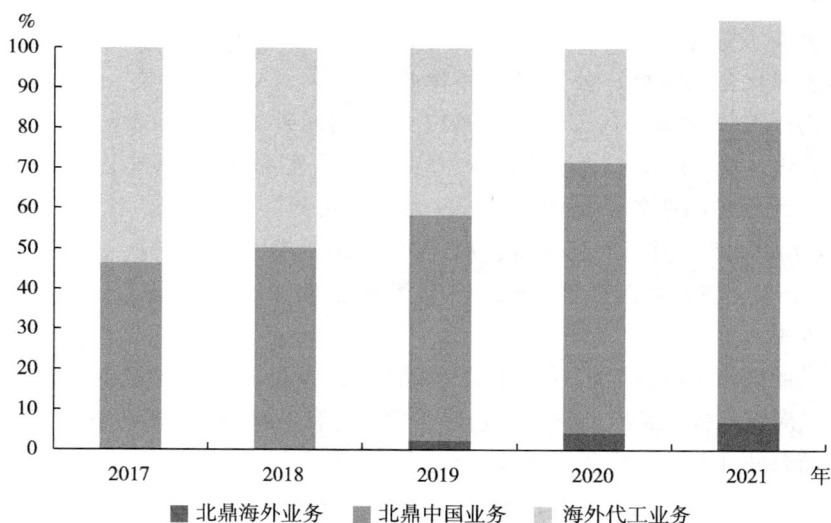

图 4-4　北鼎股份营收结构变化

3. 启示与借鉴

北鼎股份是资本密集型企业"以外循环拓展内循环,逐步过渡到二级双循环"的典型。其价值链治理及融通双循环的启示与借鉴可以归纳为以下两点。

第一,依托长期从事海外代工业务积累的品质制造能力、技术研发经验以及优质供应链资源,瞄准国内消费升级、采取差异化营销策略,打造高端自主品牌产品,从海外 OEM/ODM 业务逐步转向自主品牌经营,通过发力品牌与营销实现微笑曲线右侧升级的华丽转身。

第二,借助国际外循环锻造制造能力、积累技术经验,依托国内大循环打造自主品牌、优化营收结构,并基于完善的国内大循环拓展自主品牌的外销市场,重塑国际外循环,最终形成以国内大循环为主体、国际国内双循环相互促进的新发展格局。

4.2.2 比亚迪股份有限公司

1. 企业简介

比亚迪股份有限公司(以下简称比亚迪)主要经营包括新能源汽车、传统燃油汽车在内的汽车业务,手机部件及组装业务,二次充电电池及光伏业务,并积极拓展城市轨道交通等业务。公司横跨汽车、电池、IT、半导体等领域,是中国自主品牌汽车领军厂商,全球新能源汽车领域的先行者与引领者,全球领先的二次充电电池制造商,能够提供全方位零排放的新能源整体解决方案。公司前身为 1992 年成立的深圳市比亚迪实业有限公司,从事锂离子电池及其他电池、充电器、电子产品、仪器仪表等的生产、销售及自营进出口业务。2002 年 6 月,深圳市比亚迪实业有限公司改制为股份有限公司,并于同年 7 月在香港联合交易所主板上市(股票代码为 01211)。2011 年 6 月,公司 A 股在深圳证券交易所上市(股票代码 002594),归属行业为"汽车制造业"。

2. "双链交互"价值链治理分析

(1)以科技创新与技术研发铸造品牌基因

比亚迪以科技创新铸造品牌基因,以技术研发赋能企业发展,先后开发出一系列世界首创的前瞻性技术,在新能源汽车领域建立了全球领先优势。在二次充电电池方面,公司以基础材料为基石、以电池性能为中心、以创新技术为导向进行全方位研发布局,在固态电解质、复合隔膜、电解液等领域都有深厚的研究积淀,产品研发能力强大、生产体系完整。比亚迪是全球最大的磷酸铁锂动力电池出货商，在磷酸铁锂电池方面的技术储备独步全球。通过对电池材料的独特应用和工艺结构的创新设计，提高了电池产品的稳定性、循环寿命和电池容量。2020年推出的磷酸铁锂"刀片电池"采用多项技术与结构创新，成功通过了"针刺测试"①，以"6S"②理念重新定义了动力电池的性能标准。

比亚迪动力电池的应用车型超过40款，涵盖乘用车、商用车、专用车等类型。从动力电池到整车制造，比亚迪已掌握电池、芯片、电机、电控等新能源汽车全产业链核心技术，以及全球首创的双模技术和双向逆变技术。其全时电四驱系统采用革新性电子技术，抛弃了以往机械四驱的繁杂结构，响应速度达到传统机械四驱的10倍，同时带来抓地力更强、安全性更高、动力更强劲的驾驶体验。比亚迪DM Ⅱ双模技术采用发动机加电动机多擎驱动，自由智能切换纯电、混动两种驱动模式，在环保节能的同时又能提供超凡动力。其独创的双向逆变充放电技术，可实现电网与车、车与车、车与电器之间的直接连接，使电动车兼具"移动储能电站"功能，大大丰富了电动车的使用场景。

凭借自主研发的"铁电池"和"双向换流器多主机离网负载技术"的突破，结合丰富的MW级电网储能电站实际运行经验，比亚迪开发出应用在核电应急电源领域的储能系统，实现了中国核电站非能动应急电源技术的突破升级。在太阳能电池关键环节生产与自主创新方面，比亚迪研发的硅胶双玻太阳能光伏组件，解决了PID功率衰减及蜗牛纹等问题，实现了相对于常规组件而言更长的使用寿命（40年），能够适用于更多建筑结构以及更加恶劣的使用环境。此外，比亚迪的电子产品业务也有诸多创新性技术与工艺，如PMH技术、7系高强度铝合金、复合材料、微缝天线、高光阳极、纳米着色、3D玻璃、金属玻璃一体化、结构陶瓷等。

（2）基于技术联结的垂直一体化拓展

比亚迪是全球领先的二次充电电池制造商，其锂离子电池及镍电池广泛应用于手机相机、电动工具、电动玩具等便携式电子设备和电动产品。主要客户包括三星、Dell、华为、苹果、小米等消费类电子厂商，科沃斯、iRobot等机器人智造品牌，以及博世、TTI等全球性的电动工具与设备厂商。自2010年首次推出太阳能电池片及组件相关产品以来，公司大力推动

---

① 针刺测试，就是通过将钢针插入电池内部引起正负极之间的短路来观察极端情况下动力电池的安全表现。针刺测试被公认为最严苛、最难达成的电池安全测试项目。

② 即超级安全、超级强度、超级续航、超级低温、超级寿命、超级功率。

二次充电电池业务的多元化发展，逐步深入电动工具电池、笔记本电脑电池、太阳能电池等领域，目前已成为全球领先的太阳能和储能解决方案供应商。其储能产品除主销中国市场外，还远销美国、英国、德国、法国、日本等 20 多个国家和地区，为全球合作伙伴提供了近百个电网级、工商业级和居民级储能解决方案。客户包括中国国家电网、美国雪佛龙、日本中部电力、意大利电力等。

比亚迪把握技术变革与市场变化先机，很快从二次充电电池业务拓展到手机部件及智能手机 ODM 业务，以及笔记本电脑与上网本 ODM 业务。凭借强大的材料技术与产品研发能力、自动化设备开发与应用能力，以及规模化高品质加工制造能力，比亚迪已成为全球最具竞争能力的手机部件及组装业务供应商、电子产品设计制造服务商，可以为客户提供从产品设计、零部件制造到组装、测试等的垂直一体化、一站式综合服务，并在移动终端结构件、金属及塑胶结构件、3D 玻璃及陶瓷结构件制造等领域具备技术领先优势。主要客户包括诺基亚、三星、摩托罗拉、华为、中兴等手机领导厂商。2007年，比亚迪将境内手机精密部件业务分拆，整体注入比亚迪电子（国际）有限公司，并于同年 12 月在香港联合交易所主板上市（"比亚迪电子"，股票代码为 00285）。

2003 年，比亚迪收购西安秦川汽车有限责任公司（后更名为比亚迪汽车），开始进入汽车行业并布局新能源汽车业务。2006 年纯电动轿车 F3E 研制成功，搭载了世界上第一款铁动力电池。2008 年 F3DM 电动汽车上市，成为世界上批量生产的第一款插电式混合动力汽车。2009 年比亚迪收购美的湖南省三湘客车集团有限公司，开始涉足纯电动客车、纯电动叉车行业。其后又兼并重组天津金马、广汽客车等企业，并陆续在全国多地建立客车生产基地。2010 年，全球首批纯电动出租车（e6）投入营运，首款纯电动大巴 K9 研制成功。2011 年首批纯电动大巴交付深圳，并在荷兰、以色列、匈牙利等多地斩获订单。目前比亚迪纯电动大巴和纯电动出租车已在全球六大洲、50 多个国家和地区、超过 300 个城市成功运营。2015 年比亚迪发布新能源汽车"7+4"全市场战略，涵盖乘用车、公交车、出租车等七大常规运输领域，以及矿山、港口、机场、仓储四大特殊运输领域。2016 年比亚迪研发的"云轨"在深圳通车，标志着公司正式从新能源汽车领域迈入轨道交通领域。

从锂电池、镍氢电池起步到太阳能电池，到手机部件及智能手机 ODM 业务，再到新能源汽车及轨道交通领域，基于技术纽带与业务关联的拓展路径一目了然。2008 年，比亚迪二次充电电池业务营收占比为 22.61%，手机部件及智能手机 ODM 业务营收占比为 43.94%,汽车业务占比为 33.44%①。2021 年,这三大主营业务收入占比分别为 7.62%、40.00%、52.04%②。汽车及相关产品业务收入占到总营收的一半以上。凭借强大的研发能力、丰富的技术积累,以及核心技术联结与垂直一体化优势,比亚迪引领了全球传统汽车产业变革与新能源汽车产业发展。

(3)以国内大循环为主体的国内国际双循环

比亚迪在全球六大洲设立了 30 多个工业园,为全球化拓展做好了战略布局。国外市场主要包括亚太(如印度、日本等)、欧洲(如英国、瑞典、德国、匈牙利等)、北美(如美国、加拿大等)、南美(如哥伦比亚、乌拉圭、巴西等)以及其他国家和地区。为满足客户当地采购需求,比亚迪在印度、匈牙利等地建有工厂。公司上市前的 2008 年,主营业务国内营收为 206 亿元,占比为 74.10%(见表 4-5);国外营收为 72 亿元,占比为 25.90%,其中印度、匈牙利和巴西营收占比靠前(见图 4-5)。公司上市前的 2010 年,国内外营收占比分别为 85.54% 和 14.46%;其中印度、匈牙利、巴西营收占比分别下降到 2.45%、2.08%、0.31%。

表 4-5　比亚迪国内外市场主营业务收入变化

年份	国外		国内		合计(亿元)
	营业收入(亿元)	占比	营业收入(亿元)	占比	
2008	72	25.90%	206	74.10%	278
2010	70	14.46%	414	85.54%	484
2012	67	14.76%	387	85.24%	454
2014	75	13.32%	488	86.68%	563
2017	134	12.65%	925	87.35%	1059
2019	195	15.27%	1082	84.73%	1277
2020	591	37.74%	975	62.26%	1566
2021	639	29.57%	1522	70.43%	2161

资料来源:比亚迪招股说明书及各年年度报告。

---

① 资料来源:《比亚迪股份有限公司首次公开发行 A 股股票招股说明书》第 364 页。
② 资料来源:大智慧 365 系统"比亚迪""F10 资料—主营构成"。

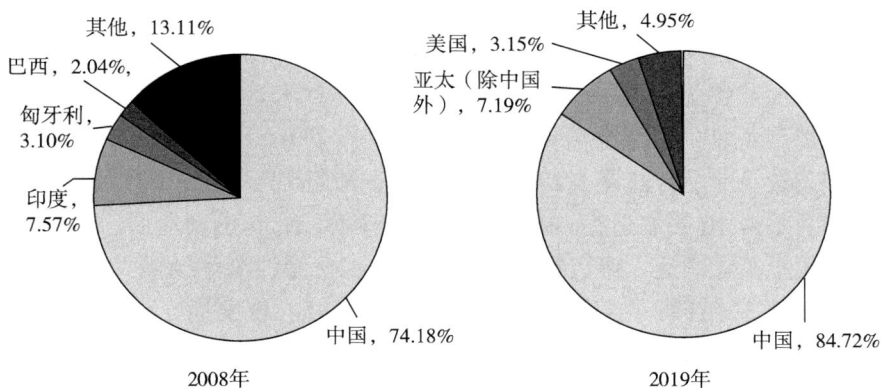

图 4-5　比亚迪 2008 年和 2019 年主营业务收入结构对比

此后公司国内营收占比一直保持在 85% 以上。2019 年国外营收占比为 15.28%，其中除中国外的亚太地区营收占比为 7.19%，美国市场营收占比上升到 3.15%。2020 年，受新冠肺炎疫情冲击，国内营收同比下滑 9.89%，占比下降到 62.26%；而受益于海外市场纯电动大巴业务快速增长，以及疫情催生在线教育、远程办公、在线娱乐等 IT 产品出货量大幅增长，公司国外营收增长 203.08%，占比上升到 37.74%。2021 年底，公司主营业务国内外营收占比分别为 70.43% 和 29.57%。

3. 启示与借鉴

比亚迪是资本密集型企业以技术优势实现垂直一体化，"以内循环拓展外循环，参与二级双循环"的典型。其价值链治理及融通双循环的借鉴与启示可以归纳为以下两点。

第一，以技术创新铸造品牌基因与市场形象，锻造企业发展动力与核心竞争力，依托科技联结与产品关联推动跨界拓展、促进垂直一体化经营，从而产生叠加效应推动微笑曲线上移实现跨产业升级，最终达到基于国内价值链升级重构全球价值链的目的。

第二，国内大循环是企业发展的坚实基础，把握产业趋势，以自主创新抢占发展先机，叠加国内大循环的正反馈效应，国内企业尤其是新兴产业可以实现跨界、跨越性发展，并在此过程中自然而然地衍生国际外循环。

4.2.3　浙江鼎力机械股份有限公司

1. 企业简介

浙江鼎力机械股份有限公司（以下简称浙江鼎力）创立于 2005 年，总部位于浙江省德清县，主要从事高空作业机械和工业车辆的研发、生产与销售业务。主营产品包括各类智能化高空作业平台以及电动、非电动叉车等系列机械装备。公司是国家重点扶持的高新技术企业、专利示范企业与标准创新型企业，也是全球唯一的大载重、模块化、电动臂式系列高空作业机械制造企业。曾获评 IPAF 2018 年度高空作业先驱奖，为 2021 年全球高空作业平台 10 强制造商，2021 年全球工程机械 50 强制造商。公司产品广泛应用于工业制造、建筑施工、设施维护、仓储物流等领域，远销美洲、欧洲、亚洲、大洋洲的美国、法国、德国、挪威、俄罗斯、土耳其、新加坡、澳大利亚、新西兰等国家。公司前身为浙江鼎力机械有限公司，2011 年整体变更设立为股份有限公司，2015 年 3 月在上海证券交易所上市，股票代码为 603338，归属行业为"专用设备制造业"。

2. "双链交互"价值链治理分析

（1）以技术研发丰富产品序列、打造竞争优势

高空作业平台需要兼顾超高安全性、较好触达性以及操控可靠性等要求，是多学科复合与多技术集成的高新技术产品。在电动化、数字化与智能化的行业发展趋势下，其研发、设计与生产制造不仅涉及机械与结构力学、液压传动与控制、机电一体化等传统应用技术，还涉及微电子技术、嵌入式计算机技术、信息通信与传感技术、操控软件与故障诊断技术以及新材料等技术领域，是具有较高技术含量的工程机械之一，要求生产企业具备相应的技术储备、研发能力和经验积累。另外，行业客户普遍存在的个性化与定制化产品需求，也对相关企业的研发创新能力提出了更高要求。

浙江鼎力作为国内最早进入高空作业行业的企业之一，一直以科技研发为依托、以技术创新为动力，致力于打造全球高空作业平台的领军企业。其产品研发与生产制造随着技术积累与科技进步，经历了从低端、中端到高端不断升级的过程。2009 年以前，公司业务以叉车和小型、轻型高空作业平台为主。2009 年，公司在高空作业平台产品研发上取得重大突破，业务重心开始向中高端高空作业平台转移，叉车产销规模逐渐缩减。2013 年以后，公司核心业务转向高空作业平台研发、设计与制造，产品快速向大型、重型高空作业平台延伸。技术创新与新品研发稳步推进，产品更新换代步伐逐渐加快。近年来，公司生产向智能化、绿色化以及个性化定制方向发展，产品系列不断丰富、规格序列逐步齐全，产品的科技含量与技术精度也大幅提高。

为把握市场需求、跟踪前沿技术，汇聚国内外科技研发精英、打造企

业竞争优势，公司在意大利、德国设有鼎力欧洲研发中心，在国内设有省级企业研究院。公司先后被认定为省级企业技术中心、省级研发中心、省级工业设计中心，已获得研发专利 265 项，其中发明专利 94 项、海外专利52 项①，承担国家级火炬计划项目 3 项、浙江省 2008 年重大科技专项和优先主题项目 1 项、浙江省 2013 年度重大科技专项计划项目 1 项，获得省级科学技术奖三等奖 1 次、市级科学技术进步奖二等奖 1 次。公司通过了欧盟CE、美国 ANSI 和韩国 KC 认证，并取得特种设备制造许可证，另外，还先后取得武器装备科研生产单位三级保密资格证书，以及中国人民解放军总装备部颁发的装备承制单位注册证书，在特殊用途定制产品设计、研发和生产制造上具有较强竞争力。

公司先后研发出作业高度达 43 米的自行走直臂式高空作业平台，最大载重达 1000kg 的自行走越野剪叉式重型高空作业平台，自行走直臂桥式高空作业平台，智能化曲臂式恒定水平自行走作业平台，可自转单桅柱爬升式内井高空作业平台，最大作业高度达 22 米的窄型剪叉式高空作业平台，风管安装专用高空作业平台，桅柱爬升式内井作业平台，以及自行走套筒桅柱式高空作业平台等众多创新性产品，涵盖直臂式、曲臂式、剪叉式、桅柱式、门架式、桅柱爬升式六大系列，作业高度跨越从 3 米到 100 米超大高度（其中自行走产品为 3～43 米垂直跨度），实现了公司产品在各种作业范围的全覆盖以及部分产品的纯电驱动转换，推动了我国大高度高空作业设备的国产化进程与定制化、创新性发展，为进一步增强企业的全球竞争优势打下了坚实基础。

（2）以海外并购打破市场壁垒、赋能公司发展

欧美发达国家和地区是目前全球高空作业平台消费的主要市场。一方面是因为这些国家经济高度发达，高空作业应用需求体量大；另一方面是由于这些国家安全生产的相关法律法规与监管制度完善且人工成本高昂，为保障生产安全、节约人工成本，高空作业平台成为高空施工与相关作业的必备之选。另外，欧美发达国家的工程机械租赁业发展得非常成熟，高空作业平台设备的采购者一般是租赁公司，而终端用户往往通过租赁来使用高空作业平台产品。这为终端用户节省了维护成本，大大降低了使用费用，推动了高空作业平台的普及与应用。出于产品质量与维修维护的考虑，欧美租赁公司习惯与本土企业和国际巨头合作，如美国的 Terex、

---

① 资料来源：《浙江鼎力机械股份有限公司 2020 年年度报告》第 14 页。

加拿大的 Skyjack、法国的 Haulotte 等，从而对国外厂商形成了一定的市场壁垒。欧美以外地区市场规模较小，但潜力大且增长迅速，如澳大利亚、新西兰、日本、韩国、新加坡等。

浙江鼎力是国内为数不多具备较强国际竞争力的高空作业平台制造企业。凭借突出的性价比、丰富的产品线与可靠的质量保证，公司在欧美市场和其他市场维持了一定市场份额的品牌存在。针对不同客户的通用型或定制性需求，公司采用经销商销售与直接销售（含租赁商销售）相结合的渠道方式。2016 年，公司收购意大利 Magni 公司 20% 的股份，并与其合作成立鼎力欧洲研发中心（意大利）。Magni 公司是意大利知名的智能伸缩臂高位叉装车制造商，产品遍及欧洲、美洲、亚洲、南非及中东等地区。本次收购提升了公司的技术实力，强化了国际化营销网络。此后合作研发的柴油款臂式与电动款臂式系列产品，获得了极佳的市场响应。2017 年，公司又收购美国 CMEC 公司 25% 的股权并实现控股。CMEC 公司拥有 40 多年高空作业平台生产销售历史，旗下"MEC"品牌在欧美市场具有一定知名度，与当地大型租赁公司也保持了良好合作关系，而美国又是全球高空作业平台的最大消费市场。这两次收购，对打破欧美地区的市场壁垒，促进公司业务的国际化拓展起到了重要作用。

为深耕高空作业平台细分领域、构建公司发展新动能，2020 年浙江鼎力收购德国 TEUPEN 公司 24% 的股权，并与其合作设立了鼎力欧洲研发中心（德国），共同研发高米数、大载重、拥有绝缘臂性能的臂式高空作业平台。TEUPEN 公司集技术研发、专业设计、制造与销售业务于一体，是全球产品系列最全、覆盖范围最广、载重最大的蜘蛛式高空作业平台供应商。其核心产品绝缘臂系列广泛应用于海外电力供给系统，具有良好的品牌形象与市场知名度。本次投资有利于丰富公司产品线、完善公司产品生态圈，加速新绝缘产品研发，推动高空作业平台向国家电网领域渗透，更好地保持公司在全球高空作业平台行业的领先地位。

（3）未雨绸缪、提前布局，积极融入新发展格局

高空作业平台的传统市场在海外发达国家，浙江鼎力因而对海外客户与经销渠道有着较高的依赖度。公司上市前的 2012 年至 2014 年，主营业务收入中的外销业务占比分别达到 61.70%、60.95% 和 58.49%（见表 4-6）。如果"全球经济出现明显下滑，国际市场对高空作业平台的需求出现明显

下降，公司将面临外销收入下降的风险"①，公司对此有着清醒的认识。在国内经济持续、稳定、快速发展，高空作业平台市场逐渐升温的背景下，公司看到了国内市场的巨大潜力与发展机遇，居安思危、未雨绸缪，从品牌建设、渠道拓展等方面做了前瞻性布局。考虑到租赁商是连接生产商和终端用户的重要纽带，而租赁商往往采用融资租赁方式解决资金需求，公司在上市后的第二年（2016 年）设立了"上海鼎策融资租赁有限公司"，专门为国内外客户提供融资服务，让更多公司产品进入国内租赁服务业，以期实现"以融促产、以产带融"的良好局面。

2018 年美国特朗普政府挑起中美贸易摩擦，海外市场的政治风险骤然显现。浙江鼎力在不断提升传统客户黏性、继续强化海外销售的基础上，营销重心开始转向国内市场，逐渐加大国内新客户的开拓力度，重视与国内优质租赁公司的业务合作。当年境内市场实现营收 7.16 亿元，同比增长 84.23%，占比为 43.63%。随着中美贸易摩擦的加剧，2019 年海外市场营收承压加剧，公司攻坚克难，持续发力国内市场，积极开拓臂式高空作业平台内销业务。当年境内营收达到 14.25 亿元，同比增长 98.96%，占比达到 63.12%。2020 年受新冠肺炎疫情突发影响，公司境外营收继续下滑 4.70 个百分点，占比下降到 28.11%。而境内营收同比增长 42.43%，达到 20.29 亿元，占比上升到 71.89%。2021 年，疫情得到一定程度的控制，海外市场需求回暖，公司境外营收同比增长 149.44%，达到 19.79 亿元，占比恢复到 41.61%。同时境内营收继续保持增长，年增长率为 36.86%，数额达到 27.77 亿元，占比回落 13.5 个百分点，下降到 58.39%。从 2018 年到 2021 年，浙江鼎力统筹国内国外两个市场，相机而动、统筹安排，主营业务收入由 16.41 亿元增长到 47.55 亿元，增长了约 2 倍，年均增长率高达 43.58%。

表 4-6　浙江鼎力主营业务收入的市场结构

年份	境外		境内		合计（万元）
	营业收入（万元）	占比	营业收入（万元）	占比	
2012	17637	61.70%	10949	38.30%	28586
2013	20511	60.95%	13142	39.05%	33653
2014	21588	58.49%	15319	41.51%	36907
2015	24177	51.22%	23022	48.78%	47199

---

① 详见《浙江鼎力机械股份有限公司首次公开发行股票招股说明书》第 16 页。

年份	境外		境内		合计（万元）
	营业收入（万元）	占比	营业收入（万元）	占比	
2016	38989	58. 27%	27918	41. 73%	66907
2017	71046	64. 64%	38865	35. 36%	109911
2018	92491	56. 37%	71600	43. 63%	164091
2019	83234	36. 88%	142454	63. 12%	225688
2020	79326	28. 11%	202895	71. 89%	282221
2021	197872	41. 61%	277676	58. 39%	475548

资料来源：浙江鼎力招股说明书及各年年度报告。

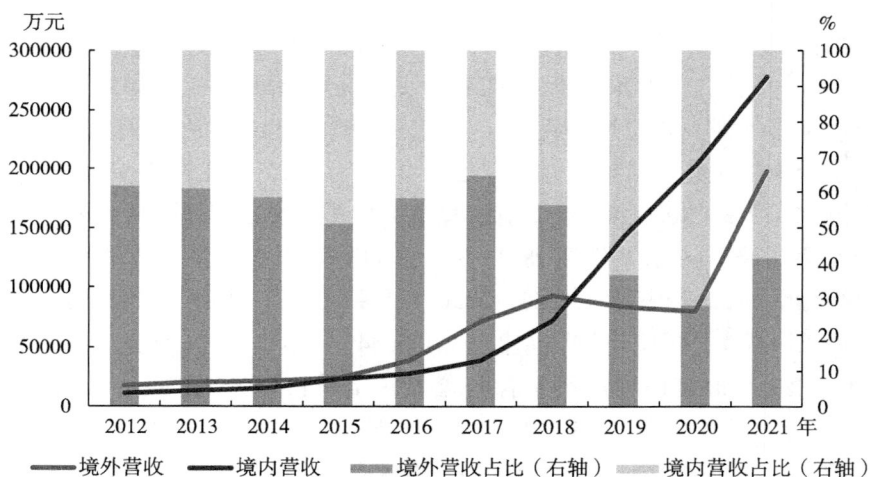

图 4-6　浙江鼎力营收及其结构变化

3. 启示与借鉴

浙江鼎力是资本密集型企业通过自主创新夯实核心国际竞争力，"在占领价值链高端位势的基础上，兼顾两个市场、统筹两种循环"的典型。其价值链治理及融通双循环的启示与借鉴可以归纳为以下两点。

第一，依靠自主创新、科技赋能，不断提升研发实力、夯实企业核心竞争力；通过海外并购获取技术资源，打破市场壁垒、促进国际市场开拓；逐步实现微笑曲线的左侧升级与右侧拓展。

第二，在积极耕拓海外市场、不断提升企业综合实力的同时，要居安思危、未雨绸缪，在前瞻性地把握国际环境变化与国内发展趋势的基础上，对国内大循环做战略性布局，双管齐下、统筹安排、内外联动，只有这样方可规避风险、化危为机，保证企业经营稳定与营收持续增长。

4.3 技术密集型制造业企业

4.3.1 珠海光库科技股份有限公司

1. 企业简介

珠海光库科技股份有限公司（以下简称光库科技）主营光纤器件的研发设计、生产、销售及服务业务。主要产品为光纤激光器件和光通信器件，包括光隔离器、偏振分束/合束器、耦合器、波分复用器、铌酸锂调制器等，广泛应用于光纤激光、光纤通信、数据中心、航空航天、传感医疗、自动驾驶和科学研究等领域。公司的铌酸锂调制器芯片制程和模块封装技术、高功率器件散热技术、光纤器件高可靠性技术、保偏器件对位技术、光纤端面处理技术等均处于国际先进水平，相关产品远销欧盟、美国、日本等 40 多个国家和地区。自主研发的多款宇航级无源器件被"嫦娥三号""嫦娥四号""嫦娥五号"采用。公司多次荣获激光行业技术创新大奖，如"OFweek 技术创新奖""Laser Focus World 创新奖""荣格技术创新奖""金质量·科技创新奖"等，2021 年荣获中国激光产业最高奖项——"红光奖"。

光库科技先后获评"福布斯亚洲最佳中小上市企业""最具成长性 5G 产业上市公司""最具成长性科技类上市公司"。其前身为光库通讯（珠海）有限公司（以下简称光库有限），由香港光库通讯有限公司于 2000 年出资设立，主要从事光通信器件生产和销售。2008 年开始公司增加了光纤激光器件业务，并逐步发展成为公司的主要产品。香港光库通讯有限公司利用其地处香港的区位优势，承担着公司海外业务拓展及原材料采购职能。2014年，光库有限收购香港光库通讯有限公司全部股权。2015 年，光库有限控股珠海市光辰科技有限公司，以强化公司在光纤传感领域的核心竞争力。同年 5 月，光库有限整体变更为外商投资股份有限公司。2017 年 3 月，公司在深圳证券交易所创业板上市，股票代码为 300620，归属行业为"计算机、通信和其他电子设备制造业"。

2. "双链交互"价值链治理分析

（1）以技术研发与制造工艺打造竞争优势

光纤器件是光电转换及光信号传输与处理的功能性器件，其生产设计涉及光学与光电子学、材料科学、信息与通信、机械工程等多学科领域，具体包括光纤激光器件、光通信器件、光纤传感器件等。光纤器件（尤其是光纤激光器件）体积小、质量轻、高度集成且可靠性要求极高，生产工艺依赖精密机械、精密加工与超精密光学集成，在光学设计、工艺控制、热控管理等方面均需达到较高标准，属于比较典型的技术与工艺驱动型先进制造业。随着光纤激光器件在工业生产领域的广泛应用，市场对激光器功率、波长、脉冲特性、光束质量等要求越来越高，这反过来又对光学材料、集成处理、精密工艺等提出了更高要求，从而形成了较高的行业技术与工艺壁垒。

作为国内较早进入光纤器件制造领域的企业，光库科技一直将技术研发与产品创新置于首位，持续加强研发投入、不断提升工艺水平，以优异的研发设计和超高的制造工艺打造竞争优势。公司是"广东省光电器件工程技术研究中心"，建有"广东省企业技术中心""广东省院士专家企业工作站""博士后科研工作站"等科研创新平台。其中，工程技术研究中心是广东省关键领域公共性技术研究开发的主要基地，也是科技创新人才集聚与培养、重大科技成果产业化转化的重要平台。工程技术研究中心的设立，一方面反映了光库科技雄厚的研发实力，另一方面有利于推动产学研合作与企业技术创新。公司与中国科学院、天津大学、香港科技大学等一流高校展开合作，取得了系列技术创新成果，同时加强工程技术研发人员培养，大大提升了公司的自主创新能力。

光库科技将技术与设计创新、工艺与材料创新作为企业生存与发展的关键要素。经过多年的技术积累与自主创新，公司在高功率光纤器件领域实现了多项重大技术突破，形成了多项国内首创的核心技术成果。其中高功率器件散热、光纤端面处理、保偏器件对位等技术工艺，均处于国际先进或领先水平。公司的激光三维成像敏感器光无源器件，为"嫦娥"项目航天器落月识别提供了安全保障。公司是全球海底光网络高可靠性光无源器件的少数生产商之一，其50W/100W隔离器以及合束器产品，具有高可靠性、高隔离度和多泵浦源能量耦合等特点，是广泛应用的高功率光纤激光器核心器件。特种波长无源器件、可见光（红绿光）器件等，在光纤激光器、医疗设备领域都有广泛应用。

凭借技术研发优势与优秀的制造工艺，光库科技与国际国内许多高品质客户建立了长期业务关系。包括德国通快集团（Trumpf Group，国际著名激光器生产商）、罗芬公司（Rofin-Sinar，全球最大的工业用二氧化碳激光器厂商），美国相干公司（Coherent，世界一流的激光器及相关光电子产品生产厂家）、振幅公司（Amplitude，全球领先的飞秒激光器制造商）、光谱物理（Spectra-Physics，全球领先的光学产品研发制造企业），法国匡泰公司（Quantel Lasers，国际著名的固体激光器生产商）等，国内激光器生产企业大族激光、杰普特光电、武汉锐科等，国内外知名光通信企业菲尼萨（Finisar）、安科（Emcore）、捷迪讯（JDSU）、安凯特（NKT）、日本设备（Japan Device Ltd.）等，以及国际著名科研机构林肯实验室、劳伦斯—利弗莫尔国家实验室、斯坦福大学、美国国家航空航天局、中国科学院、清华大学等。

（2）把握机遇耕拓国内市场，以外循环拓展内循环

光纤激光器是传统制造走向智能制造的关键器件。随着 2013 年"工业4.0"（Industry 4.0）[①] 的提出，以及 2015 年《中国制造 2025》的颁布实施，以智能制造为标志的新一轮工业革命正式启动。中国作为全球制造业大国，按照数字化、网络化、智能化制造业转型主线，围绕"高档数控机床和机器人""航空航天装备""新一代信息技术"等十大领域，全力实施"制造业创新中心（工业技术研究基地）建设""智能制造""高端装备创新"等五大制造强国工程，传统制造业转型升级与先进制造业发展步伐加快，光纤激光器占工业激光器的比重逐年上升。光纤激光器尤其是高功率核心光纤元器件产品，在国内市场迎来了前所未有的发展机遇。

光纤传感器与无线传感技术、光通信技术一起，作为物联网系统的感知器件与光介质信息传输元件，在万物互联、数据通信中起到了极为重要的作用，广泛应用于隧道管道监控、高铁桥梁安防、石油矿产勘探，以及水声探潜、环境探测、光纤陀螺、航天航空器结构损伤探测等诸多领域。随着物联网、云计算、大数据及人工智能等借助 5G 通信裂变式迸发，数字经济发展与传统产业数字化转型加快，全球数据交换量呈几何级增长。尤其中国在经济增长、消费升级与科技进步的加持下，移动互联网广泛普及、应用创新层出不穷，城际高铁与城市轨道交通建设稳步推进，国家广域量子通信骨干网络与各地城域量子网络列入规划，带动了以超高速 5G 网络、

[①] "工业 4.0"（Industry 4.0）是基于工业发展的不同阶段作出的划分。一般认为"工业 1.0"是蒸汽机时代，"工业 2.0"是电气化时代，"工业 3.0"是信息化时代，"工业 4.0"则是智能化时代，即利用信息科技、数字技术与人工智能促进产业变革的时代。"工业 4.0"在 2013 年汉诺威工业博览会上首次提出，德国政府为在新一轮工业革命中占领先机，随后将其列入《德国 2020 高技术战略》。2015 年 5 月中国政府发布《中国制造 2025》，成为对接"工业 4.0"实施制造强国战略的行动纲领。

大数据中心、工业互联网等为代表的新型基础设施建设热潮，从而催生了对光纤、光波、光缆等光通信与光传感器件产品的巨大需求。

由于光纤器件行业下游集中度较高，国外光纤激光、光通信巨头对光纤器件需求量较大，光库科技早期经营主要以西欧、北美为目标市场，同时兼顾国内需求。公开资料显示，2014年公司主营业务收入为9658万元①，其中国内营收为2747万元，占比为28.44%；国外营收为6911万元，占比为71.56%。国外市场主营业务收入中西欧市场占比为29.06%，北美市场占比为24.20%，东亚市场占比为16.28%。2015年《中国制造2025》颁布实施之后，中国制造业"智造"升级启动，国内光纤激光器件、光通信器件市场随之升温。光库科技敏锐地把握政策面与市场面变化，抓住机遇大力耕拓国内市场。2015年公司国内营收为4782万元，同比增长74.06%，而同期国外营收增长率仅为10.49%。到2021年底，公司主营业务收入总额达到66780万元，其中国内营收为41786万元，占比上升到62.57%；国外营收为24994万元，占比降到37.43%。2014年至2021年，公司主营业务收入总额增长了5.91倍，其中国外营收增长了2.62倍，对公司主营业务收入总额增长的贡献率为31.66%；国内营收增长了14.21倍，对公司主营业务收入总额增长的贡献率达到68.34%。

表4-7　光库科技国内外市场主营业务收入变化

| 年份 | 国外市场 | | | 国内市场 | | | 合计 |
	营收（万元）	增长率	占比	营收（万元）	增长率	占比	（万元）
2014	6911	—	71.56%	2747	—	28.44%	9658
2015	7636	10.49%	61.49%	4782	74.06%	38.51%	12418
2016	8532	11.73%	55.05%	6965	45.65%	44.94%	15497
2017	10925	28.05%	47.44%	12107	73.83%	52.57%	23032
2018	13401	22.66%	46.33%	15526	28.24%	53.67%	28927
2019	16402	22.39%	41.97%	22676	46.05%	58.03%	39078
2020	17034	3.85%	34.65%	32127	41.68%	65.35%	49161
2021	24994	46.73%	37.43%	41786	30.07%	62.57%	66780

资料来源：光库科技招股意向书及各年年度报告。

---

① 资料来源：《珠海光库科技股份有限公司首次公开发行股票并在创业板上市招股意向书》第173页。

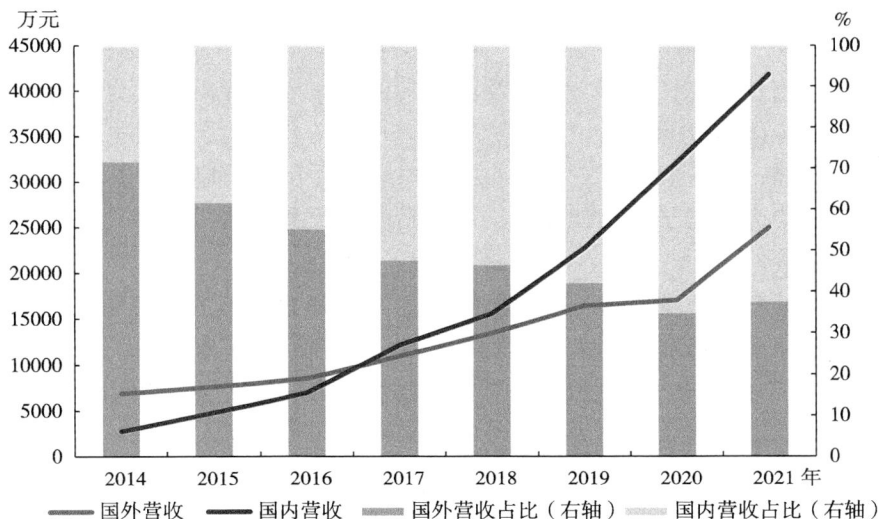

图4-7　光库科技主营业务收入及其结构变化

3. 启示与借鉴

光库科技是技术密集型企业"以外循环拓展内循环，参与二级双循环"的典型。即以技术研发与工艺优势打开国际市场，通过外拓内转换主营市场稳定营收增长。其价值链治理及融通双循环的经验借鉴与启示可以归纳为以下两点。

第一，以研发设计为核心、以生产工艺为辅助，通过卓越的技术研发掌控价值链优势利益，通过精湛的制造工艺提升产业链供应链竞争地位，从价值链前端（生产端）把控微笑曲线的左侧升级通路。

第二，从价值链后端（消费端）审视国内外两个市场，把握国际国内市场需求面变化以及国内产业面、政策面机遇，以国际市场锤炼竞争力、以国内市场促进大发展，通过外循环拓展内循环、参与二级双循环，达到强化企业价值链优势利益、实现企业规模扩张与营收稳定增长的目的。

4.3.2　上海硅产业集团股份有限公司

1. 企业简介

上海硅产业集团股份有限公司（以下简称沪硅产业）主要从事半导体硅片的研发、生产和销售，目前是中国规模最大、技术最先进、最具国际竞争力的半导体硅片制造企业，也是率先实现 SOI 硅片和 300mm 硅片规模化销售的内地企业。公司产品涵盖 300mm 抛光片及外延片，200mm 及以下抛光片、外延片及 SOI 硅片等，主要应用于存储芯片、图像处理芯片、通用处理器芯片、功率器件、传感器、射频芯片、模拟芯片、分立器件等领域。公司业务遍及北美、欧洲、中国及亚洲其他国家或地区，已成为国内外多家主流半导体企业的产品供应商。主要客户包括台积电、台联电、格罗方德、恩智浦、意法半导体、TowerJazz 等国际芯片厂商，以及中芯国际、华虹宏力、华力微电子、长江存储、武汉新芯、长鑫存储、华润微等国内芯片制造企业。

公司的前身"上海硅产业投资有限公司"，肩负我国半导体硅片自主可控的重任，由国家集成电路产业投资基金①、上海国盛（集团）有限公司等于 2015 年创设，旨在通过投资控股方式整合资源，成为我国半导体硅片研发与制造的主导企业，推动我国半导体硅片产业跨越式发展，保障我国半导体及相关产业安全。2016 年，公司以增资和股权转让方式，取得上海新昇半导体科技有限公司（以下简称上海新昇）控制权与上海新傲科技股份有限公司（以下简称新傲科技）股权；同年以要约收购获得芬兰上市公司 Okmetic 的全部股权；2019 年又以现金和发行股份方式收购新傲科技股权，持股比例达到 89.3%，从而初步完成了在半导体硅片领域的多产品线战略布局。2019 年 3 月，公司整体变更为股份有限公司。2020 年 4 月，公司在上海证券交易所科创板上市，股票代码为 688126，归属行业为"计算机、通信和其他电子设备制造业"。

2. "双链交互"价值链治理分析

（1）以资产并购整合优质资源完善产业布局

作为信息科技与现代工业的基石，半导体产业是支撑经济社会发展和保障国家安全的战略性与基础性行业。其产业链上下游链条长、细分领域多，大致可分为上游的半导体材料与设备，中游的芯片设计、制造与封测，以及下游的半导体产品终端应用（如个人计算机、移动通信、云计算、物联网、工业电子等）等环节。在碳基半导体技术与工艺成熟并投入商用之前，硅片作为硅基集成电路和半导体器件不可或缺的基底材料，处在整个产业链的起点或最上游位置。根据制造工艺不同，半导体硅片可分为抛光片、外延片和 SOI 硅片三类。单晶硅锭经切割、研磨和抛光处理得到抛光

---

① 即国家集成电路产业投资基金股份有限公司，是由工业和信息化部、财政部牵头发起，财政部与其他投资主体共同出资组建，以促进我国集成电路产业发展为目标，采用专业化管理、市场化运作的产业投资基金。该基金成立于 2014 年，规模为 1387 亿元，重点投资集成电路芯片制造业，兼顾芯片设计、封装测试、设备和材料等产业。

片，可直接用于制作半导体器件。抛光片经外延生长一层高电阻率外延层得到外延片，适用于二极管、绝缘栅双极晶体管（IGBT）等功率器件制造。抛光片经氧化、键合或离子注入处理形成 SOI 硅片，可应用于高集成、低功耗芯片制造（如智能手机芯片、射频前端芯片、汽车电子与星载芯片等）。

硅片常用尺寸（以直径计算）一般有 50mm（2 英寸）、75mm（3 英寸）、100mm（4 英寸）、150mm（6 英寸）、200mm（8 英寸）与 300mm（12 英寸）等规格。硅片尺寸越大，工艺难度与生产成本就越高，但其可制造芯片的数量也会越多，从而使得单个芯片成本下降。例如，在同样工艺条件下，300mm（12 英寸）硅片面积是 200mm（8 英寸）硅片面积的 2.25 倍，单位晶圆可生产芯片的数量，是 200mm（8 英寸）硅片的 2.5 倍左右。在摩尔定律影响下，半导体硅片不断向大尺寸方向发展。200mm（8 英寸）硅片与 300mm（12 英寸）硅片目前还是市场主流，但全球 300mm（12 英寸）半导体硅片出货面积在 2009 年就超过了其他尺寸出货面积之和。目前全球先进制程均采用 300mm（12 英寸）大硅片。450mm（18 英寸）硅片则是下一个技术节点。

由于硅片质量直接影响到芯片与器件的良品率与稳定性，晶圆加工与芯片制造商通常会对硅企业进行严格的质量认证，并在此基础上建立长期稳定的业务合作关系。硅产业因而兼具高技术壁垒与高客户黏性等特征，并逐渐形成了市场由少数厂商主导的寡头垄断格局。据统计，2019 年日本信越化学（Shin-Etsu）、日本胜高（SUMCO）、中国台湾环球晶圆、德国世创电子（Siltronic）和韩国 SK Siltron 五大半导体硅片厂商所占的全球硅片市场份额在 90% 以上[①]。其中，环球晶圆 2011 年成立后采用并购策略快速扩张，2012 年 4 月收购日本 Covalent Silicon Corporation，2016 年 7 月收购丹麦 Topsil Semiconductor Materials A/S 半导体事业部门，同年 12 月收购美国 SunEdison Semiconductor Limited，跃升为仅次于日本信越化学、日本胜高的全球第三大半导体硅片商。[②]

中国硅产业起步晚，生产工艺、材料技术与制造设备等都相对落后。绝大部分硅片企业生产 150mm 及以下规格半导体硅片，仅少数厂商有能力

---

① 资料来源：硅片市场研究：300mm 产品从依赖进口到自主供应，国产进入放量期［EB/OL］［2020-06-12］. https：//baijiahao. baidu. com/s? id=1669256309467558010&wfr=spider&for=pc.

② 2020 年 12 月，环球晶圆拟要约收购德国世创电子（Siltronic）股权，因未获德国政府核准而于 2022 年 1 月告终。具体参见（1）https：//new. qq. com/omn/20210217/20210217A057AE00. html；（2）https：//xw. qq. com/cmsid/20220201A05XI700。

生产200mm半导体硅片，如浙江金瑞泓、有研半导体、中环股份、南京国盛、新傲科技、河北普兴和昆山中辰等[①]，300mm规格半导体硅片（在2017年以前）全部依赖进口。2014年《国家集成电路产业发展推进纲要》发布，增强产业自主配套能力、在大尺寸硅片等关键材料领域形成突破，成为多项国家级发展规划或地方产业政策的着力点[①]。2015年上海硅产业投资有限公司创设后，紧跟国际前沿技术、坚持全球化布局，先后并购了上海新昇、芬兰Okmetic以及新傲科技等半导体硅片企业，力图以资产并购方式整合优势资源、完善产品矩阵、完成产业布局，实现产能快速扩张与核心技术自主可控，推动中国半导体硅片产业跨越式发展。

上海新昇由上海新阳、深圳兴森、上海皓芯投资以及新傲科技四家企业于2014年出资设立[②]，主营半导体硅片研发、生产与销售，致力于在吸收国际先进技术的基础上，解决300mm晶圆的自主研发与生产问题，打造中国晶圆制造的民族品牌。2016年上海新昇成功拉出第一根300mm单晶硅锭，2017年打通300mm半导体硅片全工艺流程，最终于2018年实现了300mm半导体硅片规模化生产，填补了中国300mm半导体硅片产业化空白。新傲科技由中国科学院上海冶金研究所与北京盈富泰克投资发展有限公司于2001年出资设立，2009年整体变更为股份有限公司[③]，主要业务是为高端细分市场提供200mm及以下半导体外延片和SOI硅片。Okmetic公司1985年创设于芬兰赫尔辛基万塔市，主要从事半导体硅抛光片和SOI硅片研发、生产与销售业务。这三家半导体硅片制造企业产品形成互补，共同组成了沪硅产业的基本产品线。2022年2月公司又入股江苏鑫华半导体材料科技有限公司，开始布局电子级多晶硅材料行业。

（2）以研发创新实现核心技术自主可控

2014年《国家集成电路产业发展推进纲要》发布后，中国半导体硅片产业投资与技术引进不断增长，200mm及以下硅片制造基本实现国产化。但300mm大尺寸硅片严重依赖进口，技术工艺研发尚待突破、制造设备国

---

① 2017年发布的《上海促进电子信息制造业发展"十三五"规划》提出，依托国家重大科技专项和12英寸生产线及引导线建设，重点支持12英寸硅片、SOI硅片等基础材料的研发和产业化。

② 上海新阳即上海新阳半导体材料股份有限公司，目前是沪硅产业第5大股东（持股比例为5.13%）。深圳兴森即深圳市兴森快捷电路科技股份有限公司。具体参见《上海硅产业集团股份有限公司首次公开发行股票并在科创板上市招股意向书》第82页。

③ 彼时中国科学院上海微系统与信息技术研究所（以下简称中科院微系统所）为公司第一大股东，持股11.69%。2016年8月新傲科技增资，上海硅产业投资有限公司持股30.63%，成为公司第一大股东；第二大股东中科院微系统所持股比例为8.11%。

产化进程缓慢，产业升级面临技术设备掣肘。2018 年美国政府以"贸易战"拉开了对华战略遏制序幕。通过"技术围堵""科技封锁"打压中国高科技企业，成为迟滞中国技术进步与经济发展的主要手段。在切断 14nm 以下芯片供应以及芯片制造工艺与设备之后，美国政府又将技术封堵范围扩大到半导体硅片技术，并于 2019 年修订《瓦森纳协定》，增加了对我国 300mm硅片制造技术与设备出口管制的内容。在这样的国际背景下，实现 300mm及以上硅片制造核心技术与关键设备的自主可控，成为我国半导体产业升级与跨越式发展的重点课题。

　　沪硅产业因应国家发展战略要求、肩负大硅片自主可控重任，秉承"三个面向"（面向国家战略、面向客户需求、面向半导体前沿技术）的发展理念，建立了以产品与科技专项为主导的技术创新模式。坚持以自主研发突破技术瓶颈、增强技术储备，优化生产工艺、推动产业化落地。公司承担了包括国家重大专项在内的多个重大科研项目。子公司上海新昇专注于 300mm 半导体硅片的产业化研发，承担的国家"02 专项""极大规模集成电路制造技术及成套工艺"①，涉及 40～28nm 与 20～14nm 集成电路用300mm 硅片技术研发，以及 15 万片/月和 5 万片/月的目标产能；承担的国家智能制造专项"40～28nm 先进半导体功能材料智能制造新模式"，涉及大硅片生产过程中单晶生长工艺参数优化等技术问题。公司 2020 年科创板上市所募资金，也主要用于 300mm 硅片技术提升和产能扩张。2020 年底，"公司 300mm 硅片产品在技术上实现了 14nm 及以上工艺节点全覆盖，在市场上实现了国内 300mm 芯片制造企业全覆盖，在下游应用上实现了逻辑芯片、图像传感器片、功率芯片、存储芯片等主流芯片类型的全覆盖"②。2021 年底，300mm 硅片产能达到每月 30 万片。

　　子公司新傲科技则承担了国家"02 专项"的"200mm 外延片产品开发与产业化""200mm SOI 晶圆片研发与产业化""硅基 GaN 材料及核心器件研发"，以及"基于层转移技术的 FinFET SOI 材料及工艺开发"等项目。2006 年新傲科技与中科院微系统所合作完成的"高端硅基 SOI 材料研发和产业化"项目，先后获得"中科院杰出科技成就奖""上海市科学技术进步奖一等奖"和"国家科学技术进步奖一等奖"。2008 年新傲科技与中科院微系统所联合创建 SOI 材料研发中心，成为当时全球第四家专注于 SOI 材料研

---

①　详见《上海硅产业集团股份有限公司首次公开发行股票并在科创板上市招股意向书》第227 页。

②　引自《上海硅产业集团股份有限公司 2020 年年度报告》第 19 页。

究的科创中心。2018 年沪硅产业控股新傲科技（占比 62.82%）后，为进一步发挥产学研一体化优势，推动协同攻关、技术创新与产业化应用，于 2018 年与中科院微系统所联合成立高端硅基材料技术研发中心，将合作领域从 SOI 材料类拓展至高端硅基材料。

通过主导和参与众多国家重大科研项目，公司技术研发能力和科技创新能力已达到国内领先水平。目前公司已掌握完整的半导体硅片制造工艺技术，涵盖单晶生长、滚圆与切割、化学腐蚀，研磨、抛光与清洗，以及外延、SOI 制备与量测等各个工艺流程。在 300mm 大尺寸硅片制造上实现了多项关键性核心技术突破，研发重点转向可用于 20~14nm 及更先进技术节点半导体硅片工艺。200mm 及以下半导体硅片方面，公司不断优化超高阻及超低阻 200mm 硅片与 RF-SOI 硅片工艺参数，以巩固公司在抛光、外延及 SOI 硅片领域的传统优势，并结合半导体前沿科技发展趋势，重点聚焦 FD-SOI 技术研发以丰富公司的技术储备。目前公司自主核心技术产品占主营业务收入的比重达到 99.49%[1]，有力推动了我国半导体关键材料生产自主可控进程。

（3）内需牵引、融通内外的国际国内双循环体系

沪硅产业处在半导体产业链上游，主要以芯片厂商集中的亚洲、北美和欧洲为目标市场。其中，位于芬兰的全资子公司 Okmetic 目标市场以北美和欧洲为主，销售收入占比均在 37% 上下；亚洲地区销售收入占比约为 26%，其中中国内地占比在 10% 左右[2]。全资子公司上海新昇的主要产品为 300mm 半导体硅片，其客户主要集中在中国内地、亚洲其他地区和北美。而控股子公司新傲科技（持股比例为 89.3%）则以国内客户为主要市场。由此，大致形成了 Okmetic 主打欧美市场、上海新昇和新傲科技主打境内市场，国际市场与国内市场相互融通的总体格局。

2016 年沪硅产业主营业务收入为 27007 亿元，全部来自全资子公司 Okmetic。其中境内营收为 2456 万元，占比为 9.09%；境外营收占比达到 90.91%（见表 4-8）。随着 2018 年上海新昇 300mm 硅片实现规模化量产，Okmetic 营收占比由 100% 下降到 79%（见表 4-9），沪硅产业境外营收占比也相应下降到 80.88%，境内营收占比上升到 19.12%。2019 年公司报

---

① 按 2016 年至 2019 年 9 月数据计算。详见《上海硅产业集团股份有限公司首次公开发行股票并在科创板上市招股意向书》第 226 页。

② 按 2016 年至 2019 年 9 月数据计算。详见《上海硅产业集团股份有限公司首次公开发行股票并在科创板上市招股意向书》第 327 页、第 328 页。

表合并新傲科技营业收入 44888 万元，三家子公司的营收占集团公司总收入的比例变为：上海新昇 14%，新傲科技 30%，Okmetic 则下降到 56%。公司境外营收占比进一步下降到 71.92%。2021 年，随着 300mm 硅片产能持续释放，上海新昇的营业收入同比增长 119.74%，达到 69680 万元；新傲科技合并收入增长 41.09%，达 80272 万元[①]。Okmetic 营收增长 13.03%，为 96895 万元，占比下降到 39%。公司整体境外营收占比下降到 54.18%，而境内营收占比则上升到 45.82%。

　　从趋势图看（见图 4-8），公司境外营收与境内营收都呈增长态势，但 2018 年后公司境内营收增长更加强劲。从总体上看，公司境内营收占比与境外营收占比自 2016 年以来一直呈现此消彼长的态势，境内营收占公司总营收的比例稳步增加。事实上，随着美西方持续推动对华技术与供应链"脱钩"，以及在 2022 年对俄制裁中暴露的"无底线"面目，我国对关系国家安全的半导体产业越来越重视，政策激励、投资引领等产业促进措施不断实施，全球芯片制造产能向中国转移是一个长期趋势，中国将成为全球半导体硅片企业竞争的主战场。以助力我国硅产业自主可控为目标，沪硅产业内需牵引、内外融通的双循环格局将得到进一步强化。

表 4-8　沪硅产业主营业务收入的地区结构

年份	境外		境内		合计（万元）
	营业收入（万元）	占比	营业收入（万元）	占比	
2016	24551	90.91%	2456	9.09%	27007
2017	61505	88.77%	7778	11.23%	69283
2018	81593	80.88%	19294	19.12%	100887
2019	105398	71.92%	41147	28.08%	146545
2020	117793	66.51%	59321	33.49%	177114
2021	130377	54.18%	110258	45.82%	240635

注：合计数据为境外与境内相加，不包含其他（补充）收入数据。

---

　　① 由于公司年报没有披露合并财务数据，此处用当年新傲科技营业总收入 63710.99 万元乘以公司持股比例（89.3%）估算。

表4-9 沪硅产业子公司营业收入占比结构变化

年份	上海新昇		新傲科技		Okmetic		合计 (万元)
	营业收入 (万元)	占比	营业收入 (万元)	占比	营业收入 (万元)	占比	
2016	—	—	—	—	27007	100%	27007
2017	2470	4%	—	—	66813	96%	69283
2018	21511	21%	—	—	79376	79%	100887
2019	21518	14%	44888	30%	83003	56%	149409
2020	31710	18%	56894	33%	85724	49%	174328
2021	69680	28%	80272	33%	96895	39%	246847

注：2016—2018年数据为主营业务收入。2019年、2020年与2021年数据为营业收入，来源于公司年报。其中，2020年新傲科技归属沪硅产业的营业收入56894万元，为当年新傲科技营业总收入63710.99万元乘以持股比例（89.3%）得出的估算值。

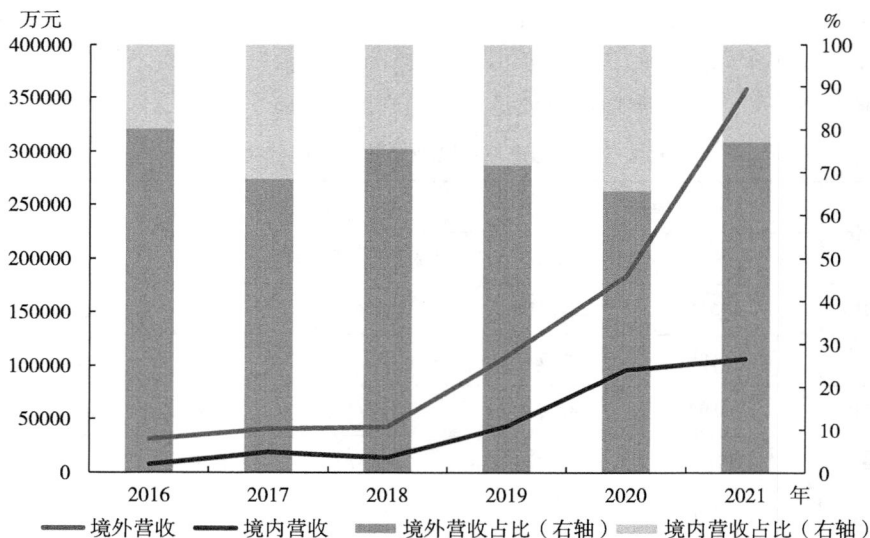

图4-8 沪硅产业主营业务收入及其结构变化

3. 启示与借鉴

沪硅产业是技术密集型企业"以内循环拓展外循环，参与二级双循环"，以自主研发实现价值链左侧升级，以国际并购融通国际国内市场，并借助内需增长实现企业快速发展的典型。其价值链治理及融通双循环的经验借鉴与启示可以归纳为以下两点。

第一，紧盯半导体硅片产业发展趋势与世界前沿技术节点，通过主导和参与国家重大科研项目，攻克技术难点、研发先进工艺、掌握核心技术，推动科技自主创新与 300mm 硅片制造自主可控，从价值链前端掌控优势利益，实现微笑曲线的左侧升级。

第二，以资产并购整合优势资源、完善产品矩阵与全球化布局，形成以不同子公司为主体、不同市场及产品相协调，国内国际相互融通的双循环新发展格局；抓住国内半导体产业发展的战略机遇，以自主可控为目标、以内需牵引为手段，实现企业跨越式发展与营收水平的稳步增长。

4.3.3　江苏卓胜微电子股份有限公司

1. 企业简介

江苏卓胜微电子股份有限公司（以下简称卓胜微）位于江苏省无锡市，主要从事射频前端芯片研究、开发与销售，向市场提供射频前端分立器件及模组产品，包括射频开关、射频低噪声放大器、射频滤波器、射频功率放大器等，以及低功耗蓝牙微控制器芯片等。前者主要用于智能手机等移动智能终端、网通设备和其他无线通信领域，如智能穿戴、通信基站、汽车电子、无人机、蓝牙耳机等；后者无线连接智能终端实现数据共享和管理控制，主要用于智能家居、可穿戴设备等物联网领域。公司是江苏省重点高新技术企业，国内领先的射频前端器件及无线连接芯片设计企业，也是国内射频芯片领域业务最为完整、综合能力最强的企业之一。公司致力于打造全球领先的射频芯片技术平台。在国内率先推出的接收端射频模组系列产品，性能指标已经达到国际一流水平，广泛应用于三星、华为、小米、vivo 等国内外知名企业。公司前身"江苏卓胜微电子有限公司"设立于 2012 年，2017 年整体变更为股份有限公司。2019 年 6 月在深圳证券交易所创业板上市，股票代码为 300782，归属行业为"计算机、通信和其他电子设备制造业"。

2. "双链交互"价值链治理分析

（1）专注技术研发与产品创新、深耕射频前端芯片设计

射频前端分立器件与模组是移动智能终端的核心部件，也是其通信功能的执行构件。其中，射频开关用于多路射频信号路径的切换，包括不同频段信号切换、信号接收与发射切换等，分为射频传导开关与天线调谐开关等类型。天线调谐开关以分立器件形式存在于天线附近，对电压承载、电阻导通和电容关断均有极高的技术要求。射频低噪声放大器（LNA）的功能是把天线接收到的微弱射频信号放大并降噪，以实现更好的通话质量

与更高的数据传输效率。射频滤波器的作用在于将特定频段外的信号滤除并保留频段内信号，从而提高信号的信噪比与抗干扰性。其中，SAW 滤波器用于中低频段，BAW 滤波器主要用于中高频段，尤其是 5G 通信场景。射频功率放大器（PA）的功能是把微弱的射频信号放大，使信号反馈到天线并发射出去，从而实现高质量与远距离通信。射频前端模组将以上两种或多种功能器件集成为一个模组，设计精度高、技术难度大。由于 5G 通信支持更多频段、更高带宽的数据交互，信号连接更为绵密、信号处理更为复杂，对射频前端模组的集成度及其性能也提出了更高要求。小型化、高集成以及低功耗、高性能成为其工艺标准与技术趋势。

卓胜微专注于射频前端芯片的研发、设计与销售，并不直接从事生产加工业务，属于 Fabless 模式①的集成电路设计企业。芯片设计是典型的技术密集型行业，不仅对企业科研水平与研发实力具有较高要求，而且需要大量的人力资本与研发资源投入。采取 Fabless 生产模式有利于集中资源聚焦技术研发与产品创新，提升新技术新产品的研发开发速度，强化企业的技术优势与市场开拓能力，并通过外协代工降低财务风险②。因此，在国内半导体行业中，芯片设计业的发展速度远高于晶圆制造与芯片封测。从射频前端芯片设计领域看，市场主要被博通（Broadcom）、威讯（Qorvo）、思佳讯（Skyworks）、恩智浦（NXP）、英飞凌（Infineon）等国外半导体头部企业垄断。其中，博通（Broadcom）在射频前端领域历史悠久、实力雄厚，占据了全球 BAW 滤波器 87% 左右的市场份额。威讯（Qorvo）则是全球滤波器和功率放大器的另一主要供货商，拥有 8% 左右的全球 BAW 滤波器市场份额——博通与威讯几乎垄断了 5G 滤波器现有专利技术与产品供给。思佳讯（Skyworks）在射频开关、射频功率放大器、滤波器等方面都有完善的产品覆盖，在模组集成方面具有较强实力。

射频前端芯片与依赖制程演进的处理器芯片不同，其技术升级寻求新设计、新工艺与新材料的最佳结合。目前常用工艺平台与器件材料主要包括 RF CMOS、SOI 与砷化镓（GaAs）、锗硅（SiGe）及压电材料等，氮化镓

---

① 半导体企业根据研发设计与制造能力的不同，一般分为 Fabless、Foundry 和 IDM 三种类型。Fabless 是指厂商只从事芯片设计与销售，晶圆制造、封测分别交由其他专业公司完成。Foundry 即代工厂（如台积电、中芯国际等），厂商专注于晶圆制造而不从事研发设计。IDM 即垂直整合制造（Integrated Device Manufacturing），厂商独自完成包括芯片设计、晶圆制造、封测在内的所有环节，目前只为少数大型企业所采用，如英特尔、三星、意法半导体等。

② 显而易见，在美西方对华技术脱钩的背景下，Fabless 模式也隐藏着产业链供应链断裂的风险，华为海思就是典型例证。

（GaN）、微机电系统等新材料或工艺也越来越多被采用。卓胜微以市场导向与技术引领深耕射频前端领域，把握新工艺、新材料、新技术发展方向，注重技术前沿战略布局与设计研发创新发展，不断增强公司的技术储备与领先优势，并结合市场需求加快成果转化，开发更具竞争力的产品。截至 2020 年底，公司共取得专利 63 项，其中国内专利 62 项（含发明专利51 项）、国际发明专利 1 项；集成电路布图设计 10 项。公司率先在国内射频开关、射频低噪声放大器（LNA）领域取得突破，形成了多项原始创新的核心技术，如"拼版式射频开关实现方法""CMOS 开关式低噪声放大器设计方法"等，成为国内最早基于 RF CMOS 工艺实现射频低噪声放大器产品化的企业，也是国际上先行推出集成射频低噪声放大器和开关单芯片产品的企业。

公司发明的"拼版式射频开关实现方法"，将不同开关器件集成于同一套底层晶圆模板，通过改动顶层连接方式快速实现不同射频开关的量产，极大地缩短了射频开关的供货周期。自主研发的射频接收开关与低噪声放大器单芯片集成方案（"CMOS 开关式低噪声放大器设计方法"），以及高性能射频低噪声放大器设计方法（"CMOS 射频低噪声放大器设计方法"），最大限度地发掘了标准 CMOS 工艺器件的性能极限，使之达到使用特殊材料才能实现的性能水平。CMOS 超低噪声 4G LTE 射频低噪声放大器，曾获得 2016 年"第十一届中国半导体创新产品和技术奖"。公司使用GaAs pHEMT 技术实现的高频射频低噪声放大器设计（"GaAs pHEMT 低噪声放大器设计方法"），可以根据客户需求推出相应的定制化产品，拓宽了产品的应用场景。

凭借以上自主创新的核心技术产品，卓胜微在国内射频开关和 LNA 领域占据了约 70% 的市场份额，带来了 96% 左右的营收占比[①]。为适应国内5G 商用对射频模组的市场需求，2019 年公司研发推出了多种类型的接收端模组产品，包括射频滤波器分集接收模组（DiFEM）、射频低噪声放大器/滤波器集成模组（LFEM）、多通道多模式低噪声放大器模组（LNA bank）等，可以满足各种应用场景需求并具有显著的成本优势，打破了国外厂商在射频模组领域的垄断局面，成功抢位国产化替代先机。其中射频低噪声放大器/滤波器集成模组（LFEM）产品，采用优化设计的 IPD 滤波器以适

---

① 2016 年至 2019 年，卓胜微核心技术产品射频开关与射频低噪声放大器，占公司营业收入的比例分别为 96.88%、96.15%、93.45%、96.74%。2020 年由于射频接收端模组产品量产，占比下降到 88.19%。

应 5G 通信制式 sub-6GHz 超高频段滤波需求，具有设计堆叠体积小、调试灵活、成本低、产能足等多重优势，同时在插入损耗、带外衰减、温度漂移、功率容量等方面均有优异表现，整体性能指标达到国际先进水平。2020年公司射频模组产品在多家知名手机厂商实现量产出货，给公司带来了9.93%的营收占比。随着国内外 5G 智能手机销售快速增长，接收端模组有望成为公司的明星类产品。公司还面向 WiFi5、WiFi6 连接要求推出了 WiFi模组产品（集成 WiFi PA、射频开关与 LNA 等器件），加快公司在射频领域的技术延伸与物联网领域的产品拓展。

（2）以国产化替代补链稳链强链，畅通产业链供应链国内大循环

第五代移动通信（5G）是第四次工业革命的基础设施。5G 通信与人工智能、物联网、云计算紧密结合，将开启一个万物泛在互联、人机深度交互的新时代，推动经济社会向数字化、网络化与智能化全面转型。在经历了 1G 至 4G 的跟随、参与及追赶之后，中国在 5G 技术与商用方面终于领跑世界，专利总数与基站建成数量均居世界首位。华为公司凭借卓尔不群的5G 全领域自主创新能力，成为中国乃至全球 5G 通信的领军企业，也因此成为美国政府"断供"遏制、竭力打压的主要目标。2019 年 5 月，美国商务部以国家安全为借口，禁止美国企业向华为出售相关技术和产品。2020年 5 月，美国商务部发布新禁令，严格限制华为使用美国技术和软件在美国境外设计和制造半导体。同年 8 月，美国政府对华为的打压再度升级，规定任何使用美国软件或美国制造设备为华为生产产品的行为都被禁止。这意味着台积电、三星、美光以及博通、威讯等主要代工企业或元器件厂商，将不能继续向华为供应芯片、存储器及 5G 射频芯片产品，直接把华为公司逼入了"无芯可用"的困境。

华为公司遭到美国政府封杀是最具历史意义的事件，美西方标榜的所谓"科技无国界"从此沦为笑柄，"自由竞争"也变为一句空话。核心技术的自主创新是必由之路，核心部件的国产化替代是破局之道。近年来，国内 5G 通信快速发展、本土手机品牌强势崛起，为境内产业链供应链打造了充分的需求牵引，为本土企业快速成长提供了肥沃土壤。卓胜微抓住 5G 商用及其射频器件进口替代机遇，从射频开关和射频低噪声放大器入手率先取得突破，打破了国外的技术垄断，实现了核心技术产品国产化替代。虽然在射频前端其他器件方面（如 BAW 滤波器）的技术研发与进口替代方面仍然任重道远，但并不影响公司以自主创新谋求突破、以国产化替代补链稳链强链，从而清除本土产业链供应链痛点，畅通产业链供应链国内大循

环的决心与目标。

表 4-10　卓胜微主营业务收入的地区结构

年份	境外			境内			合计	
	营业收入 （万元）	增长率	占比	营业收入 （万元）	增长率	占比	营业收入 （万元）	增长率
2016	30915	—	80.25%	7606	—	19.75%	38521	—
2017	40481	31%	68.42%	18684	146%	31.58%	59165	54%
2018	42297	4%	75.50%	13722	−27%	24.50%	56019	−5%
2019	108435	156%	71.70%	42804	212%	28.30%	151239	170%
2020	183242	69%	65.63%	95972	124%	34.37%	279214	85%
2021	357227	95%	77.10%	106131	11%	22.90%	463358	66%

　　在巩固原有客户合作关系的基础上，根据国内外需求变化以及本土企业的战略性适配要求，公司有针对性、前瞻性地进行产品研发与市场布局，通过领先的技术优势、稳定的供货能力以及高效的产品迭代，逐步向5G 通信技术领域和本土企业及供应链体系渗透。2016 年，公司主要客户为三星电子及其关联公司，销售金额占比达到 76.23%[①]；境外主营业务收入占比达到 80.25%，覆盖越南、韩国、中国香港、印度、印度尼西亚、美国、中国台湾等多个国家和地区[②]。自 2017 年开始，公司逐步加强与小米、vivo 等国内厂商的合作，射频开关与 LNA 产品出货量大幅增长，境内营收同比增长 146%达 18684 万元，占比上升到 31.58%，境外营收为 40481 万元，增长 31%；总营收增长 54%，为 59165 万元。2018 年公司境内营收下滑 27 个百分点，占比下降到 24.50%，总营收也下降了 5 个百分点。2019年公司上市后积极拓展国内外客户资源，境内营收同比增长 2.12 倍，达42804 万元；境外营收也增长了 1.56 倍，达 108435 万元；由于境外营收基数大、增加额多，境内营收占比下降到 28.30%。2020 年公司境内营收继续保持高速增长，占比上升到 34.37%。而 2021 年受海外需求增加影响，公司境外营收增长 95%；境内营收仅增长 11%，占比下降到 22.90%。2016 至2021 年，卓胜微境内、境外营收增长此起彼伏，并不完全同步，但在此过

　　① 详见《江苏卓胜微电子股份有限公司首次公开发行股票并在科创板上市招股意向书》第134 页。
　　② 详见《江苏卓胜微电子股份有限公司首次公开发行股票并在科创板上市招股意向书》第283 页。

程中公司总营收年均增长 74%，从 38521 万元到 463358 万元，增长了 11 倍有余。

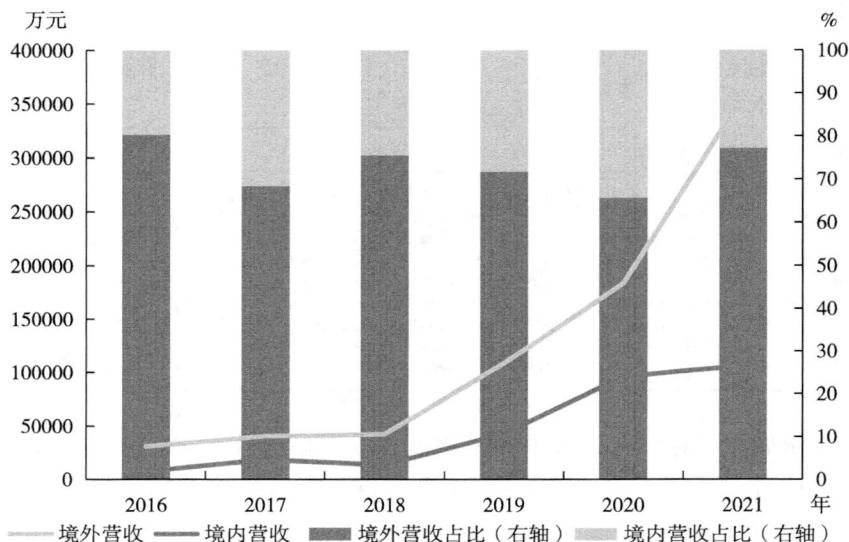

图 4-9　卓胜微主营业务收入及其结构变化

3. 启示与借鉴

卓胜微是技术密集型企业以技术研发与产品创新占领价值链高端环节，并在此基础上兼顾两个市场、统筹两种循环的典型。其价值链治理及融通双循环的经验借鉴与启示可以归纳为以下两点。

第一，专注于自主研发与产品创新，以技术引领与市场导向深耕射频前端芯片设计领域，把握 5G 通信发展和核心器件国产化替代与战略性适配机遇，加快自主研发成果的产品转化，从微笑曲线左侧高端掌控价值链优势利益。

第二，以打破国外技术垄断、实现核心技术自主创新为基础，通过关键元器件产品的国产化替代，逐步打通产业链供应链断点、清除产业链供应链痛点，增强产业链供应链的自主可控能力，畅通产业链供应链国内大循环。在此基础上兼顾两个市场、统筹两种循环，在协调内外、相机而动中推动企业营收稳步高速增长。

4.4　本章小结

1. 章节主旨

本章以国内制造业 A 股上市公司为研究对象，按照劳动密集型、资本密集型和技术密集型的分类，分别筛选出具有"双链交互"治理特征且成效显著的典型企业进行案例分析，总结提炼这些企业通过国内国际双循环优化价值链治理的经验借鉴与路径启示，为新发展格局下中国企业融通双循环实施"双链交互"治理提供实践参考。

2. 内容概要

本章选取了三种类型制造业共九家 A 股上市公司进行分析研究，具体行业涵盖"纺织服装、服饰业""家具制造业""电气机械和器材制造业""专用设备制造业""汽车制造业"以及"计算机、通信和其他电子设备制造业"。其"双链交互"价值链治理特征及融通双循环的经验启示如表 4-11 所示。

表 4-11　"双链交互"价值链治理案例汇总

企业类型	企业名称	特点	价值链治理	"双链交互"
劳动密集型	嘉欣丝绸 (002404)	1. 微笑曲线双侧升级 2. 以外循环拓展内循环，逐步过渡到二级双循环	以技术研发为支撑，提高生产效率及产品品质；以自主品牌营销为牵引，提高产品附加值含量	以内循环培育品牌，以外循环重构全球价值链，打造以我为主的丝绸业全球价值链
	曲美家居 (603818)	1. 占领价值链高端环节 2. 以内循环拓展外循环，参与二级双循环	紧抓价值链关键环节（设计、品牌和渠道），以研发设计塑造品牌气质，以渠道建设夯实发展基础	通过国内价值链打造企业核心竞争力，通过跨国并购完善品牌矩阵与渠道网络，在"内外融合"中构建新发展格局
	爱仕达 (002403)	1. 占领价值链高端环节 2. 兼顾两个市场、统筹两种循环，做到相机而动、内外协调	以技术研发与品牌锻造把控价值链高端环节，实现微笑曲线双侧升级；以智慧建设、技术联结实施跨界拓展，助力微笑曲线叠加上移升级	深耕国内大循环、稳固企业基本盘，融入国际外循环、维护企业增长极，在统筹兼顾中做到内外协调、动态平衡与持续发展

企业类型	企业名称	特点	价值链治理	"双链交互"
资本密集型	北鼎股份（300824）	1. 微笑曲线右侧升级 2. 以外循环拓展内循环，逐步过渡到二级双循环	瞄准国内消费升级，采取差异化营销策略，打造高端自主品牌产品，从 OEM 与 ODM 业务逐步转向自主品牌经营	借助国际外循环锻造制造能力、积累技术经验，打造自主品牌；依托国内大内循环优化营收结构，并拓展自主品牌外销市场
资本密集型	比亚迪（002594）	1. 微笑曲线叠加上移 2. 以内循环拓展外循环，参与二级双循环	以技术创新铸造品牌基因与市场形象，依托科技联结与产品关联推动跨界拓展、形成垂直一体化经营，推动微笑曲线上移与跨产业升级	以技术进步抢占发展先机，以国内大循环的正反馈效应实现跨越性发展，并在此过程中衍生国际外循环
资本密集型	浙江鼎力（603338）	1. 微笑曲线左侧升级 2. 兼顾两个市场、统筹两种循环，做到相机而动、内外协调	依靠自主创新、科技赋能，实现微笑曲线的左侧升级；通过海外并购打破市场壁垒，实现微笑曲线右侧拓展	在积极耕拓海外市场、不断提升企业综合实力的同时，做好国内大循环的战略性布局，双管齐下、统筹安排、内外联动
技术密集型	光库科技（300620）	1. 微笑曲线左侧升级 2. 以外循环拓展内循环，参与二级双循环	以研发设计为核心、以生产工艺为辅助掌控价值链优势利益；通过精湛的制造工艺提升产业链供应链竞争地位，从价值链前端（生产端）把控微笑曲线的左侧升级通路	从价值链后端（消费端）审视国内外两个市场、融通国际国内双循环，以国际市场锤炼竞争力，以国内市场促进大发展
技术密集型	沪硅产业（688126）	1. 微笑曲线左侧升级 2. 以内循环拓展外循环，参与二级双循环	通过主导和参与国家重大科研项目，攻克技术难点、研发先进工艺、掌握核心技术，从价值链前端掌控优势利益，实现微笑曲线的左侧升级	以资产并购整合优势资源、完善产品矩阵与全球化布局，形成国内国际相互融通的双循环新发展格局；以自主可控为目标，以内需牵引为手段，实现企业跨越式发展
技术密集型	卓胜微（300782）	1. 占领价值链高端环节 2. 兼顾两个市场、统筹两种循环，做到相机而动、内外协调	以技术引领与市场导向专注于自主研发与产品创新，加快自主创新成果的产品转化，从微笑曲线左侧高端掌控价值链优势利益	以打破国外技术垄断、实现核心技术自主可控为目标，通过关键元器件产品的国产化替代，打通本土产业链供应链断点、清除本土产业链供应链痛点，畅通国内大循环

第5章 策略参考

—— "双链交互" 治理下深圳企业的双循环策略

5.1 深圳市制造业及其A股上市公司情况

5.1.1 深圳市制造业总体情况

2020年深圳市地区生产总值为27670亿元，低于上海市（38701亿元）与北京市（36103亿元），高于广州市（25019亿元），在四大一线城市中排名第三。其中工业增加值为9528亿元，与上海市工业增加值大体相当（9657亿元），是北京市工业增加值（4217亿元）的2.26倍、广州市工业增加值（5723亿元）的1.66倍；占第二产业增加值的比重为91.14%，与上海市（93.85%）相差无几，比北京市（73.76%）和广州市（86.83%）分别高出17.38个和4.31个百分点；占地区生产总值的比重为34.43%，比上海市（24.95%）高出9.48个百分点。2000年至2020年，深圳市第二产业增加值占地区生产总值的比例由50%下降到37.80%，最高为2005年的53.80%。其间深圳市工业增加值年均增长12.82%（2020年受新冠肺炎疫情影响下降0.05个百分点）。工业增加值占第二产业增加值的比重由2000年的88.64%上升2.5个百分点至91.14%；占地区生产总值的比重由2000年的44.29%下降9.9个百分点至34.39%，最高为2005年的50.8%（见图5-1）。

2020年深圳市规模以上工业总产值为38461亿元。按工业行业大类分，"石油和天然气开采"与"开采专业及辅助性活动"产值占比为0.74%，"电力、燃气和水的生产与供应业"产值占比为3.20%。制造业总产值为36945亿元，占全市工业总产值的96.06%。其中"计算机、通信和其他电子设备制造业"总产值为23600亿元，占比为63.93%，接近深圳市制造业总产值的2/3。"电气机械和器材制造业""专用设备制造业"的制造业总产值占比分别为 7.69% 和 4.23%，分别为深圳市第二、第三大制造业。按照要素密集度分类，2020 年深圳市劳动密集型制造业产值为 5089 亿元，占制造业总产值的 13.77%；资本密集型制造业产值为 7256 亿元，占制造业总产值的 19.64%；技术密集型制造业产值为 24601 亿元，占制造业总产值的比例达到 66.59%。具体如表 5-1 所示。

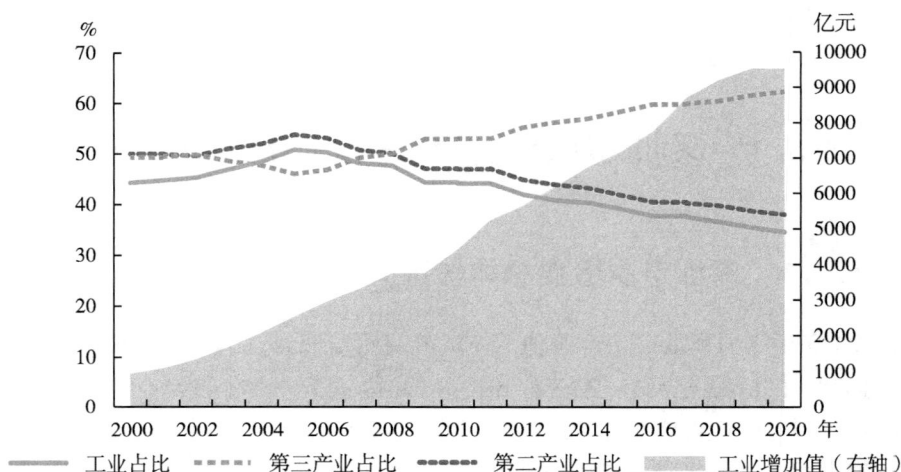

图 5-1　深圳市工业增加值及其占比变化

表 5-1　深圳市规模以上制造业总产值构成

类型	制造业	占制造业总产值的比例（%）
劳动密集型	农副食品加工业	0.76
	食品制造业	0.19
	酒、饮料和精制茶制造业	0.49
	烟草制品业	0.23
	纺织业	0.36
	纺织服装、服饰业	0.49
	皮革、毛皮、羽毛及其制品和制鞋业	0.20
	木材加工和木、竹、藤、棕、草制品业	0.00
	家具制造业	0.31
	造纸和纸制品业	0.38
	印刷和记录媒介复制业	0.77
	文教、工美、体育和娱乐用品制造业	3.19
	橡胶和塑料制品业	2.13

类型	制造业	占制造业总产值的比例（%）
劳动密集型	非金属矿物制品业	1.36
	金属制品业	1.70
	其他制造业	0.39
	废弃资源综合利用业	0.84
	金属制品、机械和设备修理业	0.00
	小计	13.77
资本密集型	石油加工、炼焦和核燃料加工业	0.07
	化学原料和化学制品制造业	0.86
	化学纤维制造业	0.00
	黑色金属冶炼和压延加工业	0.07
	有色金属冶炼和压延加工业	1.23
	通用设备制造业	2.95
	专用设备制造业	4.23
	汽车制造业	2.14
	铁路、船舶、航空航天和其他运输设备制造业	0.41
	电气机械和器材制造业	7.69
	小计	19.64
技术密集型	计算机、通信和其他电子设备制造业	63.93
	仪器仪表制造业	1.44
	医药制造业	1.22
	小计	66.59

资料来源：根据《深圳统计年鉴（2021）》计算整理。

5.1.2　深圳市制造业 A 股上市公司总体情况

截至 2022 年 4 月底，深圳市共有上市公司 371 家（不含退市公司），其中制造业上市公司 229 家，占比为 62%。其中劳动密集型制造业上市公司 31 家，涉及"橡胶和塑料制品业""金属制品业""纺织服装、服饰业"等 13 个行业；资本密集型制造业上市公司 72 家，涉及"电气机械和器材制造业""专用设备制造业""化学原料和化学制品制造业"等行业；技术密集型制造业上市公司 126 家，包括"计算机、通信和其他电子设备制造业"公司 109 家，"仪器仪表制造业"公司 6 家，"医药制造业"公司 11 家。从类型看，深圳市制造业上市公司以技术密集型（Technology-Intensive，TI）为主，占比为55%；其次是资本密集型（Capital-Intensive，CI），占比为31%；劳动密集型（Labor-Intensive，LI）制造业上市公司占比仅为14%，具体见图5-2。从具体行业看（见图5-3），"计算机、通信和其他电子设备制造业"上市公司数量占比最高，达到48%；其次是"电气机械和器材制造业""专用设备制造业"和"医药制造业"，占比分别达到12%、11%和5%。以上四大行业上市公司总数为173家，占深圳市制造业上市公司总数的76%。

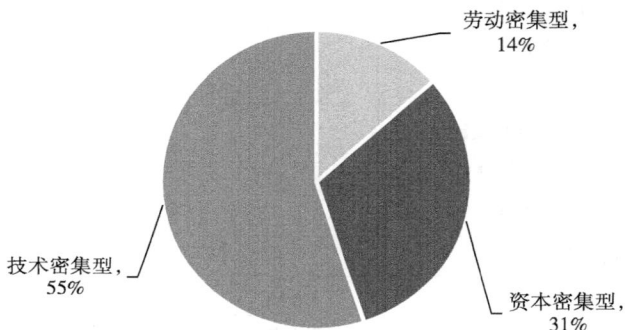

图5-2　深圳市三类制造业上市公司数量占比

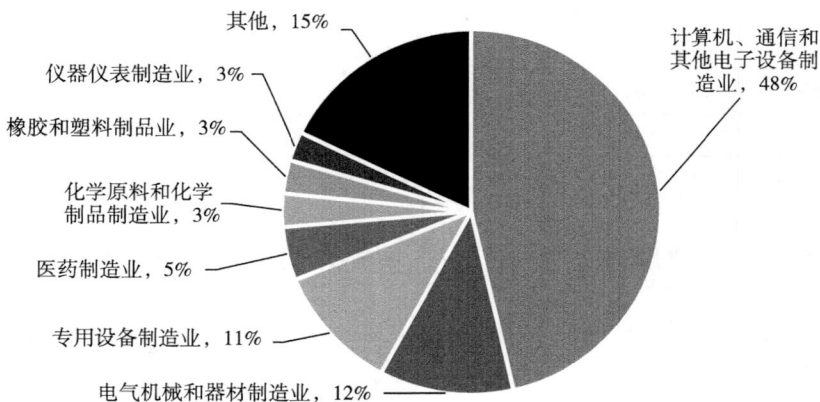

图5-3　深圳市制造业上市公司的行业结构

5.2　深圳市劳动密集型制造业企业双循环策略

5.2.1　深圳市劳动密集型制造业 A 股上市公司情况

　　截至 2022 年 4 月，深圳市共有劳动密集型制造业上市公司 31 家①，具体行业分布比较分散。其中"橡胶和塑料制品业"的上市公司数量最多，为 7 家，占比达到 23%；"金属制品业"次之，有 4 家上市公司，数量占比为 13%；"纺织服装、服饰业"与"非金属矿物制品业"各有 3 家上市公司，占比均为 10%；"农副食品加工业""纺织业""造纸和纸制品业""废弃资源综合利用业"与"其他制造业"各有 2 家上市公司；"酒、饮料和精制茶制造业""家具制造业"等 4 个行业各有 1 家上市公司（具体见表 5-2）。从上市地点来看，在深圳证券交易所上市的共有 27 家，包含主板（含中小板）21 家、创业板 6 家；在上海证券交易所上市的共有 4 家，包含主板 3 家、科创板 1 家。

表 5-2　深圳市劳动密集型制造业上市公司一览

行业	股票代码	公司	主营业务
农副食品加工业	000048	京基智农	现代农业（饲料、养殖）、房地产业
	002548	金新农	生猪养殖、猪饲料
酒、饮料和精制茶制造业	605499	东鹏饮料	东鹏特饮、由柑柠檬茶
纺织业	002327	富安娜	床上用品
	300888	稳健医疗	医用耗材、健康生活消费品
纺织服装、服饰业	603808	歌力思	高级时装品牌
	002875	安奈儿	中高端童装品牌
	002763	汇洁股份	文胸内裤保暖衣
家具制造业	002751	易尚展示	终端展示、虚拟展示
造纸和纸制品业	002303	美盈森	轻型包装产品
	002831	裕同科技	纸质精品包装

---

　　①　此处延续前文按《国民经济行业分类》对制造业进行要素密集度划分的做法，对各上市公司而言不一定非常科学与准确。例如，上市公司瑞华泰（688323）主营热控 PI 薄膜与电子 PI 薄膜的研发、生产与销售（见表 5-2），应归属于技术密集型而非劳动密集型行业；翔丰华（300890）主要从事锂电池负极材料的研发、生产和销售，也应归属于技术密集型或资本密集型行业。

续表

行业	股票代码	公司	主营业务
印刷和记录媒介复制业	002191	劲嘉股份	烟标和其他产品
文教、工美、体育和娱乐用品制造业	002301	齐心集团	办公物资
橡胶和塑料制品业	002243	力合科创	塑料包装新材料
	002735	王子新材	塑料包装膜、泡沫包装材料
	002886	沃特股份	改性通用塑料、特种高分子材料
	300731	科创新源	高性能特种橡胶密封材料
	603991	至正股份	电缆特种绝缘高分子材料、光缆特种环保聚烯烃高分子材料
	688323	瑞华泰	热控 PI 薄膜、电子 PI 薄膜
	300868	杰美特	智能手机保护类产品
非金属矿物制品业	300890	翔丰华	锂电池负极材料
	000012	南玻 A	玻璃产品、电子玻璃
	000023	深天地 A	商品混凝土
金属制品业	002850	科达利	锂电池结构件
	301268	铭利达	精密压铸、注塑结构件
	000039	中集集团	集装箱制造及物流服务
	000055	方大集团	幕墙系统及材料、地铁屏蔽门
其他制造业	002867	周大生	品牌珠宝首饰
	300962	中金辐照	辐照技术
废弃资源综合利用业	002672	东江环保	工业废物资源化处置
	002340	格林美	稀有金属资源化

资料来源：根据大智慧 365 系统 "F10" 资料整理。

5.2.2 深圳市 LI 制造业上市公司 "双链交互" 治理情况

1. 主营业务境内外营收结构情况

从上市公司境内外营收结构看（见表 5-3），深圳市劳动密集型制造业总体以境内市场 "内循环" 为主要特点。其中 "农副食品加工业" "酒、饮料和精制茶制造业" "印刷和记录媒介复制业" 以及 "其他制造业" 的上市公司近三年境内主营业务收入占比均为 100%，"家具制造业" "文教、工美、体育和娱乐用品制造业" "非金属矿物制品业" 的上市公司近三年境内主营业务收入占比在 90% 上下，其他行业的上市公司则情况不一，但绝大部分公司境内主营业务收入占比在 75% 上下。

"纺织业"两家上市公司中，富安娜（002327）主营床上用品，近三年境内营收占比为 100%；稳健医疗（300888）主营医用耗材、健康生活消费品，境内主营业务收入占比一般在 80% 左右，2020 年新冠肺炎疫情突发，公司"医用耗材—疾病防护用品"出口激增，使得境外营收占比从 2019 年的 18% 增长到 48%，2021 年又恢复到 21% 的一般水平附近。"纺织服装、服饰业"三家上市公司中，安奈儿（002875）、汇洁股份（002763）近三年境内主营业务收入占比为 100% 或接近 100%，歌力思（603808）近三年境内主营业务收入占比则在 75% 以上。"造纸和纸制品业"两家上市公司中，美盈森（002303）主营轻型包装产品，2021 年境内主营业务收入占比为 75%。裕同科技（002831）主营纸质精品包装，近三年境内主营业务收入占比在 85% 上下。

"橡胶和塑料制品业"七家上市公司，除杰美特（300868）外，境内营收占比一般都在 80% 以上，2021 年均占 85% 以上，境外营收占比 1% 至 15% 不等。杰美特（300868）主营智能手机保护类产品，包括手机、平板与穿戴设备保护壳以及表带等，2019 年境内外营收占比分别为 47%、46%；2021 年境外营收占比上升到 62%，境内营收占比下降到 38%。"金属制品业"情况类似，4 家上市公司中有 3 家主营业务收入以境内为主，占比在 90% 以上。剩下的 1 家上市公司为铭利达（301268），主营精密压铸、注塑结构件，其境内外营收占比相对均衡，2021 年营收结构为 49%∶50%。

总体而言，深圳市绝大部分劳动密集型上市公司以境内市场为依托参与经济内循环，数量占比达到 94%。其中近三年境外市场营收占比为零的纯内循环企业有 10 家，占比达到 32%。仅 1 家公司主营业务收入主要来自境外市场。同时也仅有 1 家公司的营收结构在境内外市场保持了大体平衡，占比为 3%。

表 5-3　深圳市劳动密集型制造业上市公司境内外营收结构

行业	股票代码	公司	2021 年		2020 年		2019 年	
			境外	境内	境外	境内	境外	境内
农副食品加工业	000048	京基智农	0%	100%	0%	100%	0%	100%
	002548	金新农	0%	100%	0%	100%	0%	100%

续表

行业	股票代码	公司	2021 年		2020 年		2019 年	
			境外	境内	境外	境内	境外	境内
酒、饮料和精制茶制造业	605499	东鹏饮料	0%	100%	0%	100%	0%	100%
纺织业	002327	富安娜	0%	100%	0%	100%	0%	100%
	300888	稳健医疗	21%	79%	48%	52%	18%	80%
纺织服装、服饰业	603808	歌力思	21%	79%	22%	78%	25%	75%
	002875	安奈儿	1%	99%	0%	100%	0%	100%
	002763	汇洁股份	0%	100%	0%	100%	0%	100%
家具制造业	002751	易尚展示	5%	95%	12%	88%	13%	87%
造纸和纸制品业	002303	美盈森	25%	75%	27%	70%	28%	69%
	002831	裕同科技	15%	85%	16%	84%	16%	84%
印刷和记录媒介复制业	002191	劲嘉股份	0%	100%	0%	100%	0%	100%
文教、工美、体育和娱乐用品制造业	002301	齐心集团	8%	92%	11%	89%	6%	94%
橡胶和塑料制品业	002243	力合科创	14%	85%	21%	78%	21%	79%
	002735	王子新材	14%	86%	17%	83%	20%	80%
	002886	沃特股份	14%	86%	14%	86%	18%	82%
	300731	科创新源	10%	90%	10%	90%	10%	90%
	603991	至正股份	1%	99%	5%	92%	1%	99%
	688323	瑞华泰	4%	96%	2%	98%	6%	94%
	300868	杰美特	62%	38%	61%	39%	46%	47%
非金属矿物制品业	300890	翔丰华	0%	100%	0%	100%	0%	100%
	000012	南玻 A	9%	91%	11%	89%	13%	87%
	000023	深天地 A	0%	100%	0%	100%	0%	100%
金属制品业	002850	科达利	3%	97%	4%	96%	3%	97%
	301268	铭利达	50%	49%	47%	53%	40%	59%
	000039	中集集团	9%	91%	13%	87%	47%	53%
	000055	方大集团	5%	95%	5%	95%	6%	94%
其他制造业	002867	周大生	0%	100%	0%	100%	0%	100%
	300962	中金辐照	0%	100%	0%	100%	0%	100%

续表

行业	股票代码	公司	2021 年		2020 年		2019 年	
			境外	境内	境外	境内	境外	境内
废弃资源综合利用业	002672	东江环保	2%	98%	1%	99%	1%	99%
	002340	格林美	25%	75%	21%	79%	21%	79%

注：限于数据来源，部分境内外营收占比之和不等于 1。

资料来源：根据大智慧 365 系统 "F10" 资料与各上市公司年报数据整理。

2. 产业链价值链的位置位势情况

（1）农副食品加工业

"农副食品加工业"两家上市公司中，京基智农（000048）以现代农业为战略核心业务，聚焦生猪养殖业，重点服务粤港澳大湾区城市群。在广东、广西及海南地区布局生猪养殖产业链项目，拥有猪肉、鸡肉等自主品牌的优质畜禽产品。2021 年，公司深圳地区营收占比为 69.78%，粤港澳大湾区其他地区营收占比为 30.22%。金新农（002548）以生猪养殖及饲料生产销售为核心业务，涉及商品猪供给、饲料营养、种猪繁育等方面业务。公司生猪养殖以良种猪"自繁自养"为主，业务分布于华南的广东，华东的江西、安徽、福建，以及东北的黑龙江等省市。华南、华东和东北地区营收占比位列前三，分别为 35.80%、28.97% 和 19.97%。

（2）酒、饮料和精制茶制造业

"酒、饮料和精制茶制造业"上市公司东鹏饮料（605499）为国内能量饮料的先导企业，其"东鹏特饮"系列产品仅次于"红牛"（泰国品牌），为国内能量饮料市场第一民族品牌，获得了"中国驰名商标""广东省著名商标""深圳老字号""18~30 岁年龄段消费者最喜爱的品牌"等荣誉。公司深耕能量饮料行业、锁定功能饮料赛道，以东鹏特饮为核心建构"东鹏能量+"品牌矩阵，聚焦重点消费人群、搭建全渠道营销体系，在产品研发、品牌影响以及营销网络等方面具有核心竞争力。公司营收目前以广东为主，2021 年占比达到 45.85%。为应对国内能量饮料市场需求的不断增长，公司已开始生产基地的全国布局。2021 年，公司在华东、华中和广西的营收占比均达到 10% 以上。

（3）纺织业

"纺织业"上市公司富安娜（002327）是集研发、设计、生产、营销与物流于一体的综合性家纺家居企业，旗下拥有"富安娜"（时尚经典系列）、"VERSAI 维莎"（艺术轻奢系列）、"馨而乐"（年轻温馨系列）、"酷智奇"

（儿童系列）四大自主品牌产品。公司以原创设计与自主品牌为核心，聚焦"艺术家居"、深耕"艺术家纺"，"以设计赋予灵魂，以艺术铸就经典"，持续提升品牌价值与品牌影响力，曾获得"60年60品牌""中国家纺家居行业十大影响力品牌""中国家居行业领军品牌"等荣誉。

稳健医疗（300888）是一家以棉为中心的医疗健康企业，涵盖医用耗材与健康生活消费品两大领域，拥有"winner稳健医疗""Purcotton全棉时代"与"PureH2B津梁生活"三大品牌。公司是国内最早建立从棉花采购到敷料研发与生产，再到对外出口的全产业链医用耗材企业之一。"winner稳健医疗"医用耗材产品凭借创新工艺与卓越品质，在国内建立了良好的口碑与品牌影响力。"Purcotton全棉时代"以"医学贴近生活，全棉呵护健康"为主张，实现了从医疗用品向家用产品的拓展。2019年公司推出"PureH2B津梁生活"品牌，进一步向美妆、运动等康美生活领域延伸。

（4）纺织服装、服饰业

"纺织服装、服饰业"上市公司歌力思（603808）以"成为有国际竞争力的高端时装品牌集团"为目标，主营品牌女装的研发设计、生产与销售。公司拥有中国高级时装品牌ELLASSAY、德国高端女装品牌Laurèl和法国设计师品牌IROParis的全球所有权，英国当代时尚品牌self-portrait在中国内地的所有权，以及美国轻奢潮流品牌EdHardy在大中华区（含港澳台）的所有权，形成了包含时尚、潮牌、轻奢、网红等多属性的品牌矩阵，覆盖不同细分市场需求。

安奈儿（002875）主营中高端童装的研发设计、生产与销售，产品涵盖小童（0~3岁）装和大童（4~12岁）装两大类别。自主品牌"ANNIL安奈儿"被评为"中国十大童装品牌"。汇洁股份（002763）主营内衣（包括文胸、内裤、保暖内衣等）的研发设计与生产销售。公司采取多品牌发展战略，目前拥有"曼妮芬""伊维斯""兰卓丽""桑扶兰""乔百仕""加一尚品""秘密武器"和"土豆先生"八个主品牌。其中"曼妮芬"是"中国驰名商标"，2021年营收占比达到67.07%。公司营收主要来源于华南地区，占比达到50.46%。

（5）造纸和纸制品业

"造纸和纸制品业"上市公司美盈森（002303）和裕同科技（002831）均为从事包装一体化经营业务的企业。前者主营运输包装、精品包装、标签产品及电子功能材料模切产品的研发、生产与销售，主要产品包括瓦楞包装产品和精品盒产品等，主要应用于电子通信与家用电器行业。公司是瓦楞包装行业内少数拥有自主知识产权的企业之一。后者主要从事纸质印刷包装产品的研发、生产与销售，主要产品为高端纸质印刷包装产品（如精品盒、说明书和纸箱等），主要应用于消费类电子和烟酒行业。公司是国内领先的包装整体解决方案服务商，曾获得"中国包装优秀品牌""中国包装百强企业"等荣誉称号。

（6）印刷和记录媒介复制业

"印刷和记录媒介复制业"上市公司劲嘉股份（002191）的主营业务为烟标印制及相关包装材料的生产经营，主要产品为烟标、高端彩盒及包装新材料、新型烟草制品等。2021 年公司烟标营收占比为 45.41%，彩盒与包装新材料营收占比分别为 22.39%、18.96%。公司为烟标行业标准的制定者之一，设有国家级"绿色包装印刷材料及制品精密印制技术国家地方联合工程研究中心"，在全国拥有 18 个生产基地，在全国烟标行业中具有市场领先优势、生产规模优势和技术研发优势。

（7）文教、工美、体育和娱乐用品制造业

"文教、工美、体育和娱乐用品制造业"上市公司齐心集团（002301）主营 B2B 办公物资的研发、生产和销售，主要产品包括文件管理用品、OA 办公设备、桌面文具等 1000 余种，是国内 B2B 办公物资领域的领跑者、中国最大的办公文具（文件夹）制造商。"齐心"为"中国驰名商标""广东省著名商标"，曾获评"中国十大文具品牌""中国最畅销文具品牌"和"中国文件夹第一品牌"。公司以打造"世界级的办公用品集成供应商"为目标，搭建产业互联网数字化平台，形成了完善的全套线上物资集采解决方案，建立了覆盖全国的营销网络和商品交付体系，在研发设计、品牌影响与营销渠道方面具有竞争优势。

（8）橡胶和塑料制品业

"橡胶和塑料制品业"上市公司中，力合科创（002243）原从事化妆品塑料包装产品的生产和销售，现在转型为塑料包装新材料与科技创新服务双主业。公司为细分领域龙头企业，拥有国家"863"计划材料表面工程技术研发中心、国家"专精特新"中小企业服务示范平台等四个国家级创新载体，以及广东省新型研发机构、广东省中小企业服务示范平台等六个省级创新载体。王子新材（002735）主要从事塑料包装业务，产品包括塑料包装膜、塑料缓冲材料、聚苯乙烯泡沫（EPS）、聚合发泡材料（EPO）等，主要应用于计算机、智能手机、家用电器等电子产品的生产周转及销售包装。公司是"中国包装行业百强企业""中国塑料包装行业 40 强企业",主要客户群体为国内外著名的电子产品、家用电器等大型制造企业。

沃特股份（002886）主要从事高性能功能高分子材料合成、改性和成品的研发、生产制造、销售及技术服务。公司设有广东省院士专家企业工作站、广东省工程技术研究开发中心、深圳特种纤维复合材料工程技术研究开发中心等研究机构。公司聚苯醚（PPE）系列材料技术、碳纤维及碳纳米管复合材料技术均居业内领先地位。科创新源（300731）专注于高分子材料的研发、生产和销售，主要从事通信及电力用防水密封绝缘防火高分子材料业务以及新能源领域热管理系统业务。公司核心产品（高性能特种橡胶胶粘带及冷缩套管）的多数技术指标行业领先，部分达到国际先进水平。

至正股份（603991）① 主营电线电缆光缆用绿色环保型聚烯烃高分子材料的研发、生产和销售。公司产品作为绝缘材料或外护套料，广泛应用于电线电缆及光缆的生产制造。公司设立的技术中心被认定为"上海市市级企业技术中心"。"至正""Original"品牌荣获"上海市著名商标"，已成为环保电缆材料行业的知名品牌。瑞华泰（688323）专业从事高性能PI薄膜的研发、生产和销售。公司掌握了高性能PI薄膜制备的完整核心技术，推动高性能PI薄膜行业的国产化替代，已成为全球高性能PI薄膜产品种类最丰富的供应商之一。多款产品（如航天航空用PI薄膜、柔性显示用CPI薄膜等）打破了国外厂商的市场垄断与技术封锁，填补了国内空白。

杰美特（300868）从事移动智能终端保护类配件产品的研发设计、生产及销售，在研发设计和生产制造方面积累了多项专利和核心技术。公司建立了以大型移动智能终端制造商和全球知名移动智能终端配件品牌商为主的ODM/OEM业务市场布局。自有品牌"X-doria"凭借良好的设计理念和精良的制造工艺，荣获"全球苹果产业链领先品牌20强""产品创新设计奖"等荣誉，销售市场遍及美国、欧洲及日本等多个国家或地区。2021年，公司ODM/OEM业务营收占比为65.23%，自有品牌营收占比为34.77%。

（9）非金属矿物制品业

"非金属矿物制品业"上市公司中，翔丰华（300890）从事锂电池负极

---

① 公司原名为"上海至正道化高分子材料股份有限公司"，注册地为上海莘庄。2021年6月变更为"深圳至正高分子材料股份有限公司"，注册地为深圳南山。

材料的研发、生产和销售。现有产品为石墨负极材料，广泛应用于动力交通工具、3C 消费电子和工业储能等锂电池领域。公司拥有行业领先的核心技术并形成了较为完备的产品线。主要客户包括 LG 新能源、比亚迪（002594）、国轩高科（002074）、多氟多（002407）等优秀企业。南玻 A（000012）是国内节能玻璃和太阳能光伏产品及显示器件知名企业，主营业务包括研发、生产和销售优质浮法玻璃、工程玻璃、光伏玻璃、超薄电子玻璃和显示器件等。公司以自主研发引领中国玻璃行业发展。截至 2021 年底，共拥有国家级高新技术企业 18 家，国家级制造业单项冠军产品 2 个，国家级工程实验室与企业技术中心各 1 个，国家知识产权优势企业 3 个，国家级专精特新"小巨人"企业 3 个。公司所持有的"南玻"和"SG"均为"中国驰名商标"与行业知名品牌。深天地 A（000023）主营商品混凝土的生产和销售与房地产开发，2021 年营收占比分别为 85.50% 和 12.63%。地区营收主要来自深圳市以及湖南、江苏两省，2021 年三地营收占比分别为 67.65%、18.97% 和 12.63%。

（10）金属制品业

"金属制品业"上市公司科利达（002850）是国内领先的电池精密结构件和汽车结构件研发与制造企业，在动力电池精密结构件制造方面掌握了安全防爆、防渗漏等多项核心技术，凭借突出的研发响应能力、先进的技术水平、优秀的生产管理、卓越的产品品质，与众多全球知名锂电池生产商保持了长期、稳定的合作关系。目前营收主要来自华东地区（2021 年占比为 74.21%）。铭利达（301268）从事精密结构件及模具的研发、生产与销售，以产品研发、模具设计和工艺创新为核心提供多类型、一站式精密结构件，核心技术产品占营业收入的比例在 99.4% 以上①。公司在光伏、安防、消费电子以及新能源汽车领域拥有丰富的国内外优质客户资源。

中集集团（000039）是全球领先的物流与能源行业设备及解决方案供应商，主营业务包括集装箱制造业务（2021 年营收占比为 38.49%）、物流服务业务（占比为 17.83%）、道路运输车辆业务（占比为 16.12%）等。公司以集装箱制造业务为基础、以"装备+科技"为特色，致力于成为中国海、河、陆（铁路）、空多式联运的领军者。方大集团（000055）主营智慧幕墙、PVDF 铝单板、轨道交通屏蔽门制造等业务，致力于将"方大"打造

---

① 详见《深圳市铭利达精密技术股份有限公司首次公开发行股票并在创业板上市招股说明书》第 286 页至第 288 页。

成为全球行业标杆品牌。2021年公司智慧幕墙制造业务营收占比为72.65%，地铁屏蔽门业务营收占比为15.02%。公司在新加坡、印度、澳大利亚、孟加拉国、我国香港等"一带一路"国家和地区设立了分支机构。2021年，公司境内外营收占比分别为94.62%、5.38%。

（11）废弃资源综合利用业

"废弃资源综合利用业"上市公司东江环保（002762）是国内领先的工业废弃物处理处置与资源化利用综合服务商。公司旗下拥有6个省级以上创新平台和19家高新技术企业，获得授权专利500余项（截至2021年底）。在工业与市政废弃物处理与资源化利用方面，拥有多项核心技术和丰富的技术储备与研发成果。格林美（002340）主要从事新能源材料制造和废物回收业务。公司是世界新能源供应链的头部企业，动力电池用三元前驱体材料与3C电池材料四氧化三钴出货量均稳居世界第二。自主研发的"浓度梯度超高镍核壳三元前驱体材料"技术，代表了全球三元前驱体制造的技术高度与发展方向。公司也是世界领先的废物再生企业和循环经济领军企业，先后攻克了废旧电池回收技术、电子废弃物绿色处理、报废汽车整体资源化回收、动力电池材料资源回收再造等技术难题，建立了废旧电池与动力电池大循环、钴镍钨资源与硬质合金回收再造等五大产业链和16个循环经济产业园。

（12）其他制造业

周大生（002867）是国内最具规模的珠宝品牌运营商之一，主要从事"周大生"珠宝首饰的设计、推广和连锁经营。"周大生"是全国中高端主流市场钻石珠宝领先品牌之一，主要产品包括钻石镶嵌首饰、素金首饰等。公司聚焦品牌建设和推广、供应链整合和终端渠道建设等价值链核心环节，以"品牌+供应链整合+渠道"的经营策略，建立了品牌营销、供应链整合与门店网络三大优势。中金辐照（300962）从事辐照技术服务业务，主要利用放射性同位素钴-60产生的γ射线，为客户提供医疗保健产品、食品、药品、包装材料等产品的辐照灭菌服务，以及高分子材料的辐照改性服务。公司是我国辐照技术服务行业的领军企业之一，拥有"中金辐照""金鹏源"等业内知名品牌。

5.2.3 "双链交互"治理视角下LI制造业企业双循环策略

深圳市绝大部分劳动密集型制造业企业均依靠内需驱动，且大多掌握了研发、品牌等国内价值链高端环节，几乎不存在关键原材料或中间品的进口依赖，总体属于二级内循环模式。根据前文的论述（详见表 2-3 及图 2-18），"双链交互"治理视角下，深圳企业参与双循环的基本策略应是"以内循环拓展外循环，参与二级双循环"，即依托现有优势积极拓展国际外循环，以国内大循环为主体构建二级双循环体系。对部分已经参与了二级双循环的企业而言（如杰美特（300868）、铭利达（301268）等），由于掌握了国内价值链两头高端环节，且不存在关键原材料或中间品依赖，其基本策略应是基于技术研发与品牌营销优势，借助相应的区域经济一体化安排等，拓展或重构全球价值链体系，最终实现企业在全球价值链的位势攀升，并在此基础上，兼顾两个市场、统筹两种循环，做到内外协调、相机而动。"双链交互"治理视角下深圳市各劳动密集型制造业上市公司融通双循环的基本策略参考如表 5-4 所示。

表 5-4　深圳市劳动密集型制造业企业双循环策略参考

行业	股票代码	公司	研发	关键原材料或中间品	品牌	市场（2021 年）		"双链交互"治理视角下的双循环策略参考
						境外	境内	
农副食品加工业	000048	京基智农	内	内	内	0%	100%	以内循环拓展外循环，适度参与二级双循环
	002548	金新农	内	内	内	0%	100%	以内循环拓展外循环，适度参与二级双循环
酒、饮料和精制茶制造业	605499	东鹏饮料	内	内	内	0%	100%	以内循环拓展外循环，参与二级双循环
纺织业	002327	富安娜	内	内	内	0%	100%	以内循环拓展外循环，参与二级双循环
	300888	稳健医疗	内	内	内	21%	79%	以内循环拓展外循环，参与二级双循环
纺织服装、服饰业	603808	歌力思	内	内	内	21%	79%	以内循环拓展外循环，参与二级双循环
	002875	安奈儿	内	内	内	1%	99%	以内循环拓展外循环，参与二级双循环
	002763	汇洁股份	内	内	内	0%	100%	以内循环拓展外循环，参与二级双循环
家具制造业	002751	易尚展示	内	内	内	5%	95%	以内循环拓展外循环，参与二级双循环

续表

行业	股票代码	公司	研发	关键原材料或中间品	品牌	市场（2021年）		"双链交互"治理视角下的双循环策略参考
						境外	境内	
造纸和纸制品业	002303	美盈森	内	内	内	25%	75%	以内循环拓展外循环，参与二级双循环
	002831	裕同科技	内	内	内	15%	85%	以内循环拓展外循环，参与二级双循环
印刷和记录媒介复制业	002191	劲嘉股份	内	内	内	0%	100%	以内循环拓展外循环，参与二级双循环
文教、工美、体育和娱乐用品制造业	002301	齐心集团	内	内	内	8%	92%	以内循环拓展外循环，参与二级双循环
橡胶和塑料制品业	002243	力合科创	内	内	内	14%	85%	以内循环拓展外循环，参与二级双循环
	002735	王子新材	内	内	内	14%	86%	以内循环拓展外循环，参与二级双循环
	002886	沃特股份	内	内	内	14%	86%	以内循环拓展外循环，参与二级双循环
	300731	科创新源	内	内	内	10%	90%	以内循环拓展外循环，参与二级双循环
	603991	至正股份	内	内	内	1%	99%	以内循环拓展外循环，参与二级双循环
	688323	瑞华泰	内	内	内	4%	96%	以内循环拓展外循环，参与二级双循环
	300868	杰美特	内	内	外、内	62%	38%	Ⅰ. 基于NVC拓展或重构GVC，实现GVC攀升；Ⅱ. 兼顾两个市场、统筹两种循环，做到相机而动、内外协调

续表

行业	股票代码	公司	研发	关键原材料或中间品	品牌	市场（2021 年）		"双链交互"治理视角下的双循环策略参考
						境外	境内	
非金属矿物制品业	300890	翔丰华	内	内	内	0%	100%	以内循环拓展外循环，参与二级双循环
	000012	南玻 A	内	内	内	9%	91%	以内循环拓展外循环，参与二级双循环
	000023	深天地 A	内	内	内	0%	100%	以内循环拓展外循环，参与二级双循环
金属制品业	002850	科达利	内	内	内	3%	97%	以内循环拓展外循环，参与二级双循环
	301268	铭利达	内	内	内	50%	49%	I. 基于 NVC 拓展或重构 GVC，实现 GVC 攀升；II. 兼顾两个市场、统筹两种循环，做到相机而动、内外协调
	000039	中集集团	内	内	内	9%	91%	以内循环拓展外循环，参与二级双循环
	000055	方大集团	内	内	内	5%	95%	以内循环拓展外循环，参与二级双循环
其他制造业	002867	周大生	内	内	内	0%	100%	以内循环拓展外循环，参与二级双循环
	300962	中金辐照	内	内	内	0%	100%	以内循环拓展外循环，参与二级双循环
废弃资源综合利用业	002672	东江环保	内	内	内	2%	98%	以内循环拓展外循环，参与二级双循环
	002340	格林美	内	内	内	25%	75%	以内循环拓展外循环，参与二级双循环

5.3 深圳市资本密集型制造业企业双循环策略

5.3.1 深圳市资本密集型制造业上市公司总体情况

截至 2022 年 4 月，深圳市共有资本密集型制造业上市公司 72 家。其中包括"化学原料和化学制品制造业"公司 7 家，"有色金属冶炼和压延加工业"公司 2 家，"通用设备制造业"和"汽车制造业"公司各 3 家，"铁路、船舶、航空航天和其他运输设备制造业"公司 4 家，"专用设备制造业"公司 26 家，"电气机械和器材制造业"公司 27 家，两者合计占比 73.6%。从上市地点来看，在深圳证券交易所上市的共有 61 家，占比为 84.7%，包含主板（含中小板）28 家、创业板 33 家。在上海证券交易所上市的共有 11 家，含主板 2 家、科创板 9 家。具体如表 5-5 所示。

表 5-5 深圳市资本密集型制造业上市公司一览

行业	股票代码	公司	主营业务
化学原料和化学制品制造业	002341	新纶新材	新能源材料、净化材料
	002215	诺普信	农药制剂、植物营养
	300568	星源材质	锂离子电池隔膜
	300037	新宙邦	电池化学品、电容化学品
	300576	容大感光	PCB 感光油墨
	002170	芭田股份	复合肥
	002917	金奥博	工业炸药关键原料及生产装备
有色金属冶炼和压延加工业	000060	中金岭南	有色金属贸易
	603978	深圳新星	铝晶粒细化剂
通用设备制造业	300193	佳士科技	电焊机
	300154	瑞凌股份	逆变焊割设备
	002816	和科达	精密清洗设备

续表

行业	股票代码	公司	主营业务
专用设备制造业	300760	迈瑞医疗	生命信息及支持类产品、体外诊断
	300633	开立医疗	彩超、内窥镜
	300206	理邦仪器	病人监护、心电诊断
	688389	普门科技	体外诊断产品
	688617	惠泰医疗	电生理和血管介入医疗器械
	002551	尚荣医疗	医疗设备及医疗系统工程
	301021	英诺激光	激光器、激光模组
	002008	大族激光	激光及自动化配套设备
	688518	联赢激光	激光焊接自动化成套设备
	300812	易天股份	平板显示器件生产设备
	688328	深科达	平板显示模组设备、半导体设备
	300545	联得装备	平板显示模组组装设备
	301013	利和兴	智能制造设备类
	300130	新国都	银行卡电子支付终端产品
	300771	智莱科技	智能快件箱和自动寄存柜
	002786	银宝山新	注塑、五金、模具
	688312	燕麦科技	自动化测试设备
	300400	劲拓股份	电子热工设备
	300151	昌红科技	高分子塑胶高值耗材、医疗器械及耗材
	002837	英维克	机房机柜温控节能产品
	688383	新益昌	LED 固晶机、半导体固晶机
	301200	大族数控	钻孔类设备
	002957	科瑞技术	自动化设备
	300457	赢合科技	锂电池专用生产设备
	688559	海目星	动力电池激光及自动化设备
	301128	强瑞技术	工装和检测用治具及设备
汽车制造业	300745	欣锐科技	车载电源、燃料电池
	002594	比亚迪	汽车、手机组件
	301039	中集车辆	半挂车

行业	股票代码	公司	主营业务
铁路、船舶、航空航天和其他运输设备制造业	002625	光启技术	超材料尖端装备产品、汽车零部件
	000017	深中华A	珠宝黄金、自行车锂电池
	300960	通业科技	轨道交通测量智能控制与检修
	002105	信隆健康	自行车零配件
电气机械和器材制造业	002733	雄韬股份	蓄电池及材料、锂电池及材料
	000049	德赛电池	锂电池、储能电池
	300207	欣旺达	锂电池模组
	300769	德方纳米	锂离子电池材料
	300724	捷佳伟创	光伏电池
	002218	拓日新能	太阳能电池
	002518	科士达	智慧电源
	300693	盛弘股份	电能质量产品
	300713	英可瑞	电动汽车充电电源
	002227	奥特迅	电源设备
	002851	麦格米特	智能家电电控产品、工业电源
	300124	汇川技术	低压变频器伺服器
	688395	正弦电气	通用变频器、一体化专机、伺服系统
	002334	英威腾	变频器
	003021	兆威机电	微型传动系统、精密注塑件
	002823	凯中精密	精密零组件（电机整流子、电机组件）
	300484	蓝海华腾	电动汽车电动控制器
	603063	禾望电气	新能源电控系统
	002882	金龙羽	电线电缆
	300252	金信诺	通信电缆及器件模组
	000070	特发信息	光纤光缆、通信设备
	688793	倍轻松	健康智能硬件
	300824	北鼎股份	厨房小家电
	002139	拓邦股份	工具家电
	002724	海洋王	照明设备
	300317	珈伟新能	光伏草坪灯
	300889	爱克股份	景观照明

资料来源：根据大智慧365系统"F10"资料整理。

5.3.2 深圳市 CI 制造业上市公司"双链交互"治理情况

1. 主营业务境内外营收结构情况

从近三年主营业务收入占比数据看,深圳市资本密集型上市公司境内外营收结构存在以下五种情形。

第一,主营业务收入完全来自国内市场,境内营收占比达到100%,如"化学原料和化学制品制造业"的芭田股份(002170),"有色金属冶炼和压延加工业"的深圳新星(603978),"专用设备制造业"的强瑞技术(301128),"铁路、船舶、航空航天和其他运输设备制造业"的光启技术(002625)、深中华A(000017)、通业科技(300960),"电气机械和器材制造业"的德方纳米(300769)、奥特迅(002227)等,这些公司几乎都是以国内市场为目标的内循环企业。

第二,主营业务收入主要来自国内市场,但境外营收占比逐渐上升。比较典型的上市公司如"专用设备制造业"的普门科技(688389),近三年境内营收占比逐步下降(94%、84%、65%),而境外营收占比则逐步上升(6%、14%、34%)。"专用设备制造业"的新国都(300130)、英维克(002837)、赢合科技(300457),"电气机械和器材制造业"的麦格米特(002851)、金诺信(300252)、蓝海华腾(300484)、盛弘股份(300693)等公司,都属于这一类。

第三,主营业务收入主要来自国外市场,且近三年境外营收占比总体呈上升趋势。代表性公司如"电气机械和器材制造业"的珈伟新能(300317)、雄韬股份(002733)、德赛电池(000049)等。珈伟新能(300317)近三年境外营收占比分别为54%、59%和67%,呈逐年上升态势。雄韬股份(002733)近三年境外营收占比分别为67%、62%和72%,总体也呈上升趋势。"专用设备制造业"的智莱科技(300771)也基本属于这种类型。

第四,主营业务收入主要来自国外市场,但近三年境外营收占比总体呈下降趋势。代表性公司如"专用设备制造业"的昌红科技(300151)、尚荣医疗(002551)等。昌红科技(300151)近三年境外营收占比稳步下降,分别为77%、71%、62%,境内营收占比则从23%逐步提高到38%。尚荣医疗(002551)近三年境外营收占比从63%下降到57%,境内营收占比相应从36%上升到43%。

第五,主营业务收入来自国内外两个市场,境内外营收占比虽有波动但总体保持平衡。代表性企业如"有色金属冶炼和压延加工业"的中金岭南（000060），"通用设备制造业"的佳士科技（300193），"专用设备制造业"的迈瑞医疗（300760）、开立医疗（300633）、理邦仪器（300206）、科瑞技术（002597），"铁路、船舶、航空航天和其他运输设备制造业"的信隆健康（002105），"电气机械和器材制造业"的凯中精密（002823）、欣旺达（300207）、拓邦股份（002139）等。这些公司同时兼顾两个市场、参与两种循环，会根据国内外市场的不同情况作出策略调整，从而达到企业利润最大化的理想状态。

从总体上看，深圳市资本密集型制造业上市公司中，以境内营收为主的内循环企业数为 57 家，占比为 79%，其中近三年境外营收占比为零的纯内循环企业共有 8 家，占比为 11%。以境外营收为主的外循环企业数仅为 5 家，占比为 7%。境内外营收结构相对平衡的企业数为 10 家，占比为 14%。其中，具有"以内循环拓展外循环"和"外循环转内循环"特征的企业数分别为 2 家和 1 家，占比分别为 3% 和 1%。具体如表 5-6 所示。

表 5-6　深圳市资本密集型制造业上市公司境内外营收结构

行业	股票代码	公司	2021 年		2020 年		2019 年	
			境外	境内	境外	境内	境外	境内
化学原料和化学制品制造业	002341	新纶新材	4%	96%	10%	90%	10%	90%
	002215	诺普信	1%	99%	1%	99%	0%	100%
	300568	星源材质	21%	79%	24%	76%	39%	61%
	300037	新宙邦	13%	87%	21%	79%	21%	79%
	300576	容大感光	1%	99%	1%	99%	1%	99%
	002170	芭田股份	0%	100%	0%	100%	0%	100%
	002917	金奥博	1%	99%	1%	99%	5%	95%
有色金属冶炼和压延加工业	000060	中金岭南	56%	44%	62%	38%	56%	44%
	603978	深圳新星	0%	100%	0%	100%	0%	100%
通用设备制造业	300193	佳士科技	47%	51%	46%	52%	45%	53%
	300154	瑞凌股份	18%	81%	28%	71%	31%	68%
	002816	和科达	0%	100%	1%	71%	14%	86%

续表

行业	股票代码	公司	2021 年		2020 年		2019 年	
			境外	境内	境外	境内	境外	境内
专用设备制造业	300760	迈瑞医疗	40%	60%	47%	53%	42%	58%
	300633	开立医疗	46%	54%	43%	57%	47%	53%
	300206	理邦仪器	53%	47%	67%	33%	56%	44%
	688389	普门科技	34%	65%	14%	84%	6%	94%
	688617	惠泰医疗	10%	90%	12%	87%	13%	87%
	002551	尚荣医疗	57%	43%	66%	33%	63%	36%
	301021	英诺激光	7%	93%	6%	92%	9%	91%
	002008	大族激光	6%	94%	12%	88%	9%	91%
	688518	联赢激光	5%	92%	3%	92%	4%	91%
	300812	易天股份	3%	97%	1%	99%	2%	98%
	688328	深科达	4%	96%	5%	95%	0%	100%
	300545	联得装备	3%	97%	8%	92%	1%	99%
	301013	利和兴	0%	100%	2%	98%	0%	100%
	300130	新国都	15%	85%	11%	89%	7%	93%
	300771	智莱科技	60%	40%	65%	35%	52%	47%
	002786	银宝山新	20%	80%	23%	77%	20%	80%
	688312	燕麦科技	16%	84%	8%	92%	10%	90%
	300400	劲拓股份	4%	96%	8%	89%	8%	92%
	300151	昌红科技	62%	38%	71%	29%	77%	23%
	002837	英维克	13%	87%	5%	95%	5%	95%
	688383	新益昌	6%	94%	2%	98%	5%	95%
	301200	大族数控	0%	100%	3%	91%	3%	88%
	002957	科瑞技术	42%	58%	44%	56%	50%	50%
	300457	赢合科技	4%	96%	0%	100%	0%	100%
	688559	海目星	4%	89%	19%	75%	7%	93%
	301128	强瑞技术	0%	100%	0%	100%	0%	100%
汽车制造业	300745	欣锐科技	2%	98%	1%	99%	1%	99%
	002594	比亚迪	30%	70%	38%	62%	15%	85%
	301039	中集车辆	33%	67%	28%	72%	41%	59%

续表

行业	股票代码	公司	2021 年		2020 年		2019 年	
			境外	境内	境外	境内	境外	境内
铁路、船舶、航空航天和其他运输设备制造业	002625	光启技术	0%	100%	0%	100%	0%	100%
	000017	深中华 A	0%	100%	0%	100%	0%	100%
	300960	通业科技	0%	100%	0%	100%	0%	100%
	002105	信隆健康	52%	48%	51%	49%	61%	39%
电气机械和器材制造业	002733	雄韬股份	72%	28%	62%	38%	67%	33%
	000049	德赛电池	63%	37%	63%	37%	57%	43%
	300207	欣旺达	47%	53%	49%	51%	47%	53%
	300769	德方纳米	0%	100%	0%	100%	0%	100%
	300724	捷佳伟创	6%	94%	14%	86%	10%	90%
	002218	拓日新能	25%	75%	32%	68%	21%	79%
	002518	科士达	36%	63%	35%	64%	41%	58%
	300693	盛弘股份	22%	75%	19%	81%	19%	81%
	300713	英可瑞	0%	100%	1%	99%	2%	98%
	002227	奥特迅	0%	100%	0%	100%	0%	100%
	002851	麦格米特	26%	74%	24%	76%	19%	81%
	300124	汇川技术	3%	97%	4%	96%	5%	95%
	688395	正弦电气	1%	97%	1%	99%	1%	99%
	002334	英威腾	26%	74%	27%	73%	23%	77%
	003021	兆威机电	11%	89%	11%	89%	5%	94%
	002823	凯中精密	49%	51%	55%	45%	64%	36%
	300484	蓝海华腾	10%	90%	2%	98%	1%	99%
	603063	禾望电气	1%	97%	1%	98%	4%	96%
	002882	金龙羽	1%	99%	1%	99%	1%	99%
	300252	金信诺	27%	73%	25%	74%	19%	81%
	000070	特发信息	11%	89%	11%	89%	11%	89%
	688793	倍轻松	10%	89%	10%	90%	11%	81%
	300824	北鼎股份	25%	75%	33%	67%	43%	57%
	002139	拓邦股份	44%	56%	45%	55%	56%	45%
	002724	海洋王	2%	98%	3%	97%	4%	96%
	300317	珈伟新能	67%	33%	59%	41%	54%	46%
	300889	爱克股份	2%	98%	1%	99%	1%	99%

注：限于数据来源，部分境内外营收占比之和不等于 1。

资料来源：根据大智慧 365 系统"F10"资料与各上市公司年报数据整理。

2. 产业链价值链的位置位势情况

（1）化学原料和化学制品制造业

深圳市共有 7 家"化学原料和化学制品制造业"上市公司。其中，新纶新材（002341）主要从事新能源材料和光电材料的研发、生产和销售。公司以高端精密涂布技术为核心，以打破新材料行业国外技术垄断为目标，在多个细分领域实现了技术突破与国产化替代。公司是国内规模最大的动力类铝塑膜服务商，也是电子功能材料与光电显示材料领域唯一国产供应商。诺普信（002215）主要从事农业投入品（农药制剂和植物营养等）的研发、生产、销售。公司深耕农村市场近 30 年，农药制剂发明专利数、国标或行标数、"三证"产品数以及市场份额等均居行业第一，塑造了"诺普信""瑞德丰""标正"等著名农药品牌。

星源材质（300568）从事锂离子电池隔膜研发、生产及销售业务。公司是国内率先实现隔膜规模化生产的制造商之一，掌握了动力锂离子电池隔膜制造的关键工艺和设备应用技术（但 PP、PE 等主要原材料仍需从海外进口），多个锂离子电池隔膜研究项目被纳入"火炬计划""863 计划""深圳市重点工程项目"等。"SENIOR 星源材质"是锂离子电池隔膜行业知名品牌与"广东省著名商标"。新宙邦（300037）主营新型电子化学品及功能材料的研发、生产和销售。公司建立了 23 个国家级、省级、市级创新平台，主持了多项国家、省市的重点研发计划项目和强基工程等科研项目。"新宙邦"已成为广东省和深圳市知名品牌。公司锂离子电池电解液荣获"广东省名优高新技术产品"，出货量位居行业前三；电容化学品荣获 2021年度"国家级制造业单项冠军"。

容大感光（300576）主营 PCB 感光油墨、光刻胶及配套化学品、特种油墨等电子化学品的研发、生产和销售。公司是国内 PCB 感光油墨行业的领先企业，也是"中国印制电路行业百强企业"，拥有 PCB 感光油墨、显示用光刻胶、半导体光刻胶等产品的核心配方，以及关键材料自主研发合成的核心技术，是研发实力突出、产品系列齐全、销售体系完善、品牌效应突出的电子感光化学品供应商。芭田股份（002170）专注于植物营养链和健康农业用肥的研发、生产与运营服务，是中国复合肥行业的领军企业之一，"芭田"也是国内复合肥行业的优质品牌。公司坚持平台创新战略与产学研用结合策略，发明专利拥有量与授权量均处于行业先进水平。公司通过研究农作物种植与生长过程，积累了丰富的种植实践经验和养分管理技术，形成了上百个复合肥配方，目前已形成包括上游原材料、中游肥料生产销售、下游品牌种植的全产业链生态。

金奥博（002917）是国内集研发、设计、制造、服务于一体的民爆智能装备龙头企业。公司围绕"民爆一体化、精细化工、智能制造、智慧云"四大业务板块，坚持创新引领与产业链延伸战略，不断打造技术创新与智能装备优势。研发设计的多项智能设备及工艺，填补了国内民爆行业的设备与技术空白。"JK 型乳化炸药工艺及设备""MGEPL-R 型机器人工业炸药智能自动包装设备及工艺""乳化炸药智能化工厂试点示范项目"等，均荣获中国爆破器材行业协会科学技术奖。公司还是国际炸药工程师协会会员单位，在俄罗斯、塔吉克斯坦、乌兹别克斯坦等"一带一路"国家承建了 20 多条生产线，在国际民爆行业具有较高品牌知名度与影响力。

（2）有色金属冶炼和压延加工业

深圳市只有 2 家"有色金属冶炼和压延加工业"上市公司。其中，中金岭南（000060）从事铅、锌、铜等有色金属的采矿、选矿、冶炼和深加工一体化业务。公司通过一系列收购兼并、资源整合，形成了立足国内、走向世界的矿产资源新格局，直接掌控的铅、锌、铜等有色金属资源总量超千万吨。近年来，随着"一带一路"倡议持续推进，公司以打造"世界一流的多金属国际化全产业链资源公司"为愿景，已经开始转向国际化经营，成为依托"两个市场、两种资源"、具有一定影响力的跨国矿业企业。公司构建了多层次自主创新和资源共享体系，不断开展关键技术研发和应用，提升企业核心竞争力和行业影响力。公司曾获广东省科学技术进步奖二等奖、广东省环境保护科学技术奖一等奖。

深圳新星（603978）主要从事铝晶粒细化剂及中间合金材料的研发与生产制造。公司围绕铝合金材生产加工所需新型添加材料，建成了从化工原材料到合金产品的完整产业链。公司是国家级高新技术企业、国家级制造业单项冠军示范企业，建有国家地方联合工程实验室、广东省博士后创新实践基地、广东省院士工作站、广东省铝镁钛合金材料工程技术研究中心等科研平台。自主研发的电磁感应炉、连轧机获得多项国内外发明专利。公司铝晶粒细化剂产品的多项技术指标达到或超过英国 LSM、美国 KBAlloys、荷兰 KBM 等全球领先企业水平，在国内铝晶粒细化剂市场上占据了较大份额，改变了高端铝晶粒细化剂市场长期由欧美企业垄断的格局。

（3）通用设备制造业

深圳市有 3 家"通用设备制造业"上市公司。其中，佳士科技（300193）主营焊割设备的研发、生产和销售，以及焊割配件、材料和焊接机器人研发销售，在国内焊割设备制造领域处于领先地位，也是国内通用焊接设备数字化、智能化的代表性企业之一。公司 JET20、EVO20 等系列焊机，是国内通用数字化焊接设备的代表性产品。公司具有较强自主研发能力和创新能力，在深圳、美国和欧洲均设有研发中心，以市场导向推动技术创新与产品迭代，以数字化研发拓展高端工业焊机应用领域，强化公司在焊接领域的竞争优势。公司坚持自有品牌主导战略，通过宣传推广与服务体系建设，不断增强"佳士"品牌知名度与美誉度，努力确立国际一流品牌的市场地位。

瑞凌股份（300154）主营逆变焊割设备的研发、生产与销售。公司具有深厚的逆变焊接技术积累及丰富的行业经营经验，在国内焊接设备行业处于优势地位。公司专注于开发具有自主知识产权的数字化、智能化焊割新技术。自主研发的逆变焊机专用芯片、全数控 LCD 屏焊机、家用 DIY 数字电弧焊机等，都是具有核心竞争力的创新型产品。公司的"多功能大功率智能化气体保护焊机"和"数字化自动埋弧焊机"，荣获"广东省名优高新技术产品"证书。力矩平衡器和移动式焊接装置等发明专利，获得国家知识产权局授予的中国专利优秀奖证书。公司实行多品牌战略，分品牌进行渠道布局与市场拓展，保证海内外销售稳步增长。

和科达（002816）主要从事精密清洗设备的研发、设计、生产与销售，是国内精密清洗设备行业的领先企业之一。产品广泛应用于消费电子、平板显示、光伏、装备制造、家电、航天航空、光学、半导体等行业。公司具有超声波清洗、平板清洗、喷淋清洗、碳氢清洗等多种精密清洗设备的设计研发能力。其中，超声波清洗设备已经达到国际先进水平；平板清洗设备替代进口产品，广泛应用于国内企业平板显示器件切割与研磨后清洗、镀膜前清洗。凭借稳定的产品质量和良好的售后服务，公司已成为蓝思科技、富士康、捷普集团、格力电器、汉能控股和德国博世等知名企业的长期供应商，"科达"品牌也在行业内形成了良好口碑与较高知名度。

（4）专用设备制造业

深圳市 26 家"专用设备制造业"上市公司中，包括 6 家医疗设备、器械或工程公司。其中，迈瑞医疗（300760）主要从事医疗器械的研发、制造、营销及服务，是全国最大、全球领先的医疗器械及解决方案供应商，产品覆盖生命信息与支持、体外诊断、医学影像、智慧医疗等领域。公司具有卓越的体系化自主研发创新能力，先进的质量管理体系和智能制造体系，以及全球深度覆盖的营销体系与品牌影响力。开立医疗（300633）

主营医疗诊断及治疗设备的自主研发、生产与销售，主要产品为医用超声诊断设备、医用电子内窥镜设备及耗材等。公司是国内较早研发并全面掌握彩超主机及探头核心技术的龙头企业，在单晶探头领域处于国际先进水平。自主研发的系列高清内镜填补了国内空白，代表国产内镜的领先水平。品牌影响力也在国内外市场日益增强。

理邦仪器（300206）主要从事医疗电子设备产品和体外诊断产品的研发、生产和销售。公司在全球多地设有研发中心，具有较高水平的自主创新能力，在国内外医疗诊断设备市场具有较强的竞争优势。公司的病人监护、妇幼健康、心电诊断系列均处于国内厂商第一梯队。公司营销网络覆盖国内各省区市及海外170多个国家和地区，具有较高的行业影响力与品牌知名度。普门科技（688389）主营医疗器械的研发、制造与销售，专注于治疗与康复产品、体外诊断产品及配套检测试剂的开发及技术创新。公司具备完善的研发体系与多领域研发创新能力，积累了多项核心技术与发明专利，相关研发项目曾获得国家科学技术进步奖一等奖。公司目前已形成国内领先的医疗器械产业化平台，产品及解决方案覆盖国内16000多家医疗机构。

惠泰医疗（688617）主营电生理和血管介入医疗器械的研发、生产和销售，在国内电生理、冠脉通路、外周介入等医疗器械研制领域处于领先地位。公司具有卓越的研发迭代能力，行业领先的生产制造能力，丰富的产品线与品类布局，以及完善的营销体系与一定的品牌影响力，在国内血管介入和电生理器械领域的进口替代方面具有较强竞争力。尚荣医疗（002551）的主营业务包括医疗产品（医疗设备、耗材、软件等）产销、医疗服务（医院建设、医院管理等）、健康产业运营三大板块。公司是国内医院建设及医疗专业工程行业的领先者，为众多医院提供了现代化医院建设整体解决方案，成功打造了"尚荣"品牌的良好市场形象。控股子公司普尔德医疗从事医疗耗材国际代工业务多年，在欧美地区享有盛誉。

深圳市有3家激光设备制造业上市公司。其中，英诺激光（301021）的主营业务为研发、生产和销售微加工激光器和定制激光模组，是国内领先的微加工激光器生产商，在业内具有较高的品牌知名度。公司拥有高水平研发团队，是全球同时具有纳秒、亚纳秒、皮秒、飞秒级微加工激光器核心技术和生产能力的少数企业之一，也是全球少数实现工业深紫外纳秒激光器批量供应的生产商之一。大族激光（002008）的主营业务为工业激光加工设备与自动化配套设备及其关键器件的研发、生产和销售，是全球领先的工业激光加工及自动化整体解决方案服务商。公司研发队伍完善、研发能力卓越，有效知识产权拥有量达 6962 项（截至 2021 年底），是国内激光设备最齐全、细分行业经验最丰富的公司，在行业内拥有良好的市场形象与品牌优势。联赢激光（688518）从事精密激光焊接机及自动化成套设备的研发、生产、销售，是国内领先的精密激光焊接设备及自动化解决方案供应商，在国内动力电池领域的市场地位尤为突出。公司研发的多项核心技术达到国际先进水平。

平板显示器件行业的 3 家上市公司中，易天股份（300812）是国内具备全自动平板显示模组组装设备研发和制造能力的少数企业之一，在偏光片贴附系列设备领域具有较强技术优势。公司产品质量和技术性能达到国际先进水平，是国内主流平板显示器件厂商首选的国产设备品牌，在行业内具有较高的知名度和美誉度。深科达（688328）主要从事平板显示器件生产设备的研发、生产和销售，产品广泛应用于平板显示模组、触控模组等相关组件的自动化组装和智能化检测，并向半导体封测、摄像头微组装和智能装备关键零部件等领域延伸。公司为"工业和信息化部第一批专精特新'小巨人'企业""广东省第五批机器人骨干（培育）企业"。联得装备（300545）主要从事平板显示自动化模组组装设备的研发、生产、销售。公司的研发设计能力与技术工艺水平均处于行业前列，目前已实现面板后段制程整线设备的独立研发与生产。公司凭借优异的产品质量和核心技术优势，在业内树立了良好的品牌形象。

利和兴（301013）专注于自动化、智能化设备研发、生产和销售，产品主要应用于移动智能终端和网络基础设施器件的检测和制造领域。公司在部分细分领域处于技术领先地位，如射频测试、滤波器调谐、柔性 OLED 屏贴覆等。凭借出色的研发技术、稳定的产品质量、优良的产品服务，得到了华为、荣耀、富士康、TCL 等主流客户的广泛认可，品牌知名度不断提升。新国都（300130）主要从事以金融 POS 机为主的电子支付受理终端设备软硬件生产、研发、销售和租赁，以此为载体为客户提供电子支付技术综合解决方案。公司具有自主研发优势，在电子支付行业处于国内领先水平。营销网络覆盖全球 80 多个国家和地区，国际市场认可度与品牌识别度日益提升。智莱科技（300771）是全球智能保管与交付领域的龙头企业之一，主要产品包括智能快件箱和自动寄存柜。公司具有丰富的行业经验、完善的研发体系和精湛的工艺制造水平，在国内外市场均有较高的市场认可度和品牌知名度。

银宝山新（002786）是一家以模具为核心，集智能制造、工业设计、汽车零部件于一体的全球化、一站式制造服务企业。公司具备复合模塑高端模具的设计开发与生产制造能力，与国内外主要知名汽车厂商、零部件供应商及通信行业领先企业建立了稳固的战略协作关系。燕麦科技（688312）从事工业自动化测试设备及其配件的研发、生产和销售业务，在精密机械、测试测量、运动控制、图像处理、人工智能等方面自主研发积累多项核心技术，已发展成为苹果、谷歌等消费电子领域全球领先公司的供应商。劲拓股份（300400）从事电子制造设备的研发、生产和销售，是国内电子热工设备行业的领先企业。公司坚持自主研发与技术创新，多款设备打破国外技术垄断，成功实现了国产化替代，在业内树立了良好的品牌形象。昌红科技（300151）主营办公自动化（OA）设备、医疗器械及高分子塑料耗材业务。公司技术创新与研发实力较强，是具有一站式服务能力的医用耗材及试剂产品供应商。

英维克（002837）是国内领先的精密温控节能解决方案和产品提供商。公司拥有完整的设备散热与环境控制领域的产品研发体系，构建了从热源到冷源的设备散热全链条技术平台，在数据中心、通信机柜、储能系统、轨道交通、新能源客车等温控节能领域具有广泛的品牌影响。新益昌（688383）主要从事LED、电容器、半导体、锂电池等行业智能制造装备的研发、生产和销售，是国内LED固晶机、电容器测试装备制造的领先企业。经过多年的科研攻关与技术研发，掌握了多项核心技术以及关键部件的制造能力，积累了丰富的优质客户资源和良好的品牌形象。大族数控（301200）主营PCB专用设备的研发、生产和销售，是全球PCB专用设备产品线最广泛的企业之一。公司下设六大研发中心，通过不断突破关键技术以及产品迭代，构建覆盖不同细分市场的立体化产品矩阵，打破国外垄断、实现国产化替代，保持公司产品与技术的市场领先地位。

科瑞技术（002957）主要从事工业自动化设备的研发、生产和销售，凭借行业领先的研发能力积累了丰富的技术成果，与多个相关行业头部企业保持长期合作关系。公司重视全球化布局，在中美贸易摩擦加剧和新冠肺炎疫情突发的背景下加快东南亚业务拓展，以承接品牌客户国内产能的海外溢出与地域调整。赢合科技（300457）主要从事锂离子电池专用设备的研发、生产和销售。公司技术创新处于行业前列，部分产品填补了国内空白，获得了宁德时代、比亚迪、LG能源等客户的充分认可，品牌知名度及市场份额不断提升。海目星（688559）从事激光及自动化设备研发、生产及销售，在消费电子、动力电池等行业应用领域拥有综合技术优势，积累了丰富的专利技术和客户资源，形成了一定的品牌影响力。强瑞技术（301128）从事工装和检测治具及设备的研发、生产和销售，产品主要应用于移动终端电子产品领域。公司以持续的技术创新满足客户个性化需求，主要客户为富士康、华为、荣耀、立讯精密、智信仪器、捷普绿点、维沃（vivo）、比亚迪等企业。

（5）汽车制造业

深圳市“汽车制造业”上市公司除比亚迪（002594）外还有 2 家。其中，欣锐科技（300745）专注于新能源汽车车载电源的研发、生产和销售。公司拥有新能源汽车车载电源的全部自主知识产权，专利及软件著作权数量居行业前列。公司是“广东省工程技术研究中心”“深圳市企业技术中心”，具有强大的研发团队和深厚的技术研发实力，与比亚迪、小鹏汽车、吉利汽车、东风本田、广汽本田、北汽新能源等众多知名整车厂建立了持续性合作关系。中集车辆（301039）是全球领先的半挂车与专用车高端制造企业，半挂车产销量连续九年蝉联全球第一。公司在国内运营“通华”“华骏”“瑞江罐车”“凌宇汽车”“梁山东岳”“中集灯塔”等品牌产品，引领中国半挂车厢式化与合规化发展的潮流，同时在海外市场运营着“Vanguard”“CIE”“SDC”“LAG”等知名品牌。公司坚持创新驱动发展战略，在技术研发、生产制造、品牌营销以及全球供应链管理方面优势明显。

（6）铁路、船舶、航空航天和其他运输设备制造业

光启技术（002625）主营新一代超材料尖端装备和汽车零部件产品，是国内将超材料技术产品化并大规模应用于尖端装备领域的唯一企业。公司掌握了新一代超材料技术产品的深度计算、智能制造以及高效测试等核心技术，在世界超材料产业化竞争中抢占了先机并成为行业引领者。深中华 A（000017）主要从事自行车及相应锂电池材料业务，近年来珠宝黄金业务营收占比稳步上升，2021 年末达到 80%，成为公司的核心业务。通业科技（300960）主要从事轨道交通机车车辆电气产品的研发、生产、销售和维保服务。公司为行业前列的轨道交通配套电气装备制造商，拥有较强的研发创新能力以及品牌渗透力。信隆健康（002105）主营自行车零配件、运动健身和康复器材研发、生产和销售。公司是全球最大的自行车零配件生产厂商，具有 40 多年的技术研发与生产经验，积累了庞大的客户资源、良好的全球商誉与品牌影响力。

（7）电气机械和器材制造业

深圳市 27 家“电气机械和器材制造业”上市公司，大致可分为电池电源（10 家）、电控电机（8 家）、电线电缆（3 家）、家电照明（6 家）等类

别。电池电源类 10 家上市公司中，雄韬股份（002733）主要从事蓄电池、锂电池研发、生产和销售，是中国蓄电池行业外向型企业的典型代表之一。公司注重产品研发与自主创新，经营模式涵盖自主品牌和 ODM 业务，在海外多地拥有生产基地和销售网络。德赛电池（000049）主要围绕锂电池产业链进行业务布局，是国内锂电池制造领域的先行者，积累了雄厚的技术优势。公司具有较强的研发实力和持续创新能力，在中小型电源管理系统及封装集成领域处于全球领先地位。欣旺达（300207）从事锂离子电池模组研发制造业务，是国内锂能源领域设计研发能力最强、配套能力最完善、产品系列最多的厂商之一，在手机数码类、笔记本电脑类和汽车及动力类锂电池研发方面处于国内领先水平。德方纳米（300769）从事锂离子电池材料研发、生产和销售。公司专注于将纳米化技术应用于锂离子电池材料，突破并掌握了纳米级锂离子电池材料制备的关键工艺技术，主要产品为性能优异的纳米磷酸铁锂等磷酸盐系正极材料。

捷佳伟创（300724）是国内领先的晶体硅太阳能电池生产设备供应商，是行业内率先布局 HJT 及钙钛矿电池核心设备的厂商。公司通过自主创新掌握了多项独创性工艺技术，主营产品均获得了相应的政府科学技术奖励，在技术和质量水平上达到国际先进水平。拓日新能（002218）从事晶体硅太阳能电池芯片及组件研发生产以及光伏电站建设运维业务，是国内率先实现装备自制化、工艺自主化、产品多样化、市场全球化的新能源光伏企业，也是拥有自主知识产权可同时生产三种太阳能电池芯片的新能源企业。

科士达（002518）主营智慧电源业务，主要依赖自主研发进行产品开发与技术迭代，核心产品涵盖数据中心关键基础设施产品、新能源光伏及储能系统产品、新能源汽车充电桩三类。公司营销网络遍布全球，科士达品牌（KSTAR）在业内也具有较高的知名度和美誉度。盛弘股份（300693）专注于为能源互联网提供核心设备及整体解决方案，主要产品包括工业配套电源、新能源电能变换设备、电动汽车充换电设备、电池检测及化成设备等。公司在低压电能质量产品研发生产领域处于领先地位，新能源电能变换设备业务也具有国际竞争力。英可瑞（300713）主要从事智能高频开关电源及相关电力电子产品研发、生产和销售，具有良好的技术储备与可持续研发能力。"英可瑞"品牌也积累了一定的市场影响力。奥特迅（002227）的主营业务包括电力自动化电源业务、电动汽车充电业务和电能质量治理业务三项。公司是电力自动化电源领域的龙头企业，是电动汽车充电国家标准及行业标准的制定者。依托强大的研发实力和技术储备，填补了国内多项技术与产品空白。"奥特迅"已成为行业知名品牌，获得了市场高度认可。

电控电机类 8 家上市公司中，麦格米特（002851）主营电气自动化产品研发与生产销售，研发中心多地布局、内外联动，目前已成为智能家电电控、工业电源、工业自动化和新能源汽车及轨道交通领域的国内知名供应商。汇川技术（300124）是国内最大的低压变频器与伺服系统供应商，具备多层次、多产品、多场景的核心技术优势。公司是中国工业自动化领域的领军企业，经过长期耕耘建立了行业龙头的品牌优势。正弦电气（688395）从事电机驱动和控制系统研发、生产和销售，主要产品为通用变频器、一体化专机和伺服系统，自主研发了逆变控制等多项核心技术。英威腾（002334）专注于工业自动化和能源领域，主营变频器类、数据中心类、电机控制器类产品研发、生产和销售。公司的矢量变频器代表了国际先进水平，产品和品牌积累了良好的市场口碑。

兆威机电（003021）是行业领先的微型传动及驱动系统研发、设计、制造企业。凭借强大的技术创新能力、卓越的产品开发能力和严格的品质管控能力，获得了德国博世、华为、比亚迪、长城等下游知名企业的认可。凯中精密（002823）是国内领先的科技型精密制造企业、换向器行业龙头企业。公司具备与世界前端技术同步的研发能力，拥有德国博世、戴姆勒、日本电装、比亚迪等全球优质客户资源。蓝海华腾（300484）从事新能源汽车驱动和工业自动化控制产品的研发、生产和销售。公司构建了从基础研究、重大共性关键技术攻关到应用示范的全链条研发体系，在国内外市场中树立了良好的品牌形象。禾望电气（603063）专注于电能变换与控制领域，围绕其核心技术为客户提供超价值产品和解决方案，多次荣获政府或行业嘉奖（如国家科学技术进步奖、国家能源科技进步奖等）。公司的风电变流器产品国内市场占有率高，光伏逆变器产品获"中国分布式光伏创新品牌"等荣誉。

电线电缆类 3 家上市公司中，金龙羽（002882）是国内少数拥有 $3500mm^2$ 大截面电力电缆生产能力的企业之一，其"金龙羽"牌电线电缆以优异的产品质量与阻燃耐火技术，在国内市场获得了较高的知名度与影响力。金信诺（300252）主营通信电缆及器件模组，在通信行业拥有良好的客户知名度、市场份额和技术积累，并具备细分领域国际标准话语权。公司高速线缆产品技术处于国内第一梯队，半柔铁氟龙同轴线缆、天线射频 PCB（印刷线路板）等产品的技术水平与市场占有率全球领先。特发信息（000070）深耕光通信行业，形成了线缆制造、光电制造、科技融合和智慧服务四个业务板块。公司是国家技术创新示范企业，设有多个国家级、省市级技术中心。"特发信息"是国内光纤光缆产品研发和生产领域的知名品牌。公司在全球 40 多个国家和地区构建了营销与服务体系。

家电照明类 6 家上市公司中，倍轻松（688793）专注于健康智能硬件的研发制造，是中国智能便携按摩器研制领域的领军企业。公司主要经营自主品牌"breo"与"倍轻松"系列产品，核心技术储备与产品设计研发均处于行业领先水平。拓邦股份（002139）是全球领先的智能控制解决方案提供商，以"四电一网"（电控、电机、电池、电源、物联网）核心技术，面向家电、工具、新能源等行业提供定制化解决方案，在业内形成了良好的口碑和品牌美誉度。海洋王（002724）原从事特殊环境照明设备研发、生产与销售，现已转型为智能照明综合服务商，为客户提供信息化、数字化智能照明解决方案。珈伟新能（300317）的核心业务为光伏消费类产品研制及工业化应用，包括光伏草坪灯、LED 照明、光伏发电等。公司具有技术研发、产业整合和智能制造优势，营销网络遍布美国、德国和法国并辐射美洲、欧洲和亚非地区。爱克股份（300889）主要从事景观照明智能控制系统及 LED 景观照明灯具的研发、生产和销售，是国内景观照明领域的龙头企业与知名品牌。依托行业领先的创新技术与稳定可靠的品质优势，成为全国 30 余个大型城市景观照明方案的主力供应商。

5.3.3 "双链交互"治理视角下 CI 制造业企业双循环策略

从现有资料看，深圳市资本密集型上市公司基本掌握了研发、品牌等国内价值链高端环节，除星源材质（300568）外，大多不存在关键原材料或中间品的进口依赖，其中绝大部分企业（56 家）的主营业务收入来自境内市场，总体属于二级内循环模式。因此，"双链交互"治理视角下这些企业参与双循环的基本策略依然是以内循环拓展外循环，依托现有优势积极拓展国际市场，以国内大循环为主体构建二级双循环体系。另外有 16 家企业已经参与了二级双循环，如中金岭南（000060）、佳士科技（300193）、迈瑞医疗（300760）等，其"双链交互"治理视角下的双循环策略应是基于 NVC 拓展 GVC 位势或重构 GVC 体系，实现全球价值链攀升的治理目标，并以此为基础，统筹国内国际两个市场、两种资源、两类循环，做到内外协调、相机而动。深圳市资本密集型制造业各上市公司的双循环策略参考如表 5-7 所示。

表 5-7 深圳市资本密集型制造业各上市公司的双循环策略参考

行业	股票代码	公司	研发	关键原材料或中间品	品牌	市场（2021年）		"双链交互"治理视角下的双循环策略参考
						境外	境内	
化学原料和化学制品制造业	002341	新纶新材	内	内	内	4%	96%	以内循环拓展外循环，参与二级双循环
	002215	诺普信	内	内	内	1%	99%	以内循环拓展外循环，参与二级双循环
	300568	星源材质	内	外	内	21%	79%	突破进口依赖，以内循环拓展外循环，参与二级双循环
	300037	新宙邦	内	内	内	13%	87%	以内循环拓展外循环，参与二级双循环
	300576	容大感光	内	内	内	1%	99%	以内循环拓展外循环，参与二级双循环
	002170	芭田股份	内	内	内	0%	100%	以内循环拓展外循环，参与二级双循环
	002917	金奥博	内	内	内	1%	99%	以内循环拓展外循环，参与二级双循环
有色金属冶炼和压延加工业	000060	中金岭南	内	内	内	56%	44%	I．基于 NVC 拓展或重构 GVC，实现 GVC 攀升；II．兼顾两个市场、统筹两种循环，做到相机而动、内外协调
	603978	深圳新星	内	内	内	0%	100%	以内循环拓展外循环，参与二级双循环
通用设备制造业	300193	佳士科技	内	内	内	47%	51%	I．基于 NVC 拓展或重构 GVC，实现 GVC 攀升；II．兼顾两个市场、统筹两种循环，做到相机而动、内外协调
	300154	瑞凌股份	内	内	内	18%	81%	以内循环拓展外循环，参与二级双循环
	002816	和科达	内	内	内	0%	100%	以内循环拓展外循环，参与二级双循环

续表

行业	股票代码	公司	研发	关键原材料或中间品	品牌	市场（2021年）		"双链交互"治理视角下的双循环策略参考
						境外	境内	
专用设备制造业	300760	迈瑞医疗	内	内	内	40%	60%	Ⅰ.基于NVC拓展或重构GVC，实现GVC攀升；Ⅱ.兼顾两个市场、统筹两种循环，做到相机而动、内外协调
	300633	开立医疗	内	内	内	46%	54%	Ⅰ.基于NVC拓展或重构GVC，实现GVC攀升；Ⅱ.兼顾两个市场、统筹两种循环，做到相机而动、内外协调
	300206	理邦仪器	内	内	内	53%	47%	Ⅰ.基于NVC拓展或重构GVC，实现GVC攀升；Ⅱ.兼顾两个市场、统筹两种循环，做到相机而动、内外协调
	688389	普门科技	内	内	内	34%	65%	以内循环拓展外循环，参与二级双循环
	688617	惠泰医疗	内	内	内	10%	90%	以内循环拓展外循环，参与二级双循环
	002551	尚荣医疗	内	内	内	57%	43%	Ⅰ.基于NVC拓展或重构GVC，实现GVC攀升；Ⅱ.兼顾两个市场、统筹两种循环，做到相机而动、内外协调
	301021	英诺激光	内	内	内	7%	93%	以内循环拓展外循环，参与二级双循环
	002008	大族激光	内	内	内	6%	94%	以内循环拓展外循环，参与二级双循环
	688518	联赢激光	内	内	内	5%	92%	以内循环拓展外循环，参与二级双循环
	300812	易天股份	内	内	内	3%	97%	以内循环拓展外循环，参与二级双循环
	688328	深科达	内	内	内	4%	96%	以内循环拓展外循环，参与二级双循环
	300545	联得装备	内	内	内	3%	97%	以内循环拓展外循环，参与二级双循环

续表

行业	股票代码	公司	研发	关键原材料或中间品	品牌	市场（2021 年）		"双链交互"治理视角下的双循环策略参考
						境外	境内	
专用设备制造业	301013	利和兴	内	内	内	0%	100%	以内循环拓展外循环，参与二级双循环
	300130	新国都	内	内	内	15%	85%	以内循环拓展外循环，参与二级双循环
	300771	智莱科技	内	内	内	60%	40%	Ⅰ.基于 NVC 拓展或重构 GVC，实现 GVC 攀升；Ⅱ.兼顾两个市场、统筹两种循环，做到相机而动、内外协调
	002786	银宝山新	内	内	内	20%	80%	以内循环拓展外循环，参与二级双循环
	688312	燕麦科技	内	内	内	16%	84%	以内循环拓展外循环，参与二级双循环
	300400	劲拓股份	内	内	内	4%	96%	以内循环拓展外循环，参与二级双循环
	300151	昌红科技	内	内	内	62%	38%	Ⅰ.基于 NVC 拓展或重构 GVC，实现 GVC 攀升；Ⅱ.兼顾两个市场、统筹两种循环，做到相机而动、内外协调
	002837	英维克	内	内	内	13%	87%	以内循环拓展外循环，参与二级双循环
	688383	新益昌	内	内	内	6%	94%	以内循环拓展外循环，参与二级双循环
	301200	大族数控	内	内	内	0%	100%	以内循环拓展外循环，参与二级双循环
	002957	科瑞技术	内	内	内	42%	58%	Ⅰ.基于 NVC 拓展或重构 GVC，实现 GVC 攀升；Ⅱ.兼顾两个市场、统筹两种循环，做到相机而动、内外协调
	300457	赢合科技	内	内	内	4%	96%	以内循环拓展外循环，参与二级双循环
	688559	海目星	内	内	内	4%	89%	以内循环拓展外循环，参与二级双循环
	301128	强瑞技术	内	内	内	0%	100%	以内循环拓展外循环，参与二级双循环

行业	股票代码	公司	研发	关键原材料或中间品	品牌	市场（2021年）		"双链交互"治理视角下的双循环策略参考
						境外	境内	
汽车制造业	300745	欣锐科技	内	内	内	2%	98%	以内循环拓展外循环，参与二级双循环
	002594	比亚迪	内	内	内	30%	70%	以内循环拓展外循环，参与二级双循环
	301039	中集车辆	内	内	内	33%	67%	以内循环拓展外循环，参与二级双循环
铁路、船舶、航空航天和其他运输设备制造业	002625	光启技术	内	内	内	0%	100%	以内循环拓展外循环，参与二级双循环
	000017	深中华A	内	内	内	0%	100%	以内循环拓展外循环，参与二级双循环
	300960	通业科技	内	内	内	0%	100%	以内循环拓展外循环，参与二级双循环
	002105	信隆健康	内	内	内	52%	48%	Ⅰ.基于NVC拓展或重构GVC，实现GVC攀升；Ⅱ.兼顾两个市场、统筹两种循环，做到相机而动、内外协调
电气机械和器材制造业	002733	雄韬股份	内	内	内	72%	28%	兼顾两个市场、统筹两种循环，做到内外协调、相机而动
	000049	德赛电池	内	内	内	63%	37%	兼顾两个市场、统筹两种循环，做到内外协调、相机而动
	300207	欣旺达	内	内	内	47%	53%	Ⅰ.基于NVC拓展或重构GVC，实现GVC攀升；Ⅱ.兼顾两个市场、统筹两种循环，做到相机而动、内外协调
	300769	德方纳米	内	内	内	0%	100%	以内循环拓展外循环，参与二级双循环
	300724	捷佳伟创	内	内	内	6%	94%	以内循环拓展外循环，参与二级双循环
	002218	拓日新能	内	内	内	25%	75%	以内循环拓展外循环，参与二级双循环
	002518	科士达	内	内	内	36%	63%	以内循环拓展外循环，参与二级双循环

续表

行业	股票代码	公司	研发	关键原材料或中间品	品牌	市场（2021 年）		"双链交互"治理视角下的双循环策略参考
						境外	境内	
电气机械和器材制造业	300693	盛弘股份	内	内	内	22%	75%	以内循环拓展外循环，参与二级双循环
	300713	英可瑞	内	内	内	0%	100%	以内循环拓展外循环，参与二级双循环
	002227	奥特迅	内	内	内	0%	100%	以内循环拓展外循环，参与二级双循环
	002851	麦格米特	内	内	内	26%	74%	以内循环拓展外循环，参与二级双循环
	300124	汇川技术	内	内	内	3%	97%	以内循环拓展外循环，参与二级双循环
	688395	正弦电气	内	内	内	1%	97%	以内循环拓展外循环，参与二级双循环
	002334	英威腾	内	内	内	26%	74%	以内循环拓展外循环，参与二级双循环
	003021	兆威机电	内	内	内	11%	89%	以内循环拓展外循环，参与二级双循环
	002823	凯中精密	内	内	内	49%	51%	Ⅰ.基于 NVC 拓展或重构 GVC，实现 GVC 攀升；Ⅱ.兼顾两个市场、统筹两种循环，做到相机而动、内外协调
	300484	蓝海华腾	内	内	内	10%	90%	以内循环拓展外循环，参与二级双循环
	603063	禾望电气	内	内	内	1%	97%	以内循环拓展外循环，参与二级双循环
	002882	金龙羽	内	内	内	1%	99%	以内循环拓展外循环，参与二级双循环
	300252	金信诺	内	内	内	27%	73%	以内循环拓展外循环，参与二级双循环
	000070	特发信息	内	内	内	11%	89%	以内循环拓展外循环，参与二级双循环
	688793	倍轻松	内	内	内	10%	89%	以内循环拓展外循环，参与二级双循环

续表

行业	股票代码	公司	研发	关键原材料或中间品	品牌	市场（2021年）境外	市场（2021年）境内	"双链交互"治理视角下的双循环策略参考
电气机械和器材制造业	300824	北鼎股份	内	内	内、外	25%	75%	以内循环拓展外循环，参与二级双循环
	002139	拓邦股份	内	内	内	44%	56%	兼顾两个市场、统筹两种循环，做到相机而动、内外协调
	002724	海洋王	内	内	内	2%	98%	以内循环拓展外循环，参与二级双循环
	300317	珈伟新能	内	内	内	67%	33%	兼顾两个市场、统筹两种循环，做到相机而动、内外协调
	300889	爱克股份	内	内	内	2%	98%	以内循环拓展外循环，参与二级双循环

5.4 深圳市技术密集型制造业企业双循环策略

5.4.1 深圳市技术密集型制造业上市公司总体情况

截至 2022 年 4 月，深圳市共有技术密集型制造业上市公司 126 家。其中"仪器仪表制造业"公司 6 家，"医药制造业"公司 11 家，"计算机、通信和其他电子设备制造业"109 家（占比达到 86.51%）。后者大致可以划分为消费电子类（16 家）、显示器件类（15 家）、光电电源类（14 家）、电子元器件类（15 家）、通信设备器件类（12 家）、计算机外设及半导体类（12 家）、印制电路板类（9 家）和其他类（16 家）。从上市地点来看，在深圳证券交易所上市的共有 104 家，占比为 82.54%；包含主板（含中小板）54 家、创业板 50 家；在上海证券交易所上市的共有 22 家，包含主板 6 家、科创板 16 家。具体如表 5-8 所示。

表 5-8　深圳市技术密集型制造业上市公司一览

行业		股票代码	公司	主营业务
仪器仪表制造业		002980	华盛昌	电工电力与环境监测类仪器仪表
		002979	雷赛智能	步进系统与伺服系统
		300112	万讯自控	现场仪表
		688112	鼎阳科技	电子测试测量仪器
		300572	安车检测	机动车检测系统
		002121	科陆电子	智能电网
医药制造业		002880	卫光生物	人血白蛋白、静注人免疫球蛋白
		600380	健康元	化学制剂、化学原料药及中间体
		300601	康泰生物	非免疫规划疫苗
		002294	信立泰	心血管类药物、头孢类抗生素及原料
		002399	海普瑞	肝素钠以及低分子肝素钠原料药、制剂
		300199	翰宇药业	化学合成多肽制剂
		000999	华润三九	CHC、处方药
		688321	微芯生物	西达本胺
		300832	新产业	试剂类、仪器类
		688575	亚辉龙	体外诊断试剂
		300942	易瑞生物	体外试剂、食安试剂
计算机、通信和其他电子设备制造业	消费电子类	002055	得润电子	消费类电子
		601138	工业富联	3C 电子产品
		688036	传音控股	以手机为核心的智能终端
		002369	卓翼科技	便携式消费电子
		002429	兆驰股份	多媒体视听产品
		002475	立讯精密	消费电子产品制造
		000016	深康佳 A	消费电子、工贸
		002681	奋达科技	电声产品、健康电器

行业		股票代码	公司	主营业务
计算机、通信和其他电子设备制造业	消费电子类	002351	漫步者	耳机、音箱
		301189	奥尼电子	智能摄像机、摄像头
		001308	康冠科技	智能电视、智能显示产品
		002052	同洲电子	卫星电视终端
		603118	共进股份	宽带终端
		002137	实益达	智能终端产品
		688210	统联精密	便携式智能终端用 MIM 产品
		300991	创益通	消费电子互联产品
	显示器件类	002289	宇顺电子	智能显示模组
		002587	奥拓电子	LED 视频显示系统
		300162	雷曼光电	LED 显示屏
		300389	艾比森	LED 显示屏
		688007	光峰科技	激光显示
		300939	秋田微	液晶显示模组及触控产品
		002106	莱宝高科	平板显示材料
		300752	隆利科技	背光显示模组
		002845	同兴达	液晶显示器模组
		000050	深天马 A	显示屏及显示模组
		000020	深华发 A	显示器、注塑件
		300241	瑞丰光电	LED 显示与照明
		300232	洲明科技	智慧显示、专业照明
		002876	三利谱	偏光片
		000045	深纺织 A	偏光片
	光电电源类	300303	聚飞光电	背光 LED
		002992	宝明科技	LED 背光源
		300940	南极光	手机背光源
		300647	超频三	LED 照明灯具、消费电子散热器件
		300301	长方集团	移动照明、贴片光源
		002456	欧菲光	光学光电产品
		300909	汇创达	导光结构件
		301051	信濠光电	玻璃防护屏
		688138	清溢光电	掩膜版

续表

行业		股票代码	公司	主营业务
计算机、通信和其他电子设备制造业	光电电源类	688025	杰普特	激光器
		300227	光韵达	激光应用
		301002	崧盛股份	大功率 LED 驱动电源
		300870	欧陆通	电源适配器、开关电源产品
		002660	茂硕电源	SPS 开关电源、LED 驱动电源
	电子元器件类	300916	朗特智能	智能控制器
		300822	贝仕达克	智能控制器
		002402	和而泰	家电智能控制器
		003028	振邦智能	家电电控产品
		300543	朗科智能	智能控制器、智能电源
		002782	可立克	磁性元件、开关电源
		002885	京泉华	磁性元器件、电源
		002138	顺络电子	电子元器件
		301086	鸿富瀚	消费电子器件
		300951	博硕科技	电子产品功能器件
		300686	智动力	消费电子功能器件
		300319	麦捷科技	电子元器件、液晶显示模组
		300656	民德电子	条码识别设备、电子元器件产品
		300115	长盈精密	消费电子及新能源汽车精密零组件
		000021	深科技	电子制造、半导体
	通信设备器件类	002161	远望谷	RFID 解决方案
		300679	电连技术	射频连接器、电磁兼容件
		300136	信维通信	射频元器件
		300615	欣天科技	射频金属元器件
		002313	日海智能	无线通信模组
		688159	有方科技	无线通信模块
		002881	美格智能	无线通信模组
		300638	广和通	无线通信模块
		300570	太辰光	光通信器件
		002583	海能达	专用通信设备
		688618	三旺通信	工业以太网交换机
		000063	中兴通讯	运营商网络

行业		股票代码	公司	主营业务
计算机、通信和其他电子设备制造业	计算机外设及半导体类	301067	显盈科技	信号转换拓展产品
		300857	协创数据	数据存储设备
		300042	朗科科技	闪存产品及控制芯片
		002213	大为股份	半导体存储芯片、通信与手机配件
		300689	澄天伟业	智能卡和专用芯片
		002577	雷柏科技	计算机外设
		000066	中国长城	网络安全与信息化、系统装备
		300565	科信技术	通信网络能源
		300531	优博讯	移动数据终端、打印机
		688216	气派科技	集成电路封测
		300077	国民技术	集成电路研发设计和销售，芯片及负极材料
		688595	芯海科技	健康测量 AIOT 芯片、模拟信号链芯片
	印制电路板类	002938	鹏鼎控股	通信用板
		603228	景旺电子	电路板
		301041	金百泽	印制电路板
		300814	中富电路	印制电路板
		002436	兴森科技	PCB 印制电路板
		300739	明阳电路	PCB 印制电路板
		002916	深南电路	印制电路板
		688655	迅捷兴	印制电路板
		002815	崇达技术	印制电路板
	其他类	688208	道通科技	汽车综合诊断产品
		002869	金溢科技	高速公路 ETC 设备
		688418	震有科技	指挥调度系统
		002972	科安达	轨道交通信号控制
		002813	路畅科技	车载导航
		002766	索菱股份	车载信息系统
		002835	同为股份	视频监控产品
		688788	科思科技	指挥控制信息处理设备
		300546	雄帝科技	身份识别智能化
		603160	汇顶科技	指纹识别芯片设计
		300514	友讯达	电能表、无线传感网络

续表

行业		股票代码	公司	主营业务
计算机、通信和其他电子设备制造业	其他类	002528	英飞拓	数字运营、物联产品
		300602	飞荣达	导热材料、电磁屏蔽材料
		300811	铂科新材	合金软磁粉芯
		600525	长园集团	智能电网设备
		002130	沃尔核材	高分子核辐射改性新材料

资料来源：根据大智慧 365 系统"F10"资料整理。

5.4.2 深圳市 TI 制造业上市公司"双链交互"治理情况

1. 主营业务境内外营收占比情况

深圳市技术密集型制造业上市公司主营业务境内外营收结构如表 5-9 所示。"仪器仪表制造业" 6 家上市公司中，华盛昌（002980）境外营收占比在 90% 左右，业务经营主要依托国际市场。其余 5 家公司境外营收占比在 0% 到 27% 不等，业务经营主要依托国内市场。"医药制造业" 11 家上市公司中，海普瑞（002399）境外营收占比最高，在 90% 以上，其他公司则是境内营收占比高，基本都在 70% 以上。其中，卫光生物（002880）、信立泰（002294）、华润三九（000999）近三年的境内营收占比基本为 100%，是典型的内循环企业。康泰生物（300601）2019—2020 年境内营收占比均为 100%，2021 年下降到 74%，境外营收占比则由 0% 上升到 26%，呈现出"境内拓境外"的特征。

"计算机、通信和其他电子设备制造业" 109 家公司中，消费电子类公司境外营收占比相对较高，其中传音控股（688036）近三年境外营收占比达 98%。显示器件类与光电电源类公司偏向于国内市场。其中，宝明科技（002992）、南极光（300940）近三年境内营收占比均为 100%。电子元器件类与通信设备器件类公司的境内外营收占比大体接近或倾向于内循环。其中，朗特智能（300916）、朗科智能（300543）、京泉华（002885）、长盈精密（300115）、欣天科技（300615）、海能达（002583）等公司近三年境内外营收占比均在 50% 上下。

而计算机外设及半导体类、印制电路板类和其他类上市公司，境内外营收占比变化情况不一，总体略倾向于内循环。其中景旺电子（603228）、兴森科技（002436）近三年境内外营收相对均衡，均在 50% 上下波动。协创数据（300857）、汇顶科技（603160）、大为股份（002213）、科信技术（300565）近三年明显是"以内循环拓展外循环"，境内营收占比下降而境外营收占比上升，后两者到2021年境内外营收占比均维持在50%左右的水平上。雷曼光电（300162）、艾比森（300389）、深科技（000021）和雄帝科技（300546）近三年境外营收占比下降、境内营收占比上升，明显呈现"外循环转内循环"趋势。其中雄帝科技（300546）近三年境外营收占比由80%下降到25%，境内营收占比由20%上升到75%，营收结构变化显著。

从总体上看，深圳市技术密集型制造业上市公司①中，以境内营收为主的内循环企业数为79家，占比为63%，其中近三年境外营收占比为零的企业共8家，占比为6%。以境外营收为主的外循环企业数为22家，占比为17%。境外营收结构相对平衡的企业数为24家，占比为19%。其中，"以内循环拓展外循环"典型企业数为6家，"外循环转内循环"典型企业数为4家，占比分别为5%和3%。

表5-9　深圳市技术密集型制造业上市公司境内外营收结构

行业	股票代码	公司	2021年		2020年		2019年	
			境外	境内	境外	境内	境外	境内
仪器仪表制造业	002980	华盛昌	90%	10%	79%	21%	93%	6%
	002979	雷赛智能	4%	96%	4%	96%	4%	96%
	300112	万讯自控	1%	99%	1%	99%	1%	99%
	688112	鼎阳科技	27%	71%	22%	77%	—	—
	300572	安车检测	0%	100%	0%	100%	0%	100%
	002121	科陆电子	19%	81%	14%	86%	18%	82%
医药制造业	002880	卫光生物	0%	100%	0%	100%	0%	100%
	600380	健康元	16%	83%	20%	80%	16%	84%
	300601	康泰生物	26%	74%	0%	100%	0%	100%
	002294	信立泰	0%	100%	0%	100%	0%	100%
	002399	海普瑞	91%	9%	90%	10%	91%	9%
	300199	翰宇药业	6%	94%	6%	94%	11%	89%
	000999	华润三九	0%	100%	1%	99%	0%	100%
	688321	微芯生物	9%	91%	9%	91%	1%	99%

① 工业富联（601138）由于境内外营收结构数据缺失，不包含在统计范围内。

续表

行业	股票代码	公司	2021 年		2020 年		2019 年	
			境外	境内	境外	境内	境外	境内
医药制造业	300832	新产业	30%	70%	37%	62%	20%	80%
	688575	亚辉龙	15%	81%	21%	79%	5%	95%
	300942	易瑞生物	10%	90%	37%	63%	20%	80%
计算机、通信和其他电子设备制造业	002055	得润电子	34%	66%	29%	67%	20%	80%
	601138	工业富联	—	—	—	—	—	—
	688036	传音控股	98%	2%	98%	2%	98%	2%
	002369	卓翼科技	2%	98%	3%	97%	15%	85%
	002429	兆驰股份	45%	55%	43%	57%	33%	67%
	002475	立讯精密	91%	9%	92%	8%	92%	8%
	000016	深康佳 A	55%	45%	60%	40%	63%	37%
	002681	奋达科技	70%	30%	80%	20%	67%	33%
	002351	漫步者	20%	80%	21%	79%	23%	77%
	301189	奥尼电子	59%	41%	61%	37%	44%	53%
	001308	康冠科技	79%	20%	77%	22%	68%	31%
	002052	同洲电子	48%	50%	49%	50%	53%	46%
	603118	共进股份	46%	54%	66%	34%	62%	38%
	002137	实益达	50%	50%	52%	48%	40%	60%
	688210	统联精密	61%	38%	49%	50%	51%	49%
	300991	创益通	19%	81%	18%	82%	22%	78%
	002289	宇顺电子	34%	56%	41%	52%	36%	59%
	002587	奥拓电子	26%	74%	24%	76%	28%	72%
	300162	雷曼光电	57%	43%	69%	31%	75%	25%
	300389	艾比森	43%	57%	53%	47%	75%	25%
	688007	光峰科技	7%	93%	5%	95%	10%	90%
	300939	秋田微	53%	47%	54%	46%	59%	41%
	002106	莱宝高科	90%	9%	89%	9%	94%	6%
	300752	隆利科技	0%	100%	1%	99%	1%	99%
	002845	同兴达	16%	84%	10%	90%	9%	91%
	000050	深天马 A	29%	69%	25%	74%	25%	75%
	000020	深华发 A	33%	67%	13%	87%	21%	79%
	300241	瑞丰光电	24%	76%	19%	81%	14%	86%

续表

行业	股票代码	公司	2021年		2020年		2019年	
			境外	境内	境外	境内	境外	境内
计算机、通信和其他电子设备制造业	300232	洲明科技	39%	61%	39%	61%	45%	55%
	002876	三利谱	6%	94%	6%	94%	7%	93%
	000045	深纺织A	11%	89%	11%	89%	16%	84%
	300303	聚飞光电	19%	81%	17%	83%	21%	79%
	002992	宝明科技	0%	100%	0%	100%	0%	100%
	300940	南极光	0%	100%	0%	100%	0%	100%
	300647	超频三	13%	87%	15%	85%	13%	87%
	300301	长方集团	29%	34%	38%	59%	43%	53%
	002456	欧菲光	24%	76%	42%	58%	39%	61%
	300909	汇创达	2%	98%	4%	96%	6%	94%
	301051	信濠光电	34%	55%	31%	67%	—	—
	688138	清溢光电	14%	83%	18%	79%	21%	75%
	688025	杰普特	31%	69%	40%	60%	26%	74%
	300227	光韵达	2%	98%	3%	97%	2%	98%
	301002	崧盛股份	10%	90%	9%	91%	—	—
	300870	欧陆通	61%	39%	63%	37%	53%	47%
	002660	茂硕电源	47%	53%	50%	50%	50%	50%
	300916	朗特智能	51%	49%	49%	51%	55%	45%
	300822	贝仕达克	92%	8%	92%	8%	94%	6%
	002402	和而泰	69%	31%	70%	26%	67%	33%
	003028	振邦智能	46%	54%	49%	51%	35%	64%
	300543	朗科智能	51%	49%	50%	50%	50%	50%
	002782	可立克	53%	47%	61%	39%	63%	37%
	002885	京泉华	43%	57%	51%	49%	50%	50%
	002138	顺络电子	22%	77%	23%	77%	22%	78%
	301086	鸿富瀚	13%	87%	0%	100%	1%	99%
	300951	博硕科技	7%	93%	6%	94%	0%	100%
	300686	智动力	39%	61%	44%	56%	28%	72%
	300319	麦捷科技	26%	74%	31%	69%	30%	70%
	300656	民德电子	23%	77%	24%	76%	41%	59%
	300115	长盈精密	49%	51%	50%	50%	35%	64%

续表

行业	股票代码	公司	2021 年		2020 年		2019 年	
			境外	境内	境外	境内	境外	境内
计算机、通信和其他电子设备制造业	000021	深科技	62%	38%	71%	29%	81%	19%
	002161	远望谷	29%	71%	37%	59%	36%	60%
	300679	电连技术	18%	82%	15%	84%	19%	80%
	300136	信维通信	75%	25%	73%	27%	69%	32%
	300615	欣天科技	41%	57%	51%	49%	53%	49%
	002313	日海智能	33%	67%	22%	78%	14%	86%
	688159	有方科技	12%	88%	11%	89%	29%	71%
	002881	美格智能	21%	79%	36%	64%	20%	80%
	300638	广和通	57%	42%	67%	33%	61%	39%
	300570	太辰光	81%	19%	81%	19%	91%	8%
	002583	海能达	51%	49%	60%	40%	54%	46%
	688618	三旺通信	12%	85%	9%	89%	8%	90%
	000063	中兴通讯	32%	68%	33%	67%	36%	64%
	301067	显盈科技	65%	35%	64%	36%	60%	40%
	300857	协创数据	61%	39%	42%	58%	27%	73%
	300042	朗科科技	72%	28%	71%	29%	70%	30%
	002213	大为股份	45%	55%	6%	94%	0%	100%
	300689	澄天伟业	59%	41%	66%	34%	53%	43%
	002577	雷柏科技	34%	66%	25%	75%	20%	80%
	000066	中国长城	28%	72%	18%	72%	18%	73%
	300565	科信技术	54%	46%	40%	61%	28%	72%
	300531	优博讯	19%	81%	18%	82%	14%	86%
	688216	气派科技	3%	93%	1%	99%	1%	99%
	300077	国民技术	12%	88%	6%	94%	7%	93%
	688595	芯海科技	4%	95%	4%	96%	8%	92%
	002938	鹏鼎控股	79%	21%	73%	27%	69%	31%
	603228	景旺电子	44%	53%	39%	58%	41%	57%
	301041	金百泽	18%	80%	15%	84%	17%	82%
	300814	中富电路	27%	73%	21%	74%	29%	66%
	002436	兴森科技	50%	50%	50%	48%	54%	45%
	300739	明阳电路	87%	6%	88%	7%	90%	5%

续表

行业	股票代码	公司	2021 年		2020 年		2019 年	
			境外	境内	境外	境内	境外	境内
计算机、通信和其他电子设备制造业	002916	深南电路	30%	66%	27%	70%	27%	70%
	688655	迅捷兴	16%	81%	13%	85%	16%	81%
	002815	崇达技术	61%	33%	60%	36%	69%	26%
	688208	道通科技	88%	11%	87%	12%	85%	13%
	002869	金溢科技	1%	99%	0%	100%	0%	100%
	688418	震有科技	21%	79%	21%	78%	28%	71%
	002972	科安达	1%	99%	1%	99%	0%	100%
	002813	路畅科技	17%	83%	11%	89%	17%	83%
	002766	索菱股份	35%	65%	45%	55%	35%	65%
	002835	同为股份	93%	7%	90%	6%	90%	7%
	688788	科思科技	0%	100%	0%	100%	0%	100%
	300546	雄帝科技	25%	75%	15%	85%	80%	20%
	603160	汇顶科技	37%	62%	20%	78%	14%	86%
	300514	友讯达	1%	99%	1%	99%	0%	100%
	002528	英飞拓	40%	60%	26%	74%	28%	72%
	300602	飞荣达	32%	68%	26%	74%	19%	80%
	300811	铂科新材	4%	96%	2%	98%	3%	97%
	600525	长园集团	16%	84%	22%	77%	13%	76%
	002130	沃尔核材	13%	87%	11%	89%	11%	89%

注：工业富联（601138）无境内外营收结构数据。另外，限于数据来源，部分境内外营收占比之和不等于1。

资料来源：根据大智慧365系统"F10"资料与各上市公司年报数据整理。

2. 产业链价值链的位置位势情况

（1）仪器仪表制造业

华盛昌（002980）从事测量测试仪器仪表的技术研发与生产销售，是国内自主创新能力最强、产品品类最丰富的综合型测量测试仪器仪表企业之一。公司坚持自主研发与技术创新，拥有丰富而全面的技术与产品专利。自主品牌"CEM"在海外市场具有较高知名度。雷赛智能（002979）从事智能装备运动控制核心部件研发、生产和销售，是国内智能装备运动控制领域的领军企业之一。公司通过自主研发打造技术优势、提升竞争力，产品覆盖了运动控制行业的主要市场。万讯自控（300112）专注于智能自动化仪表、工业机器人 3D 视觉系统等工业自动化产品研发、生产和销售。公司坚持全球化研发战略，在行业内具有较高知名度，是国内领先的智能仪表研发制造企业。

鼎阳科技（688112）专注于通用电子测试测量仪器研发、生产与销售，是技术领先的国内通用电子测试测量仪器企业之一。公司自主品牌"SIGLENT"已成为全球知名的通用电子测试测量仪器品牌，产品销往全球 80 多个国家和地区。安车检测（300572）主要从事机动车检测系统和检测行业联网监管系统的研发、生产和销售，在国内机动车安全检测和环保检测领域具有技术研发优势与产品线齐全优势。科陆电子（002121）主要为智能电网建设提供产品、设备和系统性解决方案，是国内领先的综合能源服务商。公司研发实力雄厚，自主研发的多款产品获得了国内国际主流权威认证，在业内树立了良好的品牌形象。

（2）医药制造业

卫光生物（002880）从事生物制品研发、生产及销售，主要产品为人血白蛋白、免疫球蛋白、凝血因子等属于国家战略资源的血液制品。公司拥有"广东省蛋白（多肽）工程研究开发中心"等多个省市级科研创新平台，曾承担国家"863 计划"等重大科研项目，在血液制品行业树立了良好的品牌形象。健康元（600380）主要从事医药产品及保健品研发、生产及销售，涵盖化学制剂、化学原料药及中间体等。公司研发机构完善、研发管线清晰，产品品种品类丰富，结构多元化优势明显。旗下拥有"太太""精心""鹰牌"保健品和"倍能""速能"处方药以及其他众多知名医药品牌。康泰生物（300601）的主营业务为人用疫苗的研发、生产和销售，是国内疫苗研发能力强大、研发平台最为丰富的企业之一，具备多联多价疫苗研发的领先优势。公司产品管线储备丰富，生产规模位居国内前列，注重国际化合作和海外产品注册，致力于成为全球知名的生物疫苗供应商。

信立泰（002294）的主营业务涉及药品、医疗器械产品的研发、生产、销售，主要产品包括心血管类药物及医疗器械、头孢类抗生素及原料、骨科药物等。公司布局高端化学药、生物医药、医疗器械三条创新主线，以心脑血管领域为核心，自主开发了一批具有国际专利的创新产品。在 PCI 介入、抗血小板、高血压及心衰、慢性肾脏病透析领域具有强大的客户基础和良好的品牌形象。海普瑞（002399）的主营业务覆盖肝素产业链、生物大分子 CDMO 和创新药物的投资、开发及商业化运营，是全球肝素钠原料药的头部企业、全球依诺肝素市场的领军企业。公司拥有的商业化药物及多项首创管线药物市场潜力巨大，创新药研发力量雄厚，并且建立了覆盖全球的营销网络，努力建设成为全球领先的创新型跨国制药企业。

翰宇药业（300199）从事多肽药物研发、生产和销售，是国内拥有多肽药物品种最多的企业之一。公司坚持自主研发、重视研发投入，创新药不断取得突破，同时重视药品注册、专利保护及营销网络建设，借助商业模式创新形成品牌优势。华润三九（000999）专注于高质量医药健康产品创新研发和智能制造，致力于打造中国医药健康第一品牌。公司坚持"品牌+创新"双轮驱动战略，一方面立足健康消费品业务，加速处方药创新转型，以多个产品为依托的研发项目荣获国家科学技术进步奖二等奖。另一方面重视消费者研究和营销创新，稳步推进"1+N"品牌策略。"999"在消费者和医药行业均享有高认可度，多次被评为"中国最有价值品牌"。微芯生物（688321）是以原创新药产品线为基础的现代生物医药企业，具备从药物靶点作用确证、先导分子发现与评价，到新药临床开发以及产业化配套等能力。公司聚焦对人类生命健康造成严重威胁的领域，研发具有革命性疗效的创新机制药物，其研发创新能力受全球行业认可。目前主要产品为原创靶向新药西达本胺、西格列他钠。

新产业（300832）主要从事体外诊断产品研发、生产、销售及服务。公司建立了纳米磁性微球研发、试剂关键原料研发、全自动诊断仪器研发、诊断试剂研发四大技术平台，具备产业链完整的研发体系优势。目前主要产品为系列全自动化学发光免疫分析仪器及配套试剂，实现了该领域国产医疗器械的进口替代。公司建成了覆盖全球关键市场的营销网络，产品销往海外147个国家和地区。亚辉龙（688575）的主营业务为体外诊断仪器及配套试剂的研发、生产和销售，主要产品为免疫诊断仪器及试剂、化学发光仪器及配套试剂。公司在自身免疫、生殖健康、糖尿病、感染性疾病等体外诊断领域，具备卓越的研发优势、丰富的技术储备以及行业领先的成果转化能力，在业内树立了良好的质量口碑与品牌形象。易瑞生物（300942）主营食品药品安全、体外诊断、公共安全等领域快速检测产品的研发、生产和销售。公司专注于技术创新与产品研发，形成了以抗原抗体自研自制、高效前处理技术为核心的技术优势，是国内食品安全快速检测领域的领先企业之一，已建立了覆盖全国各地及俄罗斯、法国、意大利等60多个国家和地区的营销网络。

（3）计算机、通信和其他电子设备制造业

深圳市消费电子类上市公司有不少是行业头部企业或行业领先企业。

得润电子（002055）是国内电子连接器的龙头制造商；传音控股（688036）是科技品牌出海典型企业，在非洲智能手机市场占有率超 40%；兆驰股份（002429）是行业领先的多媒体视听产品制造商，立讯精密（002475）是全球领先的消费电子部件及多元化系统方案提供商，奋达科技（002681）是国内电声产品的主流供应商；漫步者（002351）和奥尼电子（301189）分别是国内知名的音箱、耳机以及智能摄像机、摄像头研发制造企业；康冠科技（001308）和共进股份（603118）分别是国内智能显示行业的头部企业和全球领先的宽带终端研发制造商，等等。这些企业研发体系完善、研发实力卓越，积累了丰富的自主核心技术成果。例如，截至 2021 年底，传音控股（688036）拥有四大领域核心技术，已获得发明专利 682 项；立讯精密（002475）拥有有效专利 3090 项，奋达科技（002681）拥有发明专利 35 项、实用新型专利 268 项，漫步者（002351）拥有有效授权专利 331 项，实益达（002137）获得专利授权 197 项，等等。在品牌和营销上，传音控股（688036）、深康佳 A（000016）、漫步者（002351）、奥尼电子（301189）等企业都拥有行业知名的自主品牌。而卓翼科技（002369）、奋达科技（002681）、康冠科技（001308）、共进股份（603118）、实益达（002137）等公司，较多地采取 OEM、ODM、JDM 或 EMS[①] 模式为国内外客户提供一体化解决方案。

　　显示器件类上市公司中，雷曼光电（300162）是全球领先的 LED 超高清显示屏制造企业，产品研发能力与技术创新能力行业领先，拥有 500 多项国内外专利，产品销往全球 100 多个国家和地区。艾比森（300389）是全球知名的 LED 大屏显示应用与服务提供商，具有 20 年品牌沉淀，营销体系覆盖全球 130 多个国家和地区。光峰科技（688007）是全球领先的激光显示科技企业，累计获得发明专利 818 项，自主品牌业务增长迅速。秋田微（300939）是具有全球影响力的触控显示研制企业，在国际市场建立了良好的品牌声誉。莱宝高科（002106）是全球笔记本电脑触摸屏研制龙头厂商，拥有授权专利 381 项。隆利科技（300752）、深天马 A（000050）、洲明科技（300232）、瑞丰光电（300241）、三利谱（002876）等，都是国内背光显示模组、中小尺寸显示器件、LED 封装、偏光片等细分领域的行业领先企业。其中，洲明科技（300232）租赁类 LED 显示屏市场份额全球第

---

　　① JDM（Joint Design Manufacture）即共同设计制造。EMS（Electronics Manufacturing Services）即电子制造服务，为电子产品品牌拥有者提供制造、采购、部分设计以及物流等一系列服务。

一，累计获得授权专利 2134 项，自主研发的相关技术曾获国家科学技术进步奖一等奖。瑞丰光电（300241）是国内 LED 封装领域领军企业，相关技术研发曾获国家技术发明奖二等奖。三利谱（002876）是国内少数具备 TFT-LCD 偏光片生产能力的企业之一，自主研发的偏光片制造工艺打破了境外技术垄断。

光电光源类上市公司中，聚飞光电（300303）、宝明科技（002992）、南极光（300940）均从事背光 LED 或背光源研制。欧菲光（002456）在光学影像领域发展迅速，积累了大量优质客户资源，是国内中高端手机摄像头产品的主力供应商。公司拥有全球化研发团队，已获得授权专利 2463 项。信濠光电（301051）、清溢光电（688138）分别是国内规模较大的玻璃防护屏与掩膜版生产企业，拥有良好的行业口碑与优质的客户资源。杰普特（688025）是国内领先的光电精密检测及激光加工智能装备提供商，已获得授权专利 422 项（含发明专利 65 项）。光韵达（300227）的同名品牌是广东省著名商标，并被评为"中国电子企业最有潜力品牌"。崧盛股份（301002）是国内中、大功率 LED 驱动电源产品的主要供应商之一，"崧盛电源"品牌被评为"优秀 LED 电源品牌"。茂硕电源（002660）为国内电源行业的标志性企业之一，拥有行业领先的技术积累与全球化的产能布局，同名品牌已成为行业知名品牌、中国驰名商标。

电子元器件类上市公司中，朗科智能（300543）、朗特智能（300916）、贝仕达克（300822）、和而泰（002402）、振邦智能（003028）均以智能控制研制为主营业务。其中，朗特智能（300916）在智能家电控制、智能物联、离网照明领域技术领先。和而泰（002402）是国内高端智能控制器龙头企业，累计申请专利 1911 项，其中发明专利 629 项、实用新型专利 1120 项。振邦智能（003028）则是行业内知名的变频驱动器、数字电源以及智能物联模块供应商，其在矢量变频控制、高压电源、智能物联等领域的多项核心技术处于行业领先水平。京泉华（002885）主营磁性元器件和电源产品，"京泉华/JQH"为"广东省著名商标"、全国知名名牌。顺络电子（002138）连续十五年被评为"中国电子元器件百强企业"，其主要产品片式电感市场份额位列国内第一、全球综合排名前三。麦捷科技（300319）的一体成型电感、LTCC 滤波器国内市场份额均名列前茅，相关研发成果曾荣获国家科学技术进步奖二等奖。民德电子（300656）是中国首家实现独立自主研发条码识别设备的科技企业。深科技（000021）则全球领先的专业电子制造企业，连续多年在 MMI 全球 EMS 行业排名前列。公司具有行业领先的高端存储封测技术，多元化客制服务能力，以及丰富的全球优质客户资源。

通信设备器件类上市公司中，远望谷（002161）是国内物联网产业的代表企业、RFID 行业领军企业与品牌优势企业。公司构建了全球研发体系，已获得授权专利 433 项（其中发明专利 81 项、实用新型专利 266 项）。电连技术（300679）在国内连接器行业处于技术领先地位，旗下"ECTCONN©"已成为国内知名的连接器品牌。信维通信（300136）是全球领先的射频天线企业，具有持续创新的技术研发能力，是最早开展 5G 技术研发的企业之一。有方科技（688159）是智能电网领域无线通信模块的先行者，掌握并精通无线通信业务所必需的五项基础核心技术。海能达（002583）是专用通信领域的领军企业和全球专用通信领域的技术领先企业，拥有国际化研发平台与充足的核心技术储备，已获得 1423 项授权专利，其营销网络多层次、全球化布局，具有良好的行业口碑。中兴通讯（000063）是全球领先的综合通信系统集成提供商，是全球 5G 技术研究、标准制定的主要贡献者和参与者，位列全球通信专利布局第一阵营，累计获得全球授权专利约 4.2 万项，5G 标准必要专利声明量位居全球第四。公司为全球客户提供创新性技术与产品解决方案，具有广泛的行业影响力与品牌知名度。

计算机外设上市公司中，朗科科技（300042）是闪存盘的发明者，拥有已授权有效专利 318 项，其中授权发明专利 254 项。雷柏科技（002577）是国内知名的游戏周边设备与产品制造商，公司品牌"RAPOO"在海内外市场具有良好的口碑与影响力。中国长城（000066）深耕金融信息化机具领域，致力于以创新研发构建"芯—端"自主产品链，是国内金融智能网点、移动营销的行业领跑者。优博讯（300531）是国内 AIDC（自动识别与数据采集）龙头企业，为国内最早自主研发 AIDC 终端并提供整体解决方案的企业之一，拥有已授权专利 364 项。半导体企业中，气派科技（688216）是国内封装测试技术应用型代表性企业。国民技术（300077）是国内 USBKEY 芯片、蓝牙 KEY 芯片、可信计算芯片的主要供货商之一，已获授权专利量为 1419 项，获得中国专利金奖 1 项、优秀奖 9 项。芯海科技（688595）是国内唯一一家模拟信号链和 MCU 双平台驱动的集成电路设计上市公司，也是少数拥有物联网整体解决方案的企业之一。公司累计获得发明专利批准 155 项、实用新型专利 152 项。

深圳市 9 家印制电路板类上市公司均具有较强的技术研发实力。其中，鹏鼎控股（002938）是全球第一大 PCB 生产企业。公司长期专注 PCB 技术研发，累计取得的国内外专利共计 896 项。深南电路（002916）是中国印制电路板行业的领先企业、国内领先的处理器芯片封装基板供应商。公司已获授权专利 645 项（其中发明专利 387 项），累计申请国际 PCT 专利 82 项。景旺电子（603228）是印制电路板行业的知名企业，拥有 209 项发明专利和 164 项实用新型专利。兴森科技（002436）具有强大的研发设计能力，拥有已授权专利 737 项（含发明专利 305 项、实用新型专利 430 项），客户资源遍及全球 30 多个国家和地区。迅捷兴（688655）拥有有效专利 204 项（含发明专利 18 项、实用新型专利 18 项）。崇达技术（002815）拥有专利 291 项，含有效发明专利 246 项、实用新型专利 45 项。

其他类上市公司在产业链价值链上也各具优势与特点。例如，金溢科技（002869）是国内领先的智能交通射频识别与电子支付产品及服务提供商，公司高速公路 ETC 产品在全国 29 个省市广泛应用，在行业内建立了良好的信誉和品牌形象。科安达（002972）在轨道交通信号控制和雷电防护领域技术优势与品牌效应突出。路畅科技（002813）主营汽车信息化、智能化及智能出行相关产品研发销售，在国内享有较高的知名度和美誉度。飞荣达（300602）主营电磁屏蔽材料研制与销售，累计获得专利 655 项（含发明专利 175 项、实用新型专利 465 项），其"FRD"品牌在业内得到广泛认可。

5.4.3 "双链交互"治理视角下 TI 制造业企业双循环策略

深圳市仪器仪表制造业和医药制造业的绝大多数上市公司以内循环为特征，主营业务收入来自境内市场，且掌握了研发、品牌和关键原材料等价值链环节。其"双链交互"治理视角下的双循环策略，应为积极拓展国际市场、参与二级双循环。除此之外，仪器仪表制造业的华盛昌（002980）、医药制造业的海普瑞（002399）两家公司，掌握了价值链两端的研发、品牌等环节，且主营业务收入主要来自海外市场；其参与双循环的基本策略应为兼顾两个市场、统筹两种循环，做到内外协调、相机而动。

深圳市计算机、通信和其他电子设备制造业上市公司比较多，产业链价值链位势情况不一，"双链交互"治理视角下其参与双循环的基本策略归纳如下。

第一，"以外循环拓展内循环，参与一级双循环"。没有完全掌控价值链高端环节、OEM/ODM 等业务占比较高，且主营业务收入主要来自海外市场的企业，宜采取此项策略，代表性公司如立讯精密（002475）、奋达科技（002681）、康冠科技（001308）、统联精密（688210）等。

第二，"以内循环拓外展循环，参与二级双循环"。掌握了国内价值链高端环节，且主营业务收入主要来自境内市场的企业，宜采取此项策略，大部分显示器件类、光电光源类和其他类公司都属于此类，如宇顺电子（002289）、聚飞光电（300303）、金溢科技（002869）等。

第三，"基于 NVC 拓展或重构 GVC，实现 GVC 攀升，并在此基础上兼顾两个市场、统筹两种循环，做到相机而动、内外协调"。掌握了国内价值链高端环节，且主营业务收入境内外占比大体平衡的公司，宜采取此项策略，代表性企业如兆驰股份（002429）、奥尼电子（301189）、共进股份（603118）等。

第四，"兼顾两个市场、统筹两种循环，做到相机而动、内外协调"。在（或特定）海外市场占有较大的市场份额，且掌握了全球价值链高端环节的公司，宜采取此项策略。如消费电子类公司传音控股（688036），显示器件类公司莱宝高科（002106），电子元器件类公司贝仕达克（300822）、和而泰（002402），通信设备器件类公司信维通信（300136），印制电路板类公司鹏鼎控股（002938）、明阳电路（300739）等。

深圳市技术密集型制造业各上市公司融通双循环的具体策略参考如表 5-10 所示。

表 5-10 深圳市技术密集型制造业企业双循环策略参考

行业	股票代码	公司	研发	关键原材料或中间品	品牌	市场（2021 年）境外	市场（2021 年）境内	"双链交互"治理视角下的双循环策略参考
仪器仪表制造业	002980	华盛昌	内	内	内	90%	10%	兼顾两个市场、统筹两种循环，做到相机而动、内外协调
	002979	雷赛智能	内	内	内	4%	96%	以内循环拓展外循环，参与二级双循环
	300112	万讯自控	内	内	内	1%	99%	以内循环拓展外循环，参与二级双循环
	688112	鼎阳科技	内	内	内	27%	71%	以内循环拓展外循环，参与二级双循环
	300572	安车检测	内	内	内	0%	100%	以内循环拓展外循环，参与二级双循环
	002121	科陆电子	内	内	内	19%	81%	以内循环拓展外循环，参与二级双循环

行业	股票代码	公司	研发	关键原材料或中间品	品牌	市场（2021年）		"双链交互" 治理视角下的双循环策略参考
						境外	境内	
医药制造业	002880	卫光生物	内	内	内	0%	100%	以内循环拓展外循环，参与二级双循环
	600380	健康元	内	内	内	16%	83%	以内循环拓展外循环，参与二级双循环
	300601	康泰生物	内	内	内	26%	74%	以内循环拓展外循环，参与二级双循环
	002294	信立泰	内	内	内	0%	100%	以内循环拓展外循环，参与二级双循环
	002399	海普瑞	内	内	内	91%	9%	兼顾两个市场、统筹两种循环，做到相机而动、内外协调
	300199	翰宇药业	内	内	内	6%	94%	以内循环拓展外循环，参与二级双循环
	000999	华润三九	内	内	内	0%	100%	以内循环拓展外循环，参与二级双循环
	688321	微芯生物	内	内	内	9%	91%	以内循环拓展外循环，参与二级双循环
	300832	新产业	内	内	内	30%	70%	以内循环拓展外循环，参与二级双循环
	688575	亚辉龙	内	内	内	15%	81%	以内循环拓展外循环，参与二级双循环
	300942	易瑞生物	内	内	内	10%	90%	以内循环拓展外循环，参与二级双循环

续表

| 行业 | 股票代码 | 公司 | 研发 | 关键原材料或中间品 | 品牌 | 市场（2021年） | | "双链交互"治理视角下的双循环策略参考 |
						境外	境内	
计算机、通信和其他电子设备制造业	002055	得润电子	内	内	内	34%	66%	以内循环拓展外循环，参与二级双循环
	688036	传音控股	内	内	内	98%	2%	兼顾两个市场、统筹两种循环，做到相机而动、内外协调
	002369	卓翼科技	内	内	外	2%	98%	以内循环拓展外循环，参与二级双循环
	002429	兆驰股份	内	内	内	45%	55%	Ⅰ.基于NVC拓展或重构GVC，实现GVC攀升；Ⅱ.兼顾两个市场、统筹两种循环，做到相机而动、内外协调
	002475	立讯精密	内	内	外	91%	9%	以外循环拓展内循环，参与一级双循环
	000016	深康佳A	内	内	内	55%	45%	Ⅰ.基于NVC拓展或重构GVC，实现GVC攀升；Ⅱ.兼顾两个市场、统筹两种循环，做到相机而动、内外协调
	002681	奋达科技	内	内	外	70%	30%	以外循环拓展内循环，参与一级双循环
	002351	漫步者	内	内	内	20%	80%	以内循环拓展外循环，参与二级双循环
	301189	奥尼电子	内	内	内、外	59%	41%	Ⅰ.基于NVC拓展或重构GVC，实现GVC攀升；Ⅱ.兼顾两个市场、统筹两种循环，做到相机而动、内外协调
	001308	康冠科技	内	内	外	79%	20%	以外循环拓展内循环，参与一级双循环
	002052	同洲电子	内	内	内	48%	50%	Ⅰ.基于NVC拓展或重构GVC，实现GVC攀升；Ⅱ.兼顾两个市场、统筹两种循环，做到相机而动、内外协调

续表

行业	股票代码	公司	研发	关键原材料或中间品	品牌	市场（2021年）境外	市场（2021年）境内	"双链交互"治理视角下的双循环策略参考
计算机、通信和其他电子设备制造业	603118	共进股份	内	内	内、外	46%	54%	Ⅰ.基于 NVC 拓展或重构 GVC，实现 GVC 攀升；Ⅱ.兼顾两个市场、统筹两种循环，做到相机而动、内外协调
	002137	实益达	内	内	外	50%	50%	Ⅰ.基于 NVC 拓展或重构 GVC，实现 GVC 攀升；Ⅱ.兼顾两个市场、统筹两种循环，做到相机而动、内外协调
	688210	统联精密	内	内	—	61%	38%	以外循环拓展内循环，参与一级双循环
	300991	创益通	内	内	内	19%	81%	以内循环拓展外循环，参与二级双循环
	002289	宇顺电子	内	内	内	34%	56%	以内循环拓展外循环，参与二级双循环
	002587	奥拓电子	内	内	内	26%	74%	以内循环拓展外循环，参与二级双循环
	300162	雷曼光电	内	内	内	57%	43%	Ⅰ.基于 NVC 拓展或重构 GVC，实现 GVC 攀升；Ⅱ.兼顾两个市场、统筹两种循环，做到相机而动、内外协调
	300389	艾比森	内	内	内	43%	57%	Ⅰ.基于 NVC 拓展或重构 GVC，实现 GVC 攀升；Ⅱ.兼顾两个市场、统筹两种循环，做到相机而动、内外协调
	688007	光峰科技	内	内	内	7%	93%	以内循环拓展外循环，参与二级双循环
	300939	秋田微	内	内	内	53%	47%	Ⅰ.基于 NVC 拓展或重构 GVC，实现 GVC 攀升；Ⅱ.兼顾两个市场、统筹两种循环，做到相机而动、内外协调

行业	股票代码	公司	研发	关键原材料或中间品	品牌	市场（2021 年）		"双链交互"治理视角下的双循环策略参考
						境外	境内	
计算机、通信和其他电子设备制造业	002106	莱宝高科	内	内	内	90%	9%	兼顾两个市场、统筹两种循环，做到相机而动、内外协调
	300752	隆利科技	内	内	内	0%	100%	以内循环拓展外循环，参与二级双循环
	002845	同兴达	内	内	内	16%	84%	以内循环拓展外循环，参与二级双循环
	000050	深天马 A	内	内	内	29%	69%	以内循环拓展外循环，参与二级双循环
	000020	深华发 A	内	内	内	33%	67%	以内循环拓展外循环，参与二级双循环
	300241	瑞丰光电	内	内	内	24%	76%	以内循环拓展外循环，参与二级双循环
	300232	洲明科技	内	内	内	39%	61%	以内循环拓展外循环，参与二级双循环
	002876	三利谱	内	内	内	6%	94%	以内循环拓展外循环，参与二级双循环
	000045	深纺织 A	内	内	内	11%	89%	以内循环拓展外循环，参与二级双循环
	300303	聚飞光电	内	内	内	19%	81%	以内循环拓展外循环，参与二级双循环
	002992	宝明科技	内	内	内	0%	100%	以内循环拓展外循环，参与二级双循环
	300940	南极光	内	内	内	0%	100%	以内循环拓展外循环，参与二级双循环
	300647	超频三	内	内	内	13%	87%	以内循环拓展外循环，参与二级双循环
	300301	长方集团	内	内	内	29%	34%	兼顾两个市场、统筹两种循环，做到内外协调、相机而动
	002456	欧菲光	内	内	内	24%	76%	以内循环拓展外循环，参与二级双循环

行业	股票代码	公司	研发	关键原材料或中间品	品牌	市场（2021 年）		"双链交互"治理视角下的双循环策略参考
						境外	境内	
计算机、通信和其他电子设备制造业	300909	汇创达	内	内	内	2%	98%	以内循环拓展外循环，参与二级双循环
	301051	信濠光电	内	内	内	34%	55%	以内循环拓展外循环，参与二级双循环
	688138	清溢光电	内	内	内	14%	83%	以内循环拓展外循环，参与二级双循环
	688025	杰普特	内	内	内	31%	69%	以内循环拓展外循环，参与二级双循环
	300227	光韵达	内	内	内	2%	98%	以内循环拓展外循环，参与二级双循环
	301002	崧盛股份	内	内	内	10%	90%	以内循环拓展外循环，参与二级双循环
	300870	欧陆通	内	内	内	61%	39%	兼顾两个市场、统筹两种循环，做到相机而动、内外协调
	002660	茂硕电源	内	内	内	47%	53%	Ⅰ．基于 NVC 拓展或重构 GVC，实现 GVC 攀升；Ⅱ．兼顾两个市场、统筹两种循环，做到相机而动、内外协调
	300916	朗特智能	内	内	内	51%	49%	Ⅰ．基于 NVC 拓展或重构 GVC，实现 GVC 攀升；Ⅱ．兼顾两个市场、统筹两种循环，做到内外协调、相机而动
	300822	贝仕达克	内	内	内	92%	8%	兼顾两个市场、统筹两种循环，做到内外协调、相机而动
	002402	和而泰	内	内	内	69%	31%	兼顾两个市场、统筹两种循环，做到内外协调、相机而动
	003028	振邦智能	内	内	内	46%	54%	Ⅰ．基于 NVC 拓展或重构 GVC，实现 GVC 攀升；Ⅱ．兼顾两个市场、统筹两种循环，做到相机而动、内外协调

续表

行业	股票代码	公司	研发	关键原材料或中间品	品牌	市场（2021 年）		"双链交互"治理视角下的双循环策略参考
						境外	境内	
计算机、通信和其他电子设备制造业	300543	朗科智能	内	内	内	51%	49%	Ⅰ. 基于 NVC 拓展或重构 GVC，实现 GVC 攀升；Ⅱ. 兼顾两个市场、统筹两种循环，做到相机而动、内外协调
	002782	可立克	内	内	内	53%	47%	Ⅰ. 基于 NVC 拓展或重构 GVC，实现 GVC 攀升；Ⅱ. 兼顾两个市场、统筹两种循环，做到相机而动、内外协调
	002885	京泉华	内	内	内	43%	57%	Ⅰ. 基于 NVC 拓展或重构 GVC，实现 GVC 攀升；Ⅱ. 兼顾两个市场、统筹两种循环，做到相机而动、内外协调
	002138	顺络电子	内	内	内	22%	77%	以内循环拓展外循环，参与二级双循环
	301086	鸿富瀚	内	内	内	13%	87%	以内循环拓展外循环，参与二级双循环
	300951	博硕科技	内	内	内	7%	93%	以内循环拓展外循环，参与二级双循环
	300686	智动力	内	内	内	39%	61%	以内循环拓展外循环，参与二级双循环
	300319	麦捷科技	内	内	内	26%	74%	以内循环拓展外循环，参与二级双循环
	300656	民德电子	内	内	内	23%	77%	以内循环拓展外循环，参与二级双循环
	300115	长盈精密	内	内	内	49%	51%	Ⅰ. 基于 NVC 拓展或重构 GVC，实现 GVC 攀升；Ⅱ. 兼顾两个市场、统筹两种循环，做到相机而动、内外协调
	000021	深科技	内	内	内	62%	38%	兼顾两个市场、统筹两种循环，做到相机而动、内外协调

续表

行业	股票代码	公司	研发	关键原材料或中间品	品牌	市场（2021年）境外	市场（2021年）境内	"双链交互"治理视角下的双循环策略参考
计算机、通信和其他电子设备制造业	002161	远望谷	内	内	内	29%	71%	以内循环拓展外循环，参与二级双循环
	300679	电连技术	内	内	内	18%	82%	以内循环拓展外循环，参与二级双循环
	300136	信维通信	内	内	内	75%	25%	兼顾两个市场、统筹两种循环，做到内外协调、相机而动
	300615	欣天科技	内	内	内	41%	57%	Ⅰ.基于NVC拓展或重构GVC，实现GVC攀升；Ⅱ.兼顾两个市场、统筹两种循环，做到相机而动、内外协调
	002313	日海智能	内	内	内	33%	67%	以内循环拓展外循环，参与二级双循环
	688159	有方科技	内	内	内	12%	88%	以内循环拓展外循环，参与二级双循环
	002881	美格智能	内	内	内	21%	79%	以内循环拓展外循环，参与二级双循环
	300638	广和通	内	内	内	57%	42%	Ⅰ.基于NVC拓展或重构GVC，实现GVC攀升；Ⅱ.兼顾两个市场、统筹两种循环，做到相机而动、内外协调
	300570	太辰光	内	内	内	81%	19%	兼顾两个市场、统筹两种循环，做到内外协调、相机而动
	002583	海能达	内	内	内	51%	49%	Ⅰ.基于NVC拓展或重构GVC，实现GVC攀升；Ⅱ.兼顾两个市场、统筹两种循环，做到相机而动、内外协调
	688618	三旺通信	内	内	内	12%	85%	以内循环拓展外循环，参与二级双循环
	000063	中兴通讯	内	内	内	32%	68%	以内循环拓展外循环，参与二级双循环

续表

行业	股票代码	公司	研发	关键原材料或中间品	品牌	市场（2021 年）		"双链交互"治理视角下的双循环策略参考
						境外	境内	
计算机、通信和其他电子设备制造业	301067	显盈科技	内	内	内	65%	35%	兼顾两个市场、统筹两种循环，做到相机而动、内外协调
	300857	协创数据	内	内	内	61%	39%	兼顾两个市场、统筹两种循环，做到相机而动、内外协调
	300042	朗科科技	内	内	内	72%	28%	兼顾两个市场、统筹两种循环，做到相机而动、内外协调
	002213	大为股份	内	内	内	45%	55%	Ⅰ. 基于 NVC 拓展或重构 GVC，实现 GVC 攀升；Ⅱ. 兼顾两个市场、统筹两种循环，做到相机而动、内外协调
	300689	澄天伟业	内	内	内	59%	41%	Ⅰ. 基于 NVC 拓展或重构 GVC，实现 GVC 攀升；Ⅱ. 兼顾两个市场、统筹两种循环，做到相机而动、内外协调
	002577	雷柏科技	内	内	内	34%	66%	以内循环拓展外循环，参与二级双循环
	000066	中国长城	内	内	内	28%	72%	以内循环拓展外循环，参与二级双循环
	300565	科信技术	内	内	内	54%	46%	Ⅰ. 基于 NVC 拓展或重构 GVC，实现 GVC 攀升；Ⅱ. 兼顾两个市场、统筹两种循环，做到相机而动、内外协调
	300531	优博讯	内	内	内	19%	81%	以内循环拓展外循环，参与二级双循环
	688216	气派科技	内	内	内	3%	93%	以内循环拓展外循环，参与二级双循环
	300077	国民技术	内	内	内	12%	88%	以内循环拓展外循环，参与二级双循环
	688595	芯海科技	内	内	内	4%	95%	以内循环拓展外循环，参与二级双循环
	002938	鹏鼎控股	内	内	内	79%	21%	兼顾两个市场、统筹两种循环，做到内外协调、相机而动

行业	股票代码	公司	研发	关键原材料或中间品	品牌	市场（2021年）境外	市场（2021年）境内	"双链交互" 治理视角下的双循环策略参考
计算机、通信和其他电子设备制造业	603228	景旺电子	内	内	内	44%	53%	Ⅰ. 基于 NVC 拓展或重构 GVC，实现 GVC 攀升；Ⅱ. 兼顾两个市场、统筹两种循环，做到相机而动、内外协调
	301041	金百泽	内	内	内	18%	80%	拓展国际市场，参与二级双循环
	300814	中富电路	内	内	内	27%	73%	拓展国际市场，参与二级双循环
	002436	兴森科技	内	内	内	50%	50%	Ⅰ. 基于 NVC 拓展或重构 GVC，实现 GVC 攀升；Ⅱ. 兼顾两个市场、统筹两种循环，做到相机而动、内外协调
	300739	明阳电路	内	内	内	87%	6%	兼顾两个市场、统筹两种循环，做到相机而动、内外协调
	002916	深南电路	内	内	内	30%	66%	以内循环拓展外循环，参与二级双循环
	688655	迅捷兴	内	内	内	16%	81%	以内循环拓展外循环，参与二级双循环
	002815	崇达技术	内	内	内	61%	33%	兼顾两个市场、统筹两种循环，做到相机而动、内外协调
	688208	道通科技	内	内	内	88%	11%	兼顾两个市场、统筹两种循环，做到相机而动、内外协调
	002869	金溢科技	内	内	内	1%	99%	以内循环拓展外循环，参与二级双循环
	688418	震有科技	内	内	内	21%	79%	以内循环拓展外循环，参与二级双循环
	002972	科安达	内	内	内	1%	99%	以内循环拓展外循环，参与二级双循环
	002813	路畅科技	内	内	内	17%	83%	以内循环拓展外循环，参与二级双循环

续表

行业	股票代码	公司	研发	关键原材料或中间品	品牌	市场（2021 年）		"双链交互"治理视角下的双循环策略参考
						境外	境内	
计算机、通信和其他电子设备制造业	002766	索菱股份	内	内	内	35%	65%	以内循环拓展外循环，参与二级双循环
	002835	同为股份	内	内	内	93%	7%	兼顾两个市场、统筹两种循环，做到相机而动、内外协调
	688788	科思科技	内	内	内	0%	100%	以内循环拓展外循环，参与二级双循环
	300546	雄帝科技	内	内	内	25%	75%	以内循环拓展外循环，参与二级双循环
	603160	汇顶科技	内	内	内	37%	62%	以内循环拓展外循环，参与二级双循环
	300514	友讯达	内	内	内	1%	99%	以内循环拓展外循环，参与二级双循环
	002528	英飞拓	内	内	内	40%	60%	以内循环拓展外循环，参与二级双循环
	300602	飞荣达	内	内	内	32%	68%	以内循环拓展外循环，参与二级双循环
	300811	铂科新材	内	内	内	4%	96%	以内循环拓展外循环，参与二级双循环
	600525	长园集团	内	内	内	16%	84%	以内循环拓展外循环，参与二级双循环
	002130	沃尔核材	内	内	内	13%	87%	以内循环拓展外循环，参与二级双循环

5.5　本章小结

1. 章节主旨

本章根据深圳市制造业 A 股上市公司的公开资料，分析各企业境内外营收结构与产业链价值链位置位势情况，并结合前文的理论研究与案例分析，从"双链交互"价值链治理的视角，对深圳市制造业企业融通双循环、融入新发展格局提出策略参考。

2. 内容概要

第一，绝大多数深圳市劳动密集型制造业上市公司的主营业务收入主要来自境内市场，主要来自境外市场或境内外市场营收大体平衡的企业占比都非常低，且企业大多掌握了研发、品牌等国内价值链高端环节，几乎不存在关键原材料或中间品的进口依赖。"双链交互"治理视角下深圳市劳动密集型制造业上市公司参与双循环的基本策略，应以内循环拓展外循环，积极耕拓国际市场，参与二级双循环。

第二，深圳市资本密集型制造业上市公司营收主要来自境内市场，主营业务收入主要来自境外市场的公司占比较低。另有部分企业已经参与了二级双循环，其"双链交互"治理视角下的双循环策略，应为基于 NVC 拓展 GVC 或重构 GVC 体系，实现企业占据全球价值链高端位势的治理目标，并以此为基础，兼顾两个市场、统筹两种循环，做到相机而动、内外协调。

第三，深圳市技术密集型制造业上市公司较多，产业链价值链位势情况不一，其参与双循环的基本策略包括四种情形：其一，对于 OEM/ODM 等业务占比较高、低端嵌入全球价值链，且主营业务收入主要来自海外市场的外循环企业，应以外循环拓展内循环，参与一级双循环。其二，对于掌握了国内价值链高端环节，且主营业务收入主要来自境内市场的内循环企业，应以内循环拓展外循环，参与二级双循环。其三，对于掌握了国内价值链高端环节，且主营业务收入境内外占比大体平衡的双循环企业，应基于 NVC 拓展或重构 GVC，实现 GVC 攀升，并在此基础上统筹两种循环，在内外协调、动态平衡中实现企业持续稳定发展。其四，对于掌握了全球价值链高端环节，在（或特定）海外市场占有较大市场份额的双循环企业，应兼顾两个市场、统筹两种循环，做到相机而动、内外协调。

第6章 政策建议

——助力深圳企业"双链交互"治理的政策建议

6.1 研究结论

本书在"百年变局""发展新局"下,以"加快构建新发展格局、着力推动高质量发展"为宗旨,紧扣"双循环""价值链治理"等关键词,从本土维度、深圳企业视角,对"双链交互"治理问题展开了理论研究、计量分析与实证考察,并提出了融入新发展格局、融通双循环、实施"双链交互"价值链治理的策略建议。主要结论与观点概括如下。

第一,美西方对华实施战略"脱钩"与"遏制",是希望通过关键核心技术"断供"、产业链供应链"去中国化"等非市场手段,维护其在全球价值链中的高端位势与主导地位,阻断或延缓中国企业全球价值链攀升势头与产业升级步伐。作为应对之策,中国企业需融入双循环新发展格局,实行"双链交互"价值链治理。即以满足国内需求为出发点,着力建构与完善以大国内需为支撑的国内价值链体系,通过国内大循环促进价值链攀升并主导国际性区域价值链分工,从而拓展或重构全球价值链体系,在开放的国内国际双循环以及国内价值链与全球价值链交互作用下,最终实现全球价值链攀升与产业升级的目标。

第二,广东省制造业价值链治理从整体上说偏好于国际垂直专业化。国内价值链参与度相对较低且一般为后向嵌入,价值链前后关联的省份较为集中。其中,劳动密集型制造业全球价值链参与度一般,国内价值链参与度偏低且基本为后向嵌入,价值链治理关联度高的省份主要是浙江、江苏等。资本密集型制造业全球价值链参与度高,而国内价值链参与度低且多为后向嵌入,价值链治理关联度高的省份主要是江苏、上海、辽宁等。技术密集型制造业全球价值链参与度较高,而国内价值链参与度较低且多为后向嵌入,价值链治理关联度高的省份主要是江苏、上海等。

第三,以国内生产制造为支点,以研发、专利与品牌、营销为两端，根据企业所处的价值链位势以及目标市场情况，大致可以定义"外循环""内循环"与"双循环"三种循环模式，每种模式分别包含两个层级。其中，"外循环"的主要特点是"GVC 低端嵌入、两头在外"，"内循环"的主要特点是"掌握 NVC 高端、两头在内"。"一级双循环"的主要特征是从价值链低端位势嵌入全球价值链，关键原材料或中间品依赖进口，产品以外销为主、内销为辅；"二级双循环"则大致相反，主要特征是掌握了国内价值链高端环节，不存在关键原材料或中间品进口依赖，产品以内销为主、外销为辅。

第四，"双链交互"治理视角下企业融通双循环的基本策略，取决于其经济循环模式及所处价值链位势情况，大体包括三种情形：其一，对于外循环企业以及一级双循环企业而言，应以外循环拓展内循环并逐步切入二级双循环，实施此策略的典型企业如嘉欣丝绸（002404）、北鼎股份（300824）、沪硅产业（688126）等。其二，对于内循环企业而言，应以内循环拓展外循环、积极参与二级双循环，实施此策略的典型企业如曲美家居（603818）、比亚迪（002594）、沪硅产业（688126）等。其三，对于二级双循环企业而言，应在逐步占领全球价值链高端位势的基础上，兼顾两个市场、统筹两种循环，做到相机而动、内外协调，实施此策略的典型企业如爱仕达（002403）、浙江鼎力（603338）、卓胜微（300782）等。

第五，从深圳市制造业 A 股上市公司情况看，深圳市大部分劳动密集型和资本密集型企业属于二级内循环模式，其融通双循环、优化价值链治理的基本策略应该是以内循环拓展外循环、参与二级双循环；部分企业属于二级双循环模式，其基本策略应该是"基于 NVC 拓展或重构 GVC，实现GVC 攀升，并在此基础上兼顾两个市场、统筹两种循环，做到相机而动、内外协调"。深圳市技术密集型制造业企业较多且情况不一，其策略包括四种情形：其一，低端嵌入全球价值链的外循环企业，应以外循环拓展内循环，参与一级双循环。其二，掌握了国内价值链高端环节的内循环企业，应以内循环拓展外循环，参与二级双循环。其三，掌握了国内价值链高端环节的双循环企业，应基于 NVC 拓展或重构 GVC，实现 GVC 攀升，并在此基础上协调两个市场、统筹两种循环。其四，掌握了全球价值链高端环节的双循环企业，应兼顾两个市场、统筹两种循环，做到相机而动、内外协调，在动态平衡中实现企业稳定发展。

6.2 政策建议

6.2.1 促进创新要素集聚,完善创新型企业培育与发展体系

在双循环新发展格局下,国民经济和国内大循环不畅是突出矛盾,供给侧表现为关键核心技术面临"断供"、产业链供应链可能"断链"等。以企业为主体的科技创新,是破除这些矛盾与困境的关键所在。而创新型企业对突破"卡脖子"技术难题、实现产业链供应链自主可控、畅通国内大循环、优化全球价值链治理,都具有不可替代的作用。创新型企业将研究开发与创新发展作为基本职能与主要任务,具备健全的研发机制与强大的创新活力,具有行业核心技术和知识产权优势,能做到研发、生产、销售"三位一体"、良性互动,在持续不断的研发与创新中保持竞争优势,实现企业高质量发展目标。创新驱动是创新型企业的本质特征,这涉及企业价值链活动的所有环节以及微笑曲线的各个位置,可以覆盖从工序升级、产品升级、功能升级最终到价值链升级的一般过程。建立与完善创新型企业培育与发展体系,增强深圳企业创新发展的内生动力,自然应成为首要的、基础性政策举措。

深圳市是国家创新型城市、创新创业创意之都。为建设具有全球影响力的科技和产业创新高地,2022 年 1 月深圳市人民政府印发《深圳市科技创新"十四五"规划》,以提升"五力"、打造"五地"为主线,明确了"20+8"技术主攻方向,实施科技创新"十大行动",建设"四个平台"和"十一个创新集聚区",为充分发挥深圳企业在科技创新方面的主体作用创造了良好的政策环境。以此为基础,深圳市应促进各类创新要素向企业集聚,激发企业创新主体活力,加快完善创新型企业培育与发展体系。主要举措包括以下内容。

第一,完善创新型企业梯度培育库。深圳市拥有工业企业超过 22 万家①,其中大部分为中小企业。可参照工业和信息化部《优质中小企业梯度培育管理暂行办法》(工信部企业〔2022〕63 号),推进中小企业科创能力评估与创新型企业认定工作。按照"创新型中小企业→专精特新中小企

---

① 2020 年底深圳市登记企业总数为 2268622 家,其中第二产业登记企业总数为 222665 家。具体参见《深圳统计年鉴(2021)》第 14 页。

业→专精特新'小巨人'企业→制造业单项冠军企业→产业链领航企业"的五级梯度，完善深圳市各级各类创新型企业梯度培育库。

第二，加大创新型企业差异化培育力度。结合创新型企业不同成长阶段的创新要素需求，开展针对性扶持与差异化培育。要完善创新型中小企业、专精特新中小企业的技术服务体系，推动科技创新孵化机制向其倾斜、大型科研仪器设备向其开放，通过政府购买等方式为企业提供技术支持与服务。对于"专精特新'小巨人'企业""制造业单项冠军企业"与"产业链领航企业"，要加强创新要素与科创资源的定向供给，积极支持企业设立博士后工作站、博士后创新基地等产教融合平台，汇聚海内外高层次人才与前沿技术研发资源。要鼓励科研院所、高校与创新型企业共建协同创新中心，联合承接国家科技重大专项、承担关键技术和设备研发，逐步增强企业自主创新实力，协助企业突破技术瓶颈、加速技术迭代升级。支持产业链领航企业整合上下游资源，打造自主可控、创新驱动、产能共享、协同发展的产业链生态。

第三，优化创新型企业发展的制度环境。要继续推进"放管服"改革，简化流程、提高效率，提升高新技术企业认定与服务水平，着力推动更多创新型中小企业成为高新技术企业，引导中小企业科技转型、强化自主创新。研究出台企业创新要素靶向集聚激励方法，落实高新技术企业税收减免与奖励资助政策；引导金融机构更好地满足制造业企业融资需求，加大对科技创新与各类创新型企业的金融支持力度，鼓励企业以 IPO、企业债等形式拓宽融资渠道；优化风投、创投企业市场准入条件，引导股权投资机构加大对各级各类创新型企业的投资力度。另外，还要依托高水平研究型高校与科研机构建设，聚焦制约深圳产业发展的重大科技问题与技术难题，强化前沿基础科技探索、开展共性关键技术研发，帮助企业突破国际技术封锁、克服"卡脖子"难题，为创新型企业发展提供良好的技术支撑与科技保障。

6.2.2 文化赋能立体传播，提升"深圳制造"的品牌影响力

深圳不仅是国家创新型城市，更有中国"科技之都"的美誉。根据《广东统计年鉴（2021）》，深圳市先进制造业增加值占规模以上工业增加值的比重为 71%，占全省先进制造业增加值总额的 34%；高技术制造业增加值占规模以上工业增加值的比重为 67%，占全省高技术制造业增加值总额的 56%。鉴于深圳市制造业的技术密集特征及其在广东省的地位情

况，以广东省数据管窥深圳市制造业，大致可知其"全球价值链参与度较高，而国内价值链参与度较低且多为后向嵌入"。说明深圳市制造业直接出口多于间接出口，总体处于国内价值链下游更靠近消费端位置。根据价值链治理理论，在产品内分工中处于价值链下游越贴近消费，其寻租壁垒与附加值利益越优越，这在微笑曲线中主要体现为右端的品牌与营销。双循环新发展格局下，重视营销、塑造品牌，增强深圳企业全球价值链治理的综合竞争力，当然是必不可少的政策目标。

深圳市历来重视自主品牌建设，先后出台《深圳市品牌发展专项资金管理办法》（2007 年）、《深圳市品牌培育专项资助操作规程》（2009 年）、《深圳市技术进步资金品牌培育资助操作规程》（2012 年）等政策文件，帮助企业开展品牌规划、渠道建设、广告宣传等，扶持本土品牌发展。2021 年又发布《深圳市工业和信息化局质量品牌双提升项目扶持计划操作规程》，对企业实施的各类质量管理项目与品牌建设项目，按一定条件和标准给予最高不超过 500 万元的专项资助，以促进深圳市制造业产品质量与品牌影响力"双提升"。在现有政策基础上，要进一步强化文化赋能、立体施策，提升"深圳制造"的品牌影响力。主要举措包括以下内容。

第一，引导企业强化文化赋能，铸就品牌发展的灵魂。品牌不仅是一种标识和个性形象，而且承载着企业的价值追求与发展愿景，具有深刻的人文精神与文化内涵。从本质上说，品牌是文化的载体，文化是品牌发展的灵魂。向下扎根，筑牢品牌的文化根基，才能向上生长，促使企业枝繁叶茂、事业长青。为此要积极引导深圳企业"文化铸魂"，从源远流长的中国传统文化中汲取营养，深入挖掘中国传统哲学与宗教思想、语言文字与文学艺术、音乐戏曲与医学医药、民风民俗与民族文化精髓，彰显中华民族五千年的历史厚度与文化底蕴；要积极引导深圳企业从丰富多彩的中国地域文化中寻找灵感，将华南沿海文化、江南水乡文化、岭南文化和其他地理人文，以及开放、务实、包容、创新的深圳文化基因融入企业品牌建设，弘扬地域文化精神与社会主义先进文化特质，培育兼容产业特性、文化传承、地域特色与时代精神的世界一流品牌。

第二，聚焦品质、整体营销，塑造"深圳制造"品牌形象。品质即品位与质量，是产品功能属性与文化属性的统一。质量是品牌发展的基本要求，而品位代表格调与趣味，是品牌发展的文化禀赋与精神风貌。质量决定品牌的生命宽度与生活温度，品位则决定品牌的文化厚度与价值高度。聚焦品质、整体营销，以质量夯实基础、以品位提升价值，塑造"深圳制造" 这一区域品牌形象, 是助力深圳企业参与双循环、提升品牌影响力和竞争力的必要举措。为此要在坚持 "质量强市" 战略、落实质量提升系列措施, 以及引导深圳企业 "文化铸魂" 的基础上, 基于区域品牌视角与 "城市营销" 理念, 根据深圳市制造业特点与未来产业布局, 以 "高新技术" "先进制造" "创新驱动" 等为关键词, 聚焦品质、突出智创, 对深圳市制造业进行整体的营销策划与宣传推广, 打造质量卓越、文化深厚、智创浓郁的 "深圳制造" 品牌形象。

第三, 加强新媒体思维与立体化传播, 讲好 "深圳制造" 的 "品牌故事"。在新一代信息技术蓬勃发展、经济社会数字化转型加快的背景下, 以头条、抖音、微信、微博等为代表的新媒体快速崛起, 深刻地改变了信息传播方式乃至人们的生活方式。新媒体以数字压缩和无线网络技术为支撑, 将海量的声音、图像、视频等形象元素融为一体, 通过手机、计算机、移动终端、网络传媒等介质传播, 具有泛在性、跨时空、交互性以及个性化等特点, 可以消除地理界线、跨越时空分界, 实现超地域、超时限、超族群的立体化传播, 与报纸、广播、电视等传统媒体相比内容更加丰富、触达更加广阔、成本更加低廉, 在品牌传播方面具有无与伦比的优势。为此要积极引导企业加强大数据基础设施建设, 强化数字化运营理念与新媒体思维, 完善新媒体系统化建设、制定新媒体传播方略, 通过把控目标客群需求及其心理特点, 制造品牌营销话题、打造新媒体传播热点, 讲好深圳企业的 "品牌故事"。要充分发挥新媒体在品牌文化传播、品牌形象传播方面的比较优势, 运用富有感染力与共情性的表达方式, 加强融合传播、营销传播、国际传播, 形成传播推广的累加膨胀效应, 传扬 "深圳制造" 的品牌温度与文化厚度, 不断提高 "深圳制造" 在国内外市场的认同度与影响力。

6.2.3 聚焦区域协调协作, 补链强链完善国内产业链供应链

广东省制造业价值链治理总体偏好于国际垂直专业化, 国内价值链参与度偏低, 且价值链前后关联的省份集于浙江、江苏、上海等。这一研究结论与广东省出口导向型经济特征是一致的, 也是我国以改革开放发力外循环, 以劳动力资源优势融入全球价值链, 依靠外需驱动实现经济发展的缩影。全球价值链融入与外循环主导, 会带来国内价值链扭曲、区域经济关联弱化, 以及国内产业链供应链断链等问题, 这在效率优先、自由竞争的全球化条件下或许不存在太大的问题, 但是当前美西方奉行意识挂帅、

政治优先,违背市场经济规则、颠覆国际经贸秩序,强推"逆全球化"与"去中国化",使之转变为肉眼可见、触手可及的风险。坚持底线思维、完善产业链供应链,重塑国内大循环,是深圳应对百年变局、开拓发展新局的必然举措。

为贯彻新发展理念、服务新发展格局,2021 年 2 月深圳发布《关于推动制造业高质量发展坚定不移打造制造强市的若干措施》,提出"深入推进产业链补链、强链、延链、控链、稳链工作""打造具有国际竞争力的产业链供应链"。同年 6 月发布的《深圳市国民经济和社会发展第十四个五年规划和二〇三五年远景目标纲要》,提出"深化对内经济联系、增加经济纵深""增强产业链根植性和竞争力""打造自主可控、安全高效的产业链供应链"。为更好地服务国内大循环,在"十四五"规划指导下以及现有政策基础上,应优化战略方针、加强区域协作,补链、控链、稳链、强链,完善国内产业链、供应链与价值链。具体举措包括以下内容。

第一,聚焦分工演进,强化知识性要素禀赋优势。价值链是理解当代国际分工与贸易的逻辑起点,产品内分工本质上就是价值链的跨地域分工。当国际分工由产业内分工演进到产品内分工后,新古典贸易理论的 H-O 要素禀赋决定论仍然适用,但要素禀赋的内涵在分工程度更高的专业化经济下得到扩展,不再局限于自然禀赋与物质资源,而是包含了更多非物质的、知识性要素(如人才、技术、专利、文化、制度等),而且后者在分工演进中的作用更为突出。[50] 国内价值链与全球价值链的区别在于地域范围,其产品内分工的逻辑机理没有差别,知识性要素的决定作用也没有改变。因此,深圳市应聚焦分工演进,进一步强化知识性要素禀赋的比较优势,为主导国内价值链区域分工、促进国内价值链演化升级、优化国内价值链治理奠定基础。具体措施包括营造一流的人才发展环境,打造开放包容的国际人才高地;优化协同创新机制、提升自主创新能力,建设具有全球影响力的科技研发与产业创新高地;深化重要领域和关键环节改革,推进规则标准等制度型开放,创新行政管理体制、完善市场运行机制,营造自由开放、公平竞争的营商环境;等等。

第二,加强区域协调协作,补链、延链、控链。由于幅员辽阔、物产丰富、环境多样,发展中大国一般具有要素禀赋各异、经济结构多元、地区差异明显等特征,容易通过资源配置与要素集聚形成规模经济,适应不同产业的发展要求和不同产品的生产特点,促进区域性分工演进与专业化经济发展,形成以要素禀赋与比较优势为基础的区域分工与协同发展格局，从而将本质上为国际性产品内分工的全球价值链体系，逐步内化为国内区域性产品内分工的国内价值链体系。因此，要深入分析深圳市制造业国内产业链供应链的"断点"与"短板"，建立重点领域产业链供应链监测与预警机制；引导企业根据地区禀赋差异、区域发展梯度以及产业转移趋势，寻求产业链供应链的国内替代方案，构建关键原材料、核心零部件等的自主供应体系。通过广泛的区域协调协作补上"断点"、补齐"短板"，优化产业链供应链国内布局，推动国内产业链延伸、转型与升级，打造自主可控、安全高效的产业链供应链国内闭环。

第三，适配内需转换动能，稳链、畅链、强链。中国是人口众多、资源丰富、设施完善的发展中大国，充足的自然资源、完备的工业体系以及庞大的人口规模，造就了自主运行、内生增长、内部循环的大国经济系统。这种相对独立的大国经济内循环构成了中国经济发展的基本盘。而经过改革开放 40 多年的高速增长，中国已成为全球唯一全门类制造业大国，拥有世界最大规模的中等收入人群，社会主义市场经济体制也更趋成熟与完善，这为转换经济发展动能、夯实经济增长基本盘，提供了坚实的供给、需求与制度基础。从深圳市制造业上市公司情况看，大多数为内循环主导型企业，但存在外循环依赖的企业不在少数，这在技术密集型制造业中尤为突出，而后者又是深圳市制造业的主体类型与典型特征。因此，要引导深圳企业适配国内消费升级与产业转型趋势实行动能转换，从单纯的出口驱动转向内需与出口"双轮驱动"，减少深圳企业发展的外需依赖；对动能转换重点企业、产业链供应链"痛点"企业，要采取针对性措施纾困解难，进行重点扶持与稳固；要加速企业数字化转型与生产智能化改造，完善工业互联网平台建设，以数字化手段畅通堵点、助推供应链重塑，增强产业链供应链的弹性与韧性。

6.2.4　加强政策扶持引导，助力国际性区域价值链建构耕拓

双循环是国内国际两个循环，而不是闭关锁国的单一内部循环。双循环强调"以国内大循环为主体，国内国际双循环相互促进"，就是要在坚持扩大内需、强化内需牵引，着力提升国内大循环经济效能、不断强化大国经济基本盘的同时，积极融通两个市场、充分利用两种资源，更加坚定地融合全球经济发展，更加深度地融入全球价值链，从而创新发展动能、拓展发展空间。全球共有 233 个国家和地区，2021 年人口总数约 79 亿人，

GDP 总量约 96 万亿美元。西方国家①数量及其人口数量分别不及全球的 10% 和 15%，即便 GDP 占比已达到全球的 53%②，也绝不是世界经济的全部。美西方"逆全球化""去中国化"的企图，不可能消除中国人民以双循环破题新格局、用进一步开放捍卫经济全球化，以促进世界共繁荣、全球共发展的坚定信念。

为促进国内国际市场高效链接、双向开放，努力成为构建新发展格局的先行示范者，《深圳市国民经济和社会发展第十四个五年规划和二〇三五年远景目标纲要》提出了"发展新型国际贸易""加快对外贸易优化升级""建设更加开放的自贸试验区"以"联通国内国际双循环"，"深化国际经贸和产能合作""推进基础设施互联互通""强化人文交流合作"以深度参与"一带一路"建设等举措。为更好地耕拓国际外循环、优化国内国际双循环，在现有政策基础上，要以建构以我为主的国际性区域价值链为目标，采取专门性扶持与引导政策。具体措施包括以下内容。

第一，加强国际性区域价值链建构研究与投资指引。自 2013 年"一带一路"倡议提出以来，中国依靠既有的双多边机制与国际性区域合作平台，积极与沿线国家发展经济合作伙伴关系，按照共商共建共享原则共同打造互信融合包容的利益共同体，目前已覆盖全球 149 个国家、32 个国际组织。现有的各类国际性区域经济一体化安排（如《区域全面经济伙伴关系协定》（RCEP）、上海合作组织成员国多边经贸合作、"中国＋中亚五国"互联互通合作，以及中国与非洲国家首个自贸协定（中国—毛里求斯自贸协定）等）都与"一带一路"理念高度契合，为维护全球自由贸易体系和开放型世界经济格局、拓展我国国际经贸合作领域奠定了坚实基础。由于各相关国家的经济发展水平与政治政策环境不同，资源禀赋条件与产业结构情况也不一样③，因此应加强我国与周边国家和经济体的经济循环研究，深入分析我国与东亚、东南亚、中亚等周边国家的相对比较优势、经

---

① 即西方 22 国。具体包括北欧地区的挪威、丹麦、瑞典、芬兰、冰岛，西欧地区的英国、爱尔兰、荷兰、比利时、卢森堡、法国，南欧地区的西班牙、葡萄牙、意大利，中欧地区的德国、奥地利、瑞士，北美地区的美国、加拿大，澳洲地区的澳大利亚、新西兰，以及亚洲地区的日本。

② 根据快易理财网数据库"世界各国 GDP 数据"整理计算得出，详见 https://www.kylc.com/stats/global/yearly_overview/g_gdp.html。

③ 例如，RCEP 涵盖东盟十国以及中国、日本、韩国、澳大利亚和新西兰共 15 个成员国，人口规模、经济总量、商品贸易总额均占到全球的 30% 左右。其中既有日本、韩国、澳大利亚、新西兰等发达国家，也有老挝、缅甸这样的极度欠发达国家，各个成员国之间的要素禀赋、产业结构与经济发展水平差别非常大。

济依存性、产业互补性与产业链合作情况，以及推进区域经济一体化融合、打造区域价值链的战略路径与前瞻性举措，在此基础上应以 RCEP 为重点，根据深圳产业的比较优势与未来产业发展规划，结合各国的经济环境、产业政策与法律规定，从打造与主导国际性区域价值链的角度，提出相应的投资指引、谋划产业链供应链整合，以重构产品内分工、重塑全球价值链体系。

第二，培育主导国际性区域价值链建构的领军（"链主"）企业。领军（"链主"）企业在国际性区域价值链建构中发挥着领导性与向心作用。经济全球化与产品内分工的两种驱动机制——无论是生产者驱动还是购买者驱动，均源自相应跨国领军企业的全球性资源协调与分工整合。这些跨国领军企业通常依托母国市场发展壮大，掌握研发、专利或品牌、营销等高端环节，通过并购扩张与国际化战略逐步走向世界，在全球范围内进行要素供给、生产网络与市场销售的优化整合，成为掌控产业链供应链的跨国性"链主"企业，从而在全球价值链占据优势地位。抓住领军企业、"链主"企业，就抓住了产业链供应链的"牛鼻子"，也就抓住了主导国际性区域价值链建构的关键。在人工智能、大数据、云计算、物联网等引领新一轮科技产业革命和社会生产力变革的背景下，深圳在国际性区域价值链建构的新型新兴领域具有相当强的比较优势。因此，要完善相应的激励政策、营造公平竞争的市场环境，大力支持深圳企业完善治理结构、确立国际化发展战略，通过资产重组、市场并购做大做强，培育一批掌控价值链高端环节、具有较强国际竞争力的跨国性领军企业；要引导和鼓励这些深圳企业以自主创新、技术优势与品牌影响力为基础，以东南亚和中亚地区为重点、以 RCEP 等协定为依托，进行资源整合、布局优化与供应链协调，成为区域内新型新兴技术引领者和区域产业链供应链主导者。

第三，强化国际性区域价值链建构耕拓的交易体系建设。企业参与国际性区域价值链建构与耕拓，本质上是企业价值链治理行为在地域空间上的拓展，是企业对生产成本与交易费用进行综合权衡的自发结果。无论是以直接投资实现的跨区域内部一体化，还是以外包方式促成的跨区域外部专业化，市场化的交易成本机制都在其中起着决定性作用。如果基于比较优势的跨区域生产带来的成本节约不足以抵补交易费用，或者基于专业化分工的跨区域外部化决策不能带来企业总成本的有效下降，那么企业价值链治理的空间拓展行为就不可能发生，国际性区域价值链建构与耕拓也就无从谈起。交易背后是一系列的制度安排与技术支撑，它们决定着交易成本与交易效率。其中，交易制度是涉及产权、价格、市场、信用等的交易行为规范（如文化、制度、规则等），属于知识性要素的范畴。交易技术则是与交易活动直接相关的物质性基础设施，包括物流、信息流、资金流以及劳动流等。[50] 因此，要在聚焦分工演进、强化知识性要素禀赋优势，进一步加强与完善交易制度建设的基础上，着力加强交易技术基础设施建设。要以连通东南亚、中亚地区为重点，打造面向亚太、连接欧亚大陆桥、衔接"一带一路"的综合交通网络，加快建设多向辐射的国际性海路、陆路与航空枢纽。要全面提升通信网络能级、构建全元通信网络体系，实现泛在高速网络连通；要推动跨境通信网络基础设施建设，打造超低时延、超大带宽的海外通信枢纽节点；要强化科技能力支撑、前瞻性布局算力资源，打造国际性区域数据中心与超算高地；通过卓越的数字基建降低交易成本，提高国际性区域交易效率。

参考文献

［1］迈克尔·波特. 竞争优势［M］. 陈小悦，译. 北京：华夏出版社，1997.

［2］Bruce Kogut. Designing Global Strategies：Comparative and Competitive Value-Added Chains［J］. *Sloan Management Review*，1985（26）.

［3］Paul Krugman. Growing World Trade：Cause and Consequences［J］. *Brookings Papers on Economic Acitivity*，1995（1）.

［4］卢锋. 产品内分工［J］. 经济学（季刊），2004（10）.

［5］Gary Gereffi. International Trade and Industrial Upgrading in the Apparel Commodity Chain［J］. *Journal of International Economics*，1999（48）.

［6］Gary Gereffi. Global Commodity Chains：New Forms of Coordination and Control among Nations and Firms in International Industries［J］. *Competition and Change*，1996（12）.

［7］Gary Gereffi，John Humphrey，Raphael Kaplinsky，Timothy J. Sturgeon. Introduction：Globalisation，Value Chains and Development［J］. *IDS Bulletin*，2001（3）.

［8］R. Kaplinsky. Globalisation and Unequalisation：What can be Learned from Value Chain Analysis?［J］. *The Journal of Development Studies*，2000（2）.

［9］John Humphrey，Hubert Schmitz. Governance in Global Value Chains［J］. *IDS Bulletin*，2001（3）.

［10］加里·杰里菲，等. 全球价值链和国际发展：理论框架、研究发现和政策分析［M］. 曹文，李可，译. 上海：上海人民出版社，2018.

［11］多淑杰. 产业链分工下产业区域转移问题研究［M］. 北京：中国社会科学出版社，2013.

［12］Gary Gereffi，John Humphrey，Timothy Sturgeon. The Governance of Global Value Chains［J］. *Review of International Political Economy*，2005（1）.

［13］John Humphrey，Hubert Schmitz. How does Insertion in Global Value Chains Affect Upgrading in Industrial Clusters?［J］. *Regional Studies*，2002（9）.

［14］毛蕴诗．重构全球价值链——中国企业升级理论与实践［M］．北京：清华大学出版社，2017．

［15］毛蕴诗，熊炼．企业低碳运作与引入成本降低的对偶微笑曲线模型［J］．中山大学学报，2011（4）：204．

［16］Aaron L. Friedberg. The Debate over US China Strategy［J］. *Survival*，2015（3）：89-110．

［17］达巍．美国对华战略逻辑的演进及"特朗普冲击"［J］．世界经济与政治，2017（5）．

［18］陶文钊．美国对华政策大辩论［J］．现代国际关系，2016（1）．

［19］Lyle J. Goldstein. Resetting the US – China Security Relationship［J］. *Survival*，2011（2）．

［20］史文，樊吉社．超越美国西太平洋主导地位：稳定中美均势的必要［J］．当代美国评论，2017（2）．

［21］Thomas Christensen. The China Challenge. Shaping the Choices of a Rising Power［M］. New York：W. W. Norton and Company，2015：290-299．

［22］Robert D. Blackwill and Ashley J. Tellis. Revising US Grand Strategy Toward China［R］. Council on Foreign Relations Special Report，No. 72，March 2015．

［23］吴心伯．特朗普执政与美国对华政策的新阶段［J］．世界经济与政治，2018（3）．

［24］吴心伯．论中美战略竞争［J］．世界经济与政治，2020（5）．

［25］刁大明，王丽．中美关系中的"脱钩"：概念、影响与前景［J］．太平洋学报，2020（7）．

［26］张薇薇．美国对华"脱钩"：进程、影响与趋势［J］．当代美国评论，2021（2）．

［27］安雨康．对华"有限脱钩"论在美国甚嚣尘上［J］．世界知识，2021（4）．

［28］周密．拜登欲以维护供应链安全为名施保护主义之实［J］．世界知识，2021（14）．

［29］吴心伯．拜登执政与中美战略竞争走向［J］．国际问题研究，2021（2）．

［30］黄宁，盖新哲．全球价值链视角下的中美"技术脱钩"：成因、趋势及对策［J］．科技中国，2020（9）．

［31］宏杰，钟晓欢．新冠疫情叠加中美贸易争端背景下全球价值链新动向研究［J］．国际贸易，2020（9）．

［32］曹远征．以双循环重塑中国与世界的经济关系［J］．文化纵横，2021（6）．

［33］王昌林．新发展格局——以国内大循环为主体，国内国际双循环相互促进［M］．北京：中信出版集团，2021．

［34］樊纲，郑宇劼，曹钟雄．双循环——构建"十四五"新发展格局［M］．北京：中信出版集团，2021．

［35］欧阳峣．大国综合优势［M］．上海：格致出版社·上海三联出版社·上海人民出版社，2011．

［36］陆杰华，伍绪青．人口年龄结构变迁：主要特点、多重影响及其应对策略［J］．青年探索，2021（4）．

［37］原新，金牛．中国人口红利的动态转变——基于人力资源和人力资本视角的解读［J］．南开学报（哲学社会科学版），2021（2）．

［38］刘志彪，张少军．中国地区差距及其纠偏：全球价值链和国内价值的视角［J］．学术月刊，2008（5）．

［39］刘志彪，张杰．从融入全球价值链到构建国家价值链——中国产业升级的战略思考［J］．学术月刊，2009（9）．

［40］刘志彪，张杰．全球代工体系下发展中国家俘获型网络的形成、突破与对策［J］．中国工业经济，2007（5）．

［41］盛斌，苏丹妮，邵朝对．全球价值链、国内价值链与经济增长：替代还是互补［J］．世界经济，2020（4）．

［42］邵朝对，苏丹妮．全球价值链生产率效应的空间溢出［J］．中国工业经济，2017（4）．

［43］陈健，康曼琳，陈苔青．国内价值链的构建如何影响企业国际价值链拓展？——来自微观数据的经验实证［J］．产业经济研究，2019（1）．

［44］袁凯华，彭水军，陈泓文．国内价值链推动中国制造业出口价值攀升的事实与解释［J］．经济学家，2019（9）．

［45］赵蓉，赵立祥，苏映雪．全球价值链嵌入、区域融合发展与制造业产业升级——基于双循环新发展格局的思考［J］．南方经济，2020（10）．

［46］康金红，戴翔．消费升级与价值链攀升：来自我国制造业企业的证据［J］．商业研究，2021（3）．

［47］谢呈阳，刘梦，胡汉辉．消费升级、市场规模与制造业价值链攀升［J］．财经论丛，2021（4）．

［48］张景云，吕欣欣．消费升级的现状、需求特征及政策建议［J］．商业经济研究，2020（7）．

［49］艾天霞，张慧芳．中国省域居民消费升级模式的统计评价［J］．统计与决策，2019（22）．

［50］胡春林．先发展地区经济转型新论［M］．北京：中国金融出版社，2013．

［51］胡春林．分工、经济服务化与区域轮动战略研究［J］．商业研究，2012（1）．

［52］黄群慧，李芳芳．中国工业化进程报告（1995—2020）［M］．北京：社会科学文献出版社，2020：33-34．

［53］David Hummels，Jun Ishii J，Kei-Mu Yi. The Nature and Growth of Vertical Specialization in World Trade［J］．*Social Science Electronic Publishing*，1999，54（1）．

［54］Koopman R，Wang Z，Wei S J. Estimating Domestic Content in Exports When Processing Trade is Pervasive［J］．*Journal of Development Economics*，2012，99（1）：178-189．

［55］Koopman R，Wang Z，Wei S J. Tracing Value-Added and Double Counting in Gross Exports［J］．*Social Science Electronic Publishing*，2014，104（2）：459-494．

［56］苏庆义．中国省级出口的增加值分解及其应用［J］．经济研究，2016（1）．

［57］石敏俊，张卓颖．中国省区间投入产出模型与区际经济联系［M］．北京：科学出版社，2012．

［58］张亚雄，赵坤．区域间投入产出分析［M］．北京：社会科学文献出版社，2006．

［59］王岚．融入全球价值链对中国制造业国际分工地位的影响［J］．统计研究，2014（5）．

［60］徐姗，李容柔．全球价值链地位的测度：方法评述及研究展望［J］．科技管理，2020（8）．